禪門拈頌要論

白峯 金基秋 居士

白峯 金基秋 居士

차례

表題 島人 李晩雨 先生

차 례

머릿말

눈을 치켜 뜨니 허공은 三尺이요、내려 뜨니 땅은 萬丈이로다。三尺의 허공에는 끝이 없는 기미〔幾〕가 서리었고 萬丈의 땅에는 다함없는 모습〔相〕이 굴리어지니 이 실다움이냐、이 헛됨이냐。凡夫들의 商量 밖의 일이 아니던가。이에 다달아 나는 백두山 天池로 목을 축이고、한라山 白鹿으로 수레를 끌게 하여 須彌 고개에 앉으니、보아라 보아라! 저기만치에 엄청난 불기둥이 十方을 떠받치면서 三世를 꿰뚫었으니 이 무슨 소식이냐。

이 소식인지라 바로 歷代 祖師와 善知識의 혓바닥 끝에서 뿜어내는 불기둥이니 어즈버야、善을 굴려서 惡으로 바꿔놓되 그 惡으로 하여금 古今의 聖賢을 가르치고、惡을 굴려서 善으로 바꿔놓되 그 善으로 하여금 十方의 衆生을 건지는 불기둥이 아니던가。

알겠는가。이 불기둥의 이름이 바로 禪門拈頌이다。알지 못할세라。멀컹히 허공이나 쳐다보는 내가 어떤 因緣이 있었던가、이번 이 拈頌에 감히 붓을 들게 된 것을 흐뭇하게 여기며, 이어 누리의 主人公으로서인 나는 自進한 방망이를 짊어지고 나대로의 불기둥을 大界에 세워 보는 바이다。

一九七九年 三月 一日

白峯 金 基 秋 焚香

禪門拈頌集序

詳夫自 世尊迦葉已來로 代代相承하고 燈燈無盡하야 遞相密付하야 以爲正傳하니 其正傳密付之處는 非不該言義로되 言義不足以及故로 雖有指陳이나 不立文字하고 以心傳心而已어늘 好事者ㅣ强記其迹하야 載在方冊하야 傳之至今하니 則其麁迹이 固不足貴也ㅣ나。

然이나 不妨尋流而得源하며 據末而知本이라 得乎本源者는 雖萬別而言之라도 未始不中也ㅣ요。不得乎此者는 雖絶言而守之라도 未始不惑也니라。

是以로 諸方尊宿이 不外文字하고 不恡慈悲하야 或徵或拈하며 或代或別하며 或頌或歌하야 發揚奧旨하야 以貽後人則凡欲 開正眼具玄機하야 羅籠三界에 提拔四生者ㅣ捨此奚以哉아。

況本朝自 祖聖會三已後로 以禪道로 延國祚하고 智論으로 鎭隣兵하였으니 而悟宗論道之資가 莫斯爲急故로 宗門學者ㅣ如渴之望飮하며 如飢之思食이라。

余被學徒力請하고 念 祖聖本懷하야 庶欲奉福於 國家하며 有裨於佛法하야 乃率門人眞訓等하고 採集古話凡一千一百二十五則과 幷諸師拈頌等語要錄하야 成三十卷이라。以配傳燈하니 所冀는 堯風與禪風이 永扇하고 舜日共佛日이 恒明하며 海晏河淸하고 時和

歲稔하야 物物이 各得其所하고 家家純樂無爲니 區區之心이 切切於此耳로다。第恨諸家語錄을 未得盡覽하야 恐有遺脫이나 所未盡者는 更待後賢하노라。

貞祐 十四年 丙戌 仲冬

海東曹溪山 修禪社

無衣子 序

선문염송집 서

살피건데 「세존」과 「가섭」 이래로부터 대대로 이어받아 등불과 등불이 다함없이 갈마돌리며(更迭) 비밀히 부촉함으로써 바른 전함을 삼았다。 그 바로 전하는 데의 은근한 부촉의 곳은 말뜻으로 들내지 않음은 아니나 말발이 족히 미치지 못하는 까닭으로써 비록 가리켜 보일지나 글자를 세우지 아니하고、 마음으로써 마음을 전할 따름이어늘 일을 좋아하는 이들이 억지로 그 자취를 기억하고 책에 실어서 전해 이제에 이르렀으니 즉 그 거칠은 자취야 진실로 족히 귀함이 아니니라。

그러나 흐름을 더듬어 근원을 얻고 끝을 의지하여 근본을 앎에 해롭지 않도다。 본원을 얻음있따녀、 비록 만 갈래의 말일지라도 바야흐로 맞지 않음이 없고、 본원을 얻지 못함있따녀、 이것은 비록 말을 끊어서 지킨다 할지라도 바야흐로 미혹하지 않음이 없느니라。

이러므로써 제방[*一] 존숙[*二]이 글자를 여의지 않고 자비를 아끼지 아니하여서 혹 징[*三] 혹 염[*四]하며、 혹 대[*五] 혹 별[*六]하며、 혹 읊고 혹 노래로써 깊숙한 뜻을 들내고 뒷사람에게 끼쳐줌으로써 무릇 바른 눈을 열고 까마득한 기틀을 갖추어 삼계[*七]를 뛰쳐나고 四생[*八]을 건져주고자 하는 이라면 이를 버리고서 무슨 방법이 있을까。

하물며 이 나라는 조상들이 삼한을[*九] 통합한 이래 선도(禪道)로써 나라의 복을 늘리고, 지혜로운 논리로써 이웃 군사를 눌렀으니 선지를 깨치고 도를 토론할 자료가 이보다 더 급함이 없는 까닭으로 종문의[*一〇] 학자들이 목마른 데 마시기를 바람 같으며, 주린 데 먹기를 생각하듯 하였다.

내가 학도들의 간곡한 청을 받고 조상 본래의 회포를 생각하여 나라에 복을 받들고, 불법에 도움이 되고자 하여 문인 「진훈」 등을 데리고 옛 이야기 千百二十五칙과 아울러 모든 선사의 염과 송 등 요긴한 말씀을 수록하여 三十권을 이루고 전등록과 짝이 되게하니, 바라는 바는 요풍과[*一一] 선풍이 길이 나부끼고 순일과[*一二] 불일이 항상 밝으며, 바다는 편안하고 강은 맑으며, 시절은 고르고 세월은 영글어 물건마다 제각기 그 곳을 얻고, 집마다 순수한 하염없는 법을 즐기니, 구구한 마음이 이에 간절할 뿐이다. 한스러운 일은 제가의 어록을 다 보지 못하였으므로 빠진 바가 있을까 두려우나, 다하지 못한 바는 다시 뒷날의 현명한 분에게 기다린다.

정우[*一三] 十四년 병술 겨울

해동 조계산 수선사

무의자 씀

주

一、諸方…여러 곳을 뜻함。

二、尊宿…큰 스님네。

三、徵…「이 문제를 어떻게 보는가」 하는 식의 물음의 형식。

四、拈…문제를 들어냄。

五、代…남의 말을 대신하는 것。

六、別…남의 말과 다르게 말하는 형식。

七、三界…欲界·色界·無色界。

八、四生…胎·卵·濕·化의 네 종류 중생。

九、三韓…馬韓·辰韓·卞韓。

一〇、宗門…한 宗旨를 받드는 門中。

一一、堯風…支那 요임금 時代。

一二、舜日…순임금 時節。

一三、貞祐…고려 고종 때에 중국의 연호。 정우 十四년은 一二三七년。

禪門拈頌要論 第二卷

大覺世尊釋迦文佛

附西天應化賢聖

第三一、握 劍

〔本文〕靈山會上에 有五百比丘가 發宿命通하여 各見過去殺父母罪하고 各各懷疑하여 於甚深法에 不能證入이라。爾時에 文殊가 承佛神力하여 握劍逼佛이어늘 佛召文殊하시되 住住하라。不應作逆이요 勿得害吾니 吾必被害라 爲善被害로다。文殊師利여 爾從本已來로 無有我人어늘 但以內心에 見有我人이라 內心起時에 吾必被害니 即名爲害니라。於是에 五百比丘는 自悟本心이 了如夢幻이라 同聲讚曰 文殊大智士가 深達法源底로다。自手로 握利劍하고 持逼如來身이로다。如劍佛亦爾하여 一相無有二로다。無相無所生이어늘 是中에 云何殺이리오。

〔번역〕 *一영산회상에 있던 五백 비구가 *二숙명통이 열려서 각기 과거에 부모를 죽인 죄를 보고 제각기 의심을 품어 심히 깊은 법에 들어가지 못했다。이때 문수가 부처님의

위신력을 받들어 칼을 잡고 부처님을 핍박하거늘 부처님께서 문수를 부르시되 「멈춰라、멈춰라。 五역죄를 짓지 말라。 나를 해치지 말지니 나는 반드시 해침을 입으리라、해침을 잘 입으리로다。 문수사리여、본래부터 나와 남이 없거늘 다만 속마음에 나와 남이 있음을 볼 뿐이다。 속마음이 일어날 때에 나는 반드시 해를 입으리니 곧 이름이 해침이니라」 하시니、이에 五백 비구가 스스로 본래의 마음이 꿈과 꼭두같음을 깨달은지라 소리를 맞추어 찬탄하여 가로되 「문수 대지사가 법의 근원을 깊이 통달함이로다。 자기 손으로 날카로운 칼을 잡고 여래몸을 핍박함이로다。 칼과 부처가 또한 이와 같아야 한 모습이요、둘이 아니로다。 모습이 없으니 나는바도 없거늘 이 중에서 무엇을 죽인다 하리오」 하다。

〔강론〕 靈山會上에 있던 五百 비구가 제각기대로 宿命通을 내어서 저마다 지난 세상에 서로가 父母를 죽인 죄를 보고 懷疑를 일으켰으므로 깊은 法에 들어가지 못하였다는 것이다。 알고 보면 曠劫을 통하여 世間에 뜨잠기는 四種異類는 모두가 다 나의 父母가 되지 않았던 바가 없는 것이다。 모르면 그만이거니와 알면 痛哭을 할 일이다。 그러나 이 五百 比丘들은 父母를 죽인 죄의 그 業障도 當處가 빈 줄을 아는가、모르는가。

이 고개는 문제가 크게 다르다。 文殊는 부처님의 威神力을 받들고 되려 부처님을 脅迫하기 위하여 칼을 들고 나섰다。 다시 말하자면 부처님의 威神力을 힘입고 宿

命通은 얻음으로 말미암아 過去生의 業障을 보았기 때문에 부처를 따로 구하고、열반樂을 달리 얻으려는 마음이 있음으로 하여금 文殊는 智慧의 칼을 높이 빼어들고 그 마음을 해치게 되는데 智慧로 第一이신 문수보살의 出演은 이에 당연한 것이 아니겠는가。

이번에는 부처님이 나서실 차례인가。 부처님은 이르시되 「문수여、멈춰라 멈춰라。 五逆죄를 짓지 말지니라。 나를 해치지 말라。 나는 반드시 해침을 입으리라。 이것이 해침을 잘 입음이니라。 문수여、본래부터 나와 남이 없거늘 속마음으로 나와 남의 관념을 일으킬 때 나는 반드시 해침을 받으리니 이것을 해침이라 하느니라」하셨다。다시 말하자면 「쉬어라 쉬어라。 들뜬 마음을 가라앉혀라。 五逆죄를 짓지 말라。 나는 人我見이 있을 때 반드시 해침을 입으려니와、문수가 智慧의 칼을 가지고 부처를 보리라 하는 여김을 해치려 한 까닭에 잘 해치리라」한 것이다。 臺辭치고는 懇曲한 臺辭라 하겠다。

이렇듯이 문수가 智慧劍을 빼어들고 부처님을 따로 뵈오려는 그 여김이 있음을 없애려는 까닭에 「해침을 잘입으리라」하신 것이니 칼이 그렇듯이 부처님도 그러하시어 一相이요 二相이 아님을 알고도 남음이 있다。 이럴진댄 여기에 모습도 없고 낳음도 없거늘 이 가운데 무엇을 두고 죽인다 이르겠는가。

握劍 14

文殊仗劍逼如來
笑殺後來一句兒

문수가 칼을 들고 여래를 핍박하니
뒤에 말하는 자손이 우스워 죽으리。

〔1〕 **本文** 海印信 頌하되

持劍興悲決衆疑하니 聖凡蕩盡稱男兒로다。
空中揮劍徒施力하니 笑殺東村王老師로다。

번역 해인신이 송하되

칼을 가지고 자비를 일으켜 무리의 의심을 풀고
거룩〔聖〕과 무릇〔凡〕을 함께 없애니 남아라 일컬으리。
공중에 칼을 휘둘러 헛되이 힘을 베푸니
동촌의 왕노사[*三]를 웃겨 죽이네。

강론

문수칼 이러하니 부처님도 이렇구나。

자비를 바탕으로 총명을 잘굴리니
거룩과 무릇또한 이장단에 녹아날새
뇌로운 봄바람에 진달래는 활짝피네。

〔2〕 本文 法眞一 頌하되

文殊當日逼如來하니 五百聲聞眼豁開로다。
欲會如劍佛亦爾댄 青虵匣裡吼風雷니라。

번역 법진일이 송하되

문수가 그날 여래를 핍박하니
五百 성문의 눈이 활짝 열렸다네。
칼과 부처도 또한 이와 같음을 알아내고자 하는가。
*四
청사 칼집 속에 바람과 우뢰이더구나。

강론

무엇을 먹고 오느냐。
세존을 팔아 먹고 오지요。
무엇을 마시고 가느냐。

문수의 칼끝에 서린 이슬을 마시고 가지요。
무엇을 가지고 있느냐。
한 자루의 靑虵칼을 가지고 있지요。

〔3〕 **本文** 佛印淸 頌하되

文殊仗劍逼如來하니 五百聲聞佛眼開로다。
直得七星光焰上에 十身調御坐蓮臺로다。

번역 불인청이 송하되

문수가 칼을 잡고 부처님을 핍박하니
五百 성문이 부처눈을 떴구나。
그리하여 칠성*五 칼빛 번쩍이는 위에
부처님은 연꽃방석에 앉으셨네。

강론

문수지혜 번쩍하니 여래님은 간곳없고
五百성문 눈을뜨니 千里길이 밝았구나。

지혜의칼 바로언어 넓은국토 비춰보니
부처님이 연꽃위에 의젓하게 앉으셨네。

〔4〕**本文** 黃檗 因僧問하되 文殊執劍於瞿曇은 如何니꼬。師云 五百菩薩이 得夙命智하여 見過去生業障이니다。五百者는 即你五陰身이니 是以見此夙命障故로 求佛求菩提涅槃이라 所以로 文殊가 將智解劍하여 害此有見佛心故로 故言你善害라 하니라。云하되 何者是劍이니꼬。師云 解心이 是劍이니라。云解心이 既是劍이라 斷此有見佛心인댄 祇如能斷見心은 何能除得이니꼬。師云 還將你無分別智하여 斷此有見分別心이니라。云하되 如作有見有求佛心은 將無分別智劍하여 斷이어니와 爭奈有智劍在에 何오。師云 若無分別智면 害有見無見無分別智도 亦不可得이니라。云不可以智로 更斷智며 不可以劍으로 更斷劍이니다。師云 劍自害劍이라 劍劍相害니 即劍亦不可得이며 智自害智라 智智相害니 即智亦不可得이라 母子俱喪도 亦復如是하니라。

번역 황벽에게 어떤 중이 묻되 「문수가 구담 앞에 칼을 짚고 나선 뜻이 무엇입니까」하니 선사는 이르되 『五백 보살이 숙명지[*六]를 얻어서 과거 생의 업장을 보았기 때문이니라。五백이라 함은 곧 그대의 五음의 몸이니 이러한 숙명을 보는 장애 때문에 부처를 구하고 보리와 열반을 구하느니라。이러므로써 문수가 지혜〔智解〕의 칼을 가지고 「부처를 보리라」하는 마음이 있음을 해치려 한 까닭에 「네가 잘 해치느니라」했느니라』하다。이르되 「무엇이 칼입니까」하니、선사가 이르되 「아는 마음이 이미 이 칼이니라」하다。「아는 마음이 칼이어서 부처를 보려는 마음이 있음을 끊음인댄 이런 소견을 끊는 마음은 어찌하여야 제할 수 있읍니까」하니、선사가 이르되 「그대는 분별없는 지혜를 가지고 이 분별있는 마음을 끊어야 한다」하다。

이르되 「부처를 구하려는 마음은 분별없는 지혜의 칼을 가지고 끊는다 하거니와 지혜 있는 칼은 어찌하리까」하니、선사가 이르되「만약 분별의 지혜가 없으면 있다는 소견이나 없다는 소견을 해치는 분별없는 지혜도 또한 얻을 수 없느니라」하다。이르되「지혜로써 다시 지혜를 끊지 못할 것이며 칼로써 다시 칼을 끊지 못하리이다」하니、선사가 이르되 「칼이 칼을 해치니 칼과 칼이 서로 해치기 때문에 곧 칼로도 또한 얻을 수 없으며、지혜가 지혜를 해치니 지혜와 지혜가 서로 해치기 때문에 곧 지혜로도 또한 얻을 수 없나니라。마치 어미와 아들이 모두 죽음도 또한 이와 같으니라」하다。

19 握劍

강론 黃蘗에게 어떤 중이 묻되 「문수가 부처님 앞에 칼을 짚고 나선 뜻이 무엇입니까」 하였다。 문수보살은 여러 보살로 더불어 補處尊이시다。 이 補處尊이 칼을 들고 부처님 앞에 나섰다는 것은 있을 수도 없을 뿐 아니라 더구나 逼迫까지 하였다니 말이나 되겠는가。 이러기에 이 대목은 한갓 중생을 건지시기 위한 方便說로 보아야 한다。 理由로서는 이렇다。 五百 보살이 夙命智를 얻어서 過去生의 業障을 보았기 때문이다。

五百이라 일컬음은 이 五陰身이 無相法性身의 光影임을 알지 못하고 이러한 夙命을 본 障礙로 因하여 부처를 따로 구하고 보리와 열반을 따로 구하기 때문이니 이에 문수가 智解의 칼을 가지고 「부처를 보리라」 하는 그 마음을 해치려 하는 데의 方便說法이다。 이와 같이 宿命적인 理由가 있음으로 하여서 부처님도 이르시되 「네가 잘 해치느니라」 하신 것이다。

중이 다시 물었다。「어떤 것이 칼이니까」 하였다。 權說이기 때문에 묻는 것이다。 禪師는 답하되 「아는 마음이 칼이니라」 하였다。 슬기의 칼이라야 正邪를 끊어내기 때문이다。 중이 또다시 묻되 「아는 마음이 칼이어서 부처를 보려는 마음을 끊는다면 이런 所見을 끊는 마음은 어찌하여야 제할 수가 있겠읍니까」 하였다。 문제는 점점 佳境으로 들어간다。 禪師는 답하되 「그대는 분별없는 지혜를 가지고 이 분별있는 마음을 끊어야 한다」 하였다。 홍! 분별없는 지혜와 분별있는 지혜가 어찌 둘이던가! 이것은 허공이 한 조각 얼굴을 내미는 소식이로군!

중이 다시 묻되 「부처를 구하려는 마음은 분별없는 지혜의 칼을 가지고 끊는다 하거니와 지혜가 있는 칼은 어찌하리까」 하였다。보내고 보내고 또 보내는 소식이라。장한지고! 그대의 이름은 무엇인가。이름마저 보내었네! 禪師는 답하되 「만약 분별없는 지혜가 되면、있다는 所見이나 없다는 所見을 해치는 분별없는 지혜도 얻을 수 없느니라」 하였다。위 아래로 문이 없고 四方에 벽이 없는 허공이 드러났구나!

중이 또다시 묻되 「지혜로써 다시 지혜를 끊지 못할 것이며、칼로써 다시 칼을 끊지 못하리다」 하였다。흥! 지혜로써 지혜를 끊으려는 여김은 바로 邪道요、칼로써 칼을 끊으려는 새김(想)은 外道니라。禪師는 답하되 「칼이 칼을 해치니 칼과 칼이 서로 해치기 때문에 칼로도 얻을 수 없으며、지혜가 지혜를 해치니 지혜와 지혜가 서로 해치기 때문에 지혜로도 얻을 수 없느니라」 하였다。아혜야、허공이 접시물에 떨어지니 소쿠리로 속히 건져라。

〔5〕 **本文** 香林遠 因僧問하되 文殊仗劍은 擬殺何人이니꼬。 師云 了人은 無了意니라。 云如何是了人無了意니꼬。 師云 *七出頭又不出頭니라。

번역 향림원에게 어떤 중이 묻되 「문수가 칼을 짚고 선 것은 누구를 죽이려 한 것입니까」하니、선사가 이르되 「요달한 사람은 요달했다는 뜻이 없느니라」하다。이르되 「어떤 것이 요달한 사람은 요달했다는 뜻이 없는 것입니까」하니、선사가 이르되 「뛰쳐난 이는 다시 뛰쳐나지 못하느니라」하다。

강론

문수가 칼을 짚고 선 것은 누구를 죽이려 한 것인가。

부처를 죽이려 한 것이지!

요달한 사람은 요달했다는 뜻이 없느니라 한 것은 무슨 뜻인가。

지혜가 어찌 지혜를 찾아내랴!

어떤 것이 뛰쳐난 이는 다시 뛰쳐나지 못한다는 뜻인가。

불이 불 뜨거운 줄 알며、얼음이 얼음 차가운 줄을 알던가!

〔6〕 **本文** 雪竇顯 上堂에 僧問하되 文殊仗劍意如何니고。師云 八十老僧이 閑灌頂이니라。進云 學人이 不會니다。師云 四溟無浪月輪孤니라。

번역 설두현이 상당함에 중이 묻되 「문수가 칼을 짚고 나선 뜻이 무엇입니까」하니、선사가 이르되 「八十[*八] 노승이 한가히 관정을 받음이니라」하다。나아가 이르되

「하인이 알아내지 못하겠읍니다」하니、선사가 이르되「사방 바다에 파도가 없으니 달이 홀로 밝구나」하다。

강론

雪竇顯의 이야기다。

묻는다。문수가 칼을 짚고 나선 뜻이 무엇입니까。

답이다。네가 나에게 이 뜻을 묻는 그 슬기를 들냄이니라。

묻는다。노승이 한가히 관경을 받음이 무엇입니까。

답이다。八十이면 六根이 다 뭉개어지는 판이니 본래의 알맹이가 드러남이로다。

묻는다。네 바다에 물결이 없으니 달이 홀로 밝다는 뜻은 무엇을 이름이니까。

답이다。마음이 가라앉음은 휘영청한 앎을 뜻함이니 太平聖代라 하여둘까。

알겠는가! 함부로 뜻풀이의 장난은 하지 말라。

〔7〕**本文** 天衣懷[*九] 小衆에 擧此話至 如劍佛亦爾하여 拈起拄杖云하되 看看하라。文殊菩薩이 變作 楖㮚木拄杖하여 在山僧手裡로다。良久云하되 你若近前하면 [*一〇]却變作金剛王寶劍이요 你若退後하면 却變作德山臨濟蔡州하여 箇箇瓦解氷消하리라。以拄杖擊禪床하다。

번역 천의회가 소참에 이 이야기의 「칼과 부처님도 또한 이와 같다」는 데까지 들고는 주장자를 번쩍 들어 올리면서 이르되 「보라, 보라! 문수보살이 즉률나무 주장자로 변해서 내 손아귀에 있다」 하고는, 양구했다가 이르되 「너희들이 만약 가까이 온다면 이는 금강왕보검으로 변할 것이요, 너희들이 만약 물러선다면 덕산·임제·채주로 변해서 낱낱이 얼음이 녹고 기와가 깨어지듯 하리라」 하고는 주장자로 선상을 치다.

강론 天衣懷는 小參 때에 이야기를 「칼이 그렇듯이 부처도 그렇다」까지 끌고 오더니 주장자를 번쩍 들어 올리면서 외친다. 「보라, 보라! 문수보살이 즉률나무 주장자로 변해서 내 손아귀에 있다」고 한다. 흥! 칼이 그렇듯이 부처도 그렇거늘, 문수보살이 즉률나무로 변한 주장자가 어찌 老長의 손아귀에만 있으리오. 그렇구말구! 진작 그렇게 말할 일이지.

또한 「너희들이 가까이 온다면 이는 金剛王 寶劍으로 변한다」고 한다. 흥! 칼이 그렇듯이 부처도 그렇거늘 金剛王 寶劍이 어찌 老長의 손아귀에만 있으리오. 그렇구말구! 진작 그렇게 말할 일이지.

또는 「너희들이 물러선다면 德山·臨濟·蔡州로 변해서 낱낱이 얼음이 녹고 기와가 깨어지듯이 한다」고 한다. 흥! 칼이 그렇듯이 부처도 그렇거늘 棒과 喝과 句가 어찌 老長의 손아귀에만 있으리오. 그렇구말구! 진작 그렇게 말할 일이지.

〔8〕本文 密庵傑 擧此話云하되 爲人須爲徹이요 殺人에 須見血이니라。文殊가 費盡腕頭氣力이나 要且不知此劍來處하고 帶累釋迦老子라 通身是口라도 也分疎不下로다。五百比丘伊麼悟去라 하니 入地獄如箭射로다。忽若踏翻大海하고 趯倒須彌하면 雲門扇子踍跳上梵天하여 㼜着帝釋鼻孔하고 東海鯉魚를 打一棒하니 雨似盆傾은 又作麽生商量고。良久云하되 自從舞作三臺後로 拍拍元來惣是歌로다。

번역 밀암걸이 이 이야기를 들고는 이르되 『사람을 보살피려면 모름지기 철저히 해야 하고, 사람을 죽이려면 모름지기 피를 봐야 한다。문수가 팔에 있는 힘을 다 하였으나 이 칼이 온 곳을 모르고 석가노자에게 누를 끼쳤다。 온 몸이 입이라 해도 설명을 하지 못하리라。「五백 비구가 그렇게 깨달았다」 하니 지옥에 빠지기가 화살 같으니라。문득 큰 바다를 밟아 뒤집고 수미산을 차서 쓰러뜨린다면, 운문의 부채가 팔딱 뛰어 범천에 올라가서 제석의 콧구멍을 쥐어박고, 동해의 물고기를 한 몽둥이로 쳐서 동이의 물을 붓는 것처럼 비가 오게 하리니 다시 어떻게 생각하겠는가』 하고는 양구했다가 이르되 「삼대[*一]의 춤이 생긴 이래로 박자마다 원래가 바쁜 이 노래일러라」 하다。

25 提劍

강론 사람을 보살피려면 모름지기 철저히 보살펴야 하고 사람을 죽이려면 모름지기 피를 보아야 한다니 事理分明하여 좋은 말이다。 죽지 않으면 살고 살지 않으면 죽기 때문이다。 문수가 이 칼이 온 곳을 몰라서 석가老子에게 累를 끼쳤다고 한다。 이 지혜의 칼은 문수로부터 왔다 해도 三十棒이요、 안 왔다 해도 三十棒이다。 부처님으로부터 왔다 해도 三十棒이요、 안 왔다 해도 三十棒이다。 무슨 까닭이냐。 法身은 스스로의 성품이 없으므로 하여서 슬기가 없기 때문이다。

말해보라! 어디서 와서 부처님에게 累만 끼치는가。 흥! 密庵傑노장의 입으로부터 와서 累는 三千年 전의 부처님에게까지 미치게 하였다는 말이지! 옳지! 그러기에 五百 비구도 지옥에 들기 화살 같았으나 막상 지옥을 찾아서 天下를 헤매어도 없으니 어중간에 五百 비구들만 실컷 욕보게 됐군그래! 운문의 부채는 무삼 일로 제석의 콧구멍을 쥐어 박고、 東海의 물고기는 무엇 때문에 한 몽둥이를 맞고 동이물을 쏟는듯 비오게 하는가! 옳커니! 凡聖을 쓸어내고 山河大地를 말아내고 운문 혼자만이 太平歌를 부를 作定이군요。 수고가 많은 운문에게 茶나 한잔 올려라。 에잌!

주 一、 寶積經에 있는 이야기이다。

二、 宿命通…前生일을 아는 신통。 六신통의 하나。

三、 王老師…南泉선사를 일컫는 말이니、 그의 성이 王氏였기 때문이다。 그는 철저한 宗風을 提唱하였으므로 큰 스님이란 뜻으로 쓰인다。 여기서 「왕노사를

웃긴다」 함은 劍을 들고 허공을 향해 흔든 일을 얕잡는 말。

四、青 蛇…칼의 한 종류。

五、七 星…칼의 한 종류。

六、夙命智…前生일을 아는 지혜。

七、出 頭…문을 뛰쳐 난 사람은 들어갈지언정 다시 뛰쳐 나오지는 못한다는 뜻。

八、灌 頂…太子가 太子의 地位를 冊封받을 때 거행하는 의식이니、十住보살이 뭇 공덕을 갖추어 불법을 잘 감당할 능력이 있다고 확신되는 지위를 일컬음。

九、小 叅…일정한 시간이 없이 隨時로 대중을 모아놓고 설법하는 일。

一〇、氷消瓦解…일이 힘없이 틀어지는 것。

一一、三 臺…음악 곡조의 이름。 가락이 복잡하여 그 장단을 따라 춤을 추기가 매우 어렵다。

第三二、女子三昧

〔本文〕世尊 因文殊가 至諸佛集處하여 値諸佛各還本處하고 唯有一女하여 近彼佛坐하여 入於三昧어늘 文殊乃白佛하되 云何此女는 得近佛坐 而我不得이니고。佛告文殊하시되 汝但覺此女하여 令從三昧起하여 汝自問之하라。 文殊가 遶女三匝하고 鳴指一下하며 乃托至梵天하여 盡其神力而不能出이라。世尊云 假使百千文殊라도 亦出此女定不得이니 下方에 過四十二恒河沙國土하여 有罔明菩薩하니 能出此定하리라。須臾에 罔明大士從地湧出하여 作禮世尊이어늘 世尊이 勅令出定하신대 罔明이 鳴指一下하니 女遂出定이라。

〔번역〕 문수가*一 부처님들이 모이신 곳에 이르니 부처님들은 각기 처소로 돌아갔는데 오직 한 여자가 부처님 가까이 앉아서 삼매에 들어 있었다。 이에 문수가 부처님께 여쭙되 「어찌하여 이 여자는 부처님 가까이 앉는데 저는 그러지 못합니까」 하니 부처님께서 문수에게 고하시되 「네가 이 여자를 삼매에서 깨워 일으켜 너 스스로 물으라」 하

셨다。문수가 여자를 세 바퀴 돌고 손가락을 한 차례 튕기고 이에 범천에 이르기까지 그의 신통력을 다했으나 능히 나오게 하지 못했다。세존이 이르시되「설사 백천 문수라도 여자를 가라앉음〔定〕에서 나오게 함을 얻어내지 못하리라。아래쪽으로 四十二 항하사 국토를 지나면 망명보살이 있으니 능히 가라앉음에서 나오게 하리라」하셨다。잠깐 사이에 망명보살이 땅에서 솟아올라 세존께 절을 하거늘 세존이 가라앉음에서 나오게 하도록 명령하실새 망명이 손가락을 한 번 튕기매 여자는 드디어 가라앉음에서 나왔다。

〔강론〕 없는 내가 있기 때문에 三界는 번듯이 허공中에다 莊嚴을 이루고、없는 내가 있기 때문에 이미 이루어진 身象으로 하여금 大定에 든다。이렇듯이 부처님의 威神力을 등지고 부처님 가까이 앉아 三昧에 든 女子는 이제 내가 없는 女子다。허공과 같이 大定에 든 여자다。여기에는 슬기로운 方便을 가로세로 굴리는 문수보살도 온갖 手段을 다하고 손가락을 한 번 아니라 세 번을 튕겼다손 치더라도 三昧에서 일으키지 못하리라。엄청난 일이다。웬 까닭이냐!

문수가 부처님께 여쭙되「어찌하여 이 女子는 부처님 가까이 앉는데 저는 그러지 못합니까」하였다。문수는 벌써 부처님도 女子도 自身도 明白하게 보는 문수가 되어 있다。벌써 三十棒이다。왜 三十棒이냐。부처를 부처로 보는데 十棒、女子를 女子로 보는데 十棒、문수를 문수로 보는데 十棒이니 합치면 三十棒이 아니냐!

문수는 女子를 女子로 보는 문수이니 부처님의 威神力으로서인 女子를 어떻게 三昧에서 일으키겠는가。 깊이깊이 생각할 문제다。 그러나 罔明보살이 손가락을 한 번 튕기매 女子는 三昧에서 깨어났으니 이 무슨 도리인가。

罔明은 罔明이 아니니 허공으로서인 罔明보살이기에、 女子는 女子가 아니니 허공으로서인 女子이기에、 서로가 사무침인듯 氣合이 걸린 것이 아니겠는가。 世間의 눈망울로 볼 때 因緣에다 時節도 닿았다고 보아야 할 것이다。

彈指一聲下出定
罔明善轉無慧慧

손가락을 튕기는 한 소리에 여자는 선정에서 나오니
망명은 슬기없는 슬기를 잘 굴리구나。

〔1〕 **本文** 天衣懷 頌하되

文殊托上梵天하고 罔明輕輕彈指라。
女子黃面瞿曇은 看他一倒一起로다。

번역 천의회가 송하되

문수는 범천에까지 올랐으나
망명은 가볍게 손가락을 튕기었네。
여자와 황면구담이
하나는 넘어지고 하나는 일어서는 것을 봄이다。

강론 文殊는 七佛祖師로서 梵天에까지 뛰어올랐고、 罔明은 初地菩薩로서 가볍게 손가락만 튕겼다。 그런데 이 웬 일인가。 누런둥이 瞿曇과 女子는 아랑곳없이 줄을 당겼다 늦추었다 하면서 하나는 넘어지고 하나는 일어나는 것을 보라。 무슨 도리인고! 알겠는가。 넘어졌으니 허공을 안았고 일어섰으니 땅을 밟았구나! 이 소식을 알려거든 東南風에게나 물어보라。

〔2〕 **本文** 蔣山泉 頌하되

千眼莫辨來由라。 孤坐是何三昧오。
文殊着力雖多나 女子隨邪亦殺로다。
罔明闢櫝有誰知오。 雨過春山如潑黛로다。

번역 장산천이 송하되

31 女子三昧

일천 눈이 그 까닭을 분별치 못했구나。
외로이 앉은 것이 이 무슨 삼매이던가。
문수는 비록 많은 힘을 썼으나
여자가 사뙨 곳에 빠짐은 더욱 심하네。
망명의 비밀한 솜씨를 누가 알리오。
비가 지난 봄동산은 푸른 물감 뿌린 듯하네。

강론

천개의 눈이 판가름을 못하니
외롭게 앉은 것을 어찌 판가름하겠는가。
지혜가 첫째인 문수가 당황했기에
여자가 내노라 하니 벌써 사뙨 길이 아니랴。
망명은 문빗장을 언제 간직했던지
문을 열어제치니 太古風이 나뭇가지를 흔드네。

〔3〕 **本文** 石門易 頌하되

坐擁群峯覆白雲이라 鶯啼深谷不知春이로다。
岩前花雨紛紛落하니 夢覺初廻識故人이로다。

번역 석문이가 송하되

흰 구름 덮인 뭇 봉우리 품고 앉았노라니
꾀꼬리 깊은 골에 울어대도 봄소식 모르네。
바위 앞에 흩어지는 꽃비라서 스산한걸
꿈에서 깨어나자 옛 친구를 알아보네。

강론 눈알은 눈이 아니니 보는 것이 바로 눈이요
귓구멍은 귀가 아니니 듣는 것이 바로 귀로다。
아닌 눈이 흰 구름 자욱한 봉우리를 보고
아닌 귀가 산들산들 맑은 바람에 섞인 새소리 들으니
보고 듣는 옛 친구 하나인가 하노라。

〔4〕 本文 雲居祐 頌하되

百千文殊出不得하고　罔明不費纖毫力이로다。
落霞與孤鶩齊飛하고　秋水共長天一色이로다。

번역 운거우가 송하되

백천 문수도 나오게 하지 못하는데

망명은 털끝만한 힘도 쓰지 않았네。
저녁놀은 따오기와 가지런히 날고
가을 물은 긴 하늘과 한 빛이로다。

강론 여자를 깨우는 데 문수는 落第요、망명은 及第다。이 무슨 季節風이냐。嚴冬에 백 가지 꽃이 가득히 피니 훈훈하고、猛夏에 눈이 자로 쌓였으니 서늘서늘하구나。나는 인연을 따라서 인연을 짓고 시절을 만나서 시절을 굴릴지언정 공연스레 문수와 여자의 놀음판에는 걸려들지 않으리라。 안간!

〔5〕 **本文** 佛陀遜 頌하되

逞盡神通不奈何어늘 輕輕彈指不消多로다。
泥牛入海成龍去어늘 跛鼈依前滯網羅로다。

번역 불타손이 송하되

신통을 다하여도 어쩔 수 없거늘
가볍게 손가락을 튕겨서 힘들이지 않았네。
진흙소는 바다에 들어 용이 되었거늘

절름발이 자라는 여전히 그물에 걸리네。

강론 문수의 無能은 때를 어겼으나 萬石꾼이요、 망명의 有能은 곳을 만났으나 千石꾼이다。 문수는 神通을 다함이나 因緣과 時節을 만나지 못했고、 망명은 가볍게 손가락을 튕겼으나 時節과 因緣이 닿았다 하리라。

이렇듯이 모든 形段은 한낱 假變이니 그 時節과 그 因緣에 맡겨서 멋지게 살림살이를 굴리는 것이 大道人의 本分이 아니던가。 진흙소가 바다에 들어가서 용이 되는 것도 제 분수요、 절름발이 자라가 그물에 걸리는 것도 알고 보면 제 분수인걸、 여기에 뉘라 있어서 옳그름을 따지겠는가。

〔6〕 **本文** 佛印淸 頌하되

文殊師利一二三이요
罔明大士五六七이로다。
可憐黃面老瞿曇이
爲他女子費心力이로다。

번역 불인청이 송하되

문수사리는 一二三이요、

망명보살은 五六七이로다。
딱하구나、누런둥이 늙은 구담이여。
여자 하나때문에 많은 애를 썼구나。

강론 佛印清은 그러하나 나는 그렇지 않다。문수사리는 一二三이나 五六七을 머금었고、망명보살은 五六七이나 一二三을 껴안았다 하리라。알겠는가! 이어서 누런둥이 구담은 무슨 까닭으로 여자 하나를 위하여 쓸개를 내보였는가。알지 못할세라。晩年의 일거리가 五六七에 그쳤으니 五六七을 걷어잡고 一二三으로 돌아가리라。

〔7〕**本文** 又頌하되

一拳拳倒黃鶴樓하고 一踢踢翻鸚鵡洲로다。
欲識罔明親出定인댄 青山不動水長流로다。

번역 또 송하되

한 주먹으로 황학루를 쳐서 넘기고
한 발로 앵무주*二를 밟아 엎는다。
망명이 몸소 가라앉음〔定〕에서 나오게 한 것을 알고 싶은가。
청산은 움직이지 않는데 강은 유유히 흐른다。

강론 손과 발이 같이 움직이니
千里風光을 함께 거두어보렴。
망명이 出定시킨 것을 의심하지 말라。
봄이 오고 봄이 감이 본래로 자연인걸。

〔8〕 本文 雪竇寧 頌하되

悄者賣憨하고 獃郎作脫이로다。
活中解死하고 死中能活이로다。
今人不本箇來由하고 也道親逢做始末이로다

번역 설두녕이 송하되
외로운 이는 어리석음을 팔고
멍청한 서방님은 해탈을 하느니라。
삶 가운데서 죽음을 알고
죽음 가운데서 능히 살아나느니라。
요새 사람은 까닭을 규명치 않고
비롯과 끝을 다하는 이를 만난다고 하더라。

강론

약삭빠른 사람은 따지기를 좋아하고
멍청한 지아비는 하늘 보고 웃네。
삶은 삶이 아닌 삶이기에
죽음은 죽음이 아닌 죽음임을 안다。
요새 사람들은 어떠한가。
상대성은 절대성의 굴림새임을 모르고 떠벌리네。

〔9〕 **本文** 佛跡琪 頌하되

跏趺默對紫金山하니 惆悵文殊出定難이로다。
不得罔明從後救런들 至今應是更瞞旰이로다。

번역 불적기가 송하되

가부좌하고 잠자코 자금산을 대하니
문수가 가라앉음〔定〕에서 깨우지 못함이 슬프도다。
망명이 뒤늦게 구해주지 않았던들
이제껏 속아서 눈만 껌뻑거리고 있었으리。

강론

노장은 무슨 가부좌기에 紫金山만 쳐다보는고。
文殊가 女子를 禪定에서 깨우지 못했는데
罔明은 뒤늦게야 왜 出定케 하였는가。
이제까지 두었더라면 이야깃거리가 되었을걸
알고보니 누런둥이 늙은이에게 속았더구나。

〔10〕 本文 崇勝珙 頌하되

女人入定復何因고。 鷲嶺巍巍豈可論고。
妙德此時休仗劒하라。 罔明無佛處稱尊이로다。
雲陰不獨霧重黲이라。 雨暴仍兼雷更轟이로다。
莫言展榻殊無地하라。 須信看山別有門이니라。

번역 숭승공이 송하되

여자가 가라앉음에 든 까닭이 무엇이던가。
취령이 드높으니 어찌 헤아릴 수 있으랴。
묘덕은 이럴 때에 칼을 휘두르지 말라。

망명은 부처없는 곳에서 높은 체한다。
구름 그늘은 짙은 안개와 호올로 하지 않고
소나기는 천둥소리를 겸한다。
*三 자리를 펴려 해도 마땅한 곳 없다 말라。
산구경하려면 딴 문이 있음을 알아야 한다。

강론

女人이 入定한 까닭 알 수 없구나。
문수가 지혜의 칼 휘두르지 않음도 알 수 없구나。
망명이 부처없는 곳에 높은 척하는 것도 알 수 없구나。
산구경하려면 딴 문이 있음도 알 수 없구나。
이제 알 수 없는 것은 다 알았으니 따로 알 수 없는 것이 어디에 있겠는가。
한바탕 연극놀이에 웃고 울고 하는 것도 지도리(樞)를 굴림이 아니겠나。

39 女子三昧

〔11〕 **本文** 慈受 頌하되

長江輥底浪如銀이라。 秋日白蘋紅蓼新이로다。
莫怪扁舟難到岸하라。 行船由在把梢人이니라。

번역 자수가 송하되

긴 강이 구비쳐 물결이 은빛인데
가을 날씨 흰 갈대에 붉은 여뀌 새롭구나。
조각배로 건너지 못함을 괴이히 여기지 말라。
배가 다니는 것은 삿대잡은 사람에게 달려 있느니。

강론 歲月이 長存하니 가을 날씨 흰 갈대밭에 붉은 여뀌인들 새롭지 않겠는가。 의심하지 말라。 저 언덕에 이르는 데는 뗏목이 있어야 하고 뗏목이 있으면 삿대잡는 사람도 있게 마련이니 무슨 걱정이랴。

〔12〕 本文 曹溪明 頌하되

女子如癡喚不廻어늘 文殊轟動梵天雷로다。
罔明擧手輕彈指하니 底事茫然出定來로다。

번역 조계명이 송하되

여자는 바보같아 불러도 깨지 않거늘
문수는 떠들썩하게 범천의 우뢰를 울리네。

망명이 손을 들어 가볍게 손가락을 튕기니
그 일이 흐리멍텅하구나、선경에서 나옴이여。

강론

女子가 멍청하여 바위와 같으니 이미 女子가 아니요、
文殊는 분주하게 梵天을 흔드니 또한 文殊가 아니로다。
罔明이 罔明으로서 가볍게 손가락을 튕기니
女子는 女子로서 定에서 나오네。

〔13〕 **本文** 圜悟勤 頌하되

大定等虛空이라 廓然誰辨的고。
女子與瞿曇이여 據令何調直고。
獅子奮迅兮여 搖乾蕩坤이요
象王廻旋兮여 不貧餘力이로다。
孰勝孰負며 誰出誰入고。
雨散雲收하니 青天白日이로다。
君不見가。

*四 馬駒踏殺天下人하니
臨濟未是白拈賊이로다。

번역 원오근이 송하되

큰 가라앉음이 허공 같은데
텅 트인 경지를 뉘라서 판별하랴。
여자와 구담이여、
법령을 시행함이 어찌 그다지 고지식한가。
사자가 기지개 켜니 건곤이 흔들리고
코끼리가 뒤를 돌아봄에 남의 힘을 빌지 않는다。
누가 이기고 누가 지며 누가 나오고 누가 들어가는가。
비가 개고 구름이 걷히니 푸른 하늘에 밝은 해로다。
그대 보지 못했는가。
망아지가 달리어 천하 사람을 밟아 죽이니
임제도 공연한 날도적은 아닐러라。

강론

大定에 어찌 새김이 있었던가。허공과 같은 것을
텅 트이어 의젓스럽건마는 뉘가 이 도리를 알겠는가。
女子는 女子가 아니면서 女子요、구담은 구담이 아니면서 구담이거늘
법령을 시행하는 데 어찌 그다지도 고지식하였던가。
곧은 말 한 마디는 十方을 꿰뚫고
바른 거님〔行〕한 자국은 하늘 땅을 뒤흔든다。
본래로 휘영청한 성품 중에 너와 내가 따로 없거늘
뉘가 이기고 뉘가 지며 定과 出定인들 어디에 있으랴。
큰 바다에 바람이 자면 해와 달이 한 빛깔로 사무칠걸。
그대는 못 보았는가、
망아지가 天下人을 짓밟고
임제가 喝을 퍼붓는 날도적이 된 것을。

〔14〕**本文** 佛眼遠 頌하되

出得出不得이　初不離是定이라。
聖者起凡情이요　凡人而乃聖이로다。

倒用與橫拈이요 扶邪及顯正이로다。
春雨春風竹戶涼이요 落花啼鳥千峰靜이로다。

번역 불안원이 송하되
나오게 하거나 나오게 하지 못함이
본래 가라앉음을 여의지 않았네。
성인이 범부의 소견을 일으키고
범부가 성인인 체하는구나。
꺼꾸로 쓰고 옆으로 드러내어
사뙴을 걷어잡고 바른 일을 드러낸다。
봄비 봄바람에 대사립이 서늘하고
지는 꽃 우는 새에 천 봉우리 조용하다。

강론 一去一來가 다 가라앉음인 定이니 一生一死가 다 定이요、一動一靜이 다 가라앉음인 定이니 一喜一悲가 다 定이다。이 가라앉음인 定이 의젓함으로 말미암아 因緣에 따른 제 나름대로의 權謀術數도 굴러지자마는 사람들은 제가 모르고 죽네 사네 嘆息을 거듭한다。 그러기에 正邪를 하나로 보고 알면 春風秋雨와 花紅鳥啼가 어찌 나의 놀음이 아니랴。

(15) **本文** 佛鑑勤 頌하되

世尊嗔文殊喜요 罔明輕輕彈指로다。

瞎驢逐隊過新羅어늘 吃[*五]嘹舌頭三千里로다。

번역 불감근이 송하되

세존은 성을 내고 문수는 기뻐했는데
망명은 가볍게 손가락을 튕기었네。
눈먼 노새의 일행 따라 신라를 지났거늘
말을 더듬는 혀끝만 三千리나 되더라。

강론 부처님은 法을 굴리는데 문수는 거기에 들어앉았기 때문에 성이 나셨고、문수는 부처님이 法을 굴리시는 줄을 알기 때문에 기쁘실 것이다。 그러나 망명은 부처님이 法을 굴리시는 줄을 몰랐으므로 하여서 거기에 머물지 않았기 때문에 가볍게 손가락을 튕기어 女子를 禪定에서 깨우게 된 것이 아닐까。 이렇듯이 눈먼 노새가 제 머리에 달린 방울소리만 듣고도 一行을 따라 머나먼 신라를 지나가듯이、아무리 더듬는 말이라도 한 번 혀끝에서 떨어지면 三千里 밖으로 가는 法이다。 이러므로 말만 듣고는 그 能所緣을 事實 그대로 판별 못하는 이유가 여기에 있다。

〔16〕 本文 大慧杲 頌하되

出得出不得하니 是定非正定이라。
罔明與文殊가 喪却窮性命이로다。

번역 대혜고가 송하되

나옴도 안 나옴도
이 선정이 바른 선정이 아니로다。
망명과 문수가
성명을 잃었다。

강론 실로 定에서 나옴도 안 나옴도 正定이 아니다。 禪定은 그대로 禪定이지 禪定의 어디에 去來가 있으며 出入이 있겠는가! 때문에 문수와 망명은 한 탯줄의 子孫이니 性命을 잃어도 같이 잃으리라。 날개 한 개。 높은 고개로다。

〔17〕 本文 竹庵珪 頌하되

不假文殊神通하고 休要罔明彈指라。
爾時靈山會中에 女子從定而起니라。

번역 죽암규가 송하되
문수의 신통을 빌지 않고
망명의 탄지도 필요없느니。
이때 영산회상의 여자는
선정에서 일어나느니라。

강론 본래 그대로의 禪定인데 무삼 일로 文殊의 神通을 빌며 罔明彈指를 기다리랴。 부처님의 말씀에 힘입고 본래의 소식을 아는 女子라면 가고 오는 것이 다 禪이며、앉고 눕는 것이 다 禪定 아님이 없음을 알리라。

〔18〕 本文 牧庵忠 頌하되

秤錘落井하니 只有秤衡이라。
兩兩相憶에 分物不平이로다。
方始取出秤錘나 忽又失却秤衡이로다。
始去隣家借覓하니 衡上不曾釘星이로다。
休休하라。
重者從他重이요 輕者從他輕이니라。

번역 목암충이 송하되

저울추가 우물속에 빠지고
저울대만 남았네。
두 가지가 서로서로 추억하니
물건을 분별함이 공평치 못하구나。
겨우 저울추를 건져냈으나
홀연히 다시 저울대를 잃었네。
이웃에 가서 빌어왔으나
저울대 위에 저울눈이 없네。
그만두라。
무거운 것은 제 무거운 대로 하고
가벼운 것은 제 가벼운 대로 하리라。

강론 본래로의 제 分數를 그대로 지킬지언정 다른 데서 知見을 빌려 하여서는 안된다。 설혹 빌어봤든 그것은 본래의 나에게 흠만 낼 뿐이다。 그렇기 때문에 쉬고 쉬어야 한다。 무거운 건 무거운 데 맡기고、 가벼운 건 가벼운데 맡겨서 옳그름을 따져서는 안된다。 물론 이 소식은 공부를 지을 수 있는 分上으로서이다。

〔19〕 本文 泉山念 頌하되

女子身中入定時에 幞頭兩脚掛雙眉로다。
由來畫猫要驚鼠라 一朝擘破鼠潬欺로다。

번역 천산도가 송하되

여자의 몸으로 선정에 들었을 때
복두건*六의 두 끈이 두 눈썹에 걸렸네。
고양이를 그리는 뜻은 쥐를 놀라게 함인데
하루 아침에 쳐부수니 쥐들만이 속았네。

강론 여자가 몸을 禪定에 들었다 하여서 어찌 복두건의 두 끈이 두 눈썹에 걸리는 것같이 보는가。 禪定에 든다는 것은 男身도 아니고 女身도 아닌 바로 人身이다。 이 義趣를 모르고 自身도 모르는 分別想에 들어앉는 것은 事理에도 어긋날 뿐 아니라 부처님의 뜻과도 다르다。 고양이를 그린 것은 그린 사람이 속았지 어찌 쥐가 속은 것인가。 노장은 누리가 하나이니 지도리〔樞〕도 하나요、 지도리가 하나이니 목숨도 하나라는 基本적인 理念도 모르는 모양이니 썩 물러가거라。 허!

〔20〕 **本文** 心聞賁 頌하되

山家不置蓮花漏하니 夜裡酣眠摠不知라。
驀地夢廻聞鳥叫하고 方知天曉已多時로다。

번역 심문분이 송하되

산골집에 *七연화루를 두지 않으니
밤이 깊어 잠에 취해 세상일을 모르구나。
갑자기 꿈을 깨어 새소리를 들으니
날이 샌지 오랜 줄을 비로소 안다네。

강론 해말쑥한 나의 本性에 計較를 두지 말아야 한다。 計較를 두어봤든 그것은 知見의 꼬리가 제멋대로 자라서 필경에는 그 自身을 되돌아 칭칭 감아서 숨도 제대로 못 쉬게 할 뿐이다。 그러므로 제 心境만을 닦아가면 스스럼없이 한 마디 일러줄 善知識이 나타나는 것이니 이 말귀에서 크게 꿈을 깨면 날이 샌지 오랜 줄을 알게 되리라。

〔21〕 **本文** 慈航朴 頌하되

妍皮不裹癡骨이며　笑面寧受嗔拳이랴。
黃面瞿曇漏逗여　迢迢十萬八千이로다。

번역 자항박이 송하되
보드라운 가죽은 어리석은 뼈를 싸지 못하며
웃는 낯에 어찌 성내는 주먹이 들어오랴。
황면 구담의 허물스러움이여!
멀고 멀어 十만하고 八천리나 되더라。

강론 因緣에 따라서는 될 것도 안되지만 웃는 얼굴에 침은 안 뱉는다。부처님은 생각하신 바가 계셨던지 여자를 옆에 앉히고 禪定에 들도록 하셨다。이에 문수는 梵天에까지 소란을 피우고、망명은 가볍게 손가락을 퉁겼으니、부처님의 생각과는 十萬하고도 八千里나 떨어지지 않겠는가。이러기에 時節을 말하고도 因緣까지 말하는 것이라겠다。

〔22〕**本文** 寒岩升 頌하되
一色春歸上苑時에　鮮葩艶蕚滿枝枝로다。
桃紅李白薔薇紫를　問着東君摠不知로다。

번역 한암승이 송하되

한 가닥 봄기운이 상원에 돌아오니
곱고 예쁜 꽃송이가 가지마다 만발하네。
복숭아꽃 붉고 오얏꽃 희고 장미꽃 자줏빛인걸
동군[*八]에게 물었으나 전혀 알지 못하네。

강론 한 가닥 봄 기운이 동산에 오르니 곱고 예쁜 꽃송이가 가지마다 주렁주렁 달렸구나。복숭아꽃이 분홍인 것은 분홍이 아니기에 분홍이요、오얏꽃 흰 것은 흰 것이 아니기에 흰 것이요、장미꽃 자줏빛은 자줏빛이 아니기에 자줏빛이니라。알겠는가。모든 빛깔은 이름뿐인 빛깔이니 만약 東君에게 묻는다면 묻는 곳에 입이 있으니 그 입에게나 물어보라 하리라。허!

〔37〕本文 松源 頌하되

出得出不得이　攧落精靈窟이로다。
何處不風流리오。　祖師無妙訣이니라。

번역 송원이 송하되

나오게 함과 나오게 하지 못함이

九 정령의 굴속으로 떨어짐이로다。
어디엔들 풍류가 없다 하더냐。
조사에게 묘한 비결 본래 없느니。

강론 去來가 본래로 人生살이라면 入定과 出定도 또한 人生살이다。이러기에 來定와 아울러 入定과 出定을 人生살이의 탯거리라면 그 탯거리를 말귀로 나툰 것이라 하여도 좋지 않겠는가。무슨 까닭으로써이냐。去來의 앞소식에 圓明體가 있고 出定 入定의 앞소식에 의젓한 三昧가 있기 때문이다。까닭에 만약 去來를 爲한 去來요、入定 出定을 위한 入定 出定이라면 이것은 當然히 精靈窟에 떨어지겠지마는 그러나 이 도리를 아는 바에야 어찌 곳곳이 風流가 아니며 따라서 祖師門中에 따로 무슨 秘訣이 있기를 기다리겠는가。

〔24〕 **本文** 介庵朋 頌하되

今日天色暗曚昧하니 江神去赴海神會라。
狂風拔出老樹根하고 浪打石頭如粉碎로다。

번역 개암붕이 송하되

오늘 날씨가 어두침침하여
강신(江神)은 용왕의 모임에 갔네。
강풍이 늙은 나무 뿌리를 뽑아버리고
파도가 바위 때려 가루로 부숴버린다。

강론

산들바람 설레이니 가랑잎은 안구르랴。
님을찾아 길떠난지 몇만겁을 지냈는고。
서글플손 人生살이 깨고보니 꿈인것을
이몸뚱이 휘어잡고 고향길을 찾으오리。

〔25〕 **本文** 密庵傑 頌하되

出得何如未出時오。 瞎驢成隊喪全機로다。
而今四海平如砥하니 蘆管迎風撩亂吹이로다。

번역 밀암걸이 송하되

나온 뒤가 어찌 나오지 않은 때와 같으랴。
눈먼 노새가 떼를 이루나 온 기틀을 잃는구나。

지금 사해가 숫돌같이 평탄하니
갈대밭이 바람 맞아 우수수 흔들린다。

강론 본래로 非入定이요 非出定이기에 入定을 두고 出定을 두는 것이니、入定은 곧 非入定이요、出定 또한 非出定이니라。그러니 出定이라는 名字에 얽히면 도리어 非出定때만 못하다는 것이다。때문에 눈먼 노새로 더불어 成群作隊를 아니하면 되돌아서 青山도 綠水도 내 것이 아니고 뉘 것이겠는가。

〔26〕本文 本然居士 頌하되

一場雜劇有來由하니 只要傍人笑不休라。
忽地雨淋粧粉盡하니 不堪羞處也堪羞로다。

번역 본연거사가 송하되

한 마당의 잡극이 까닭이 있으니
사람들을 웃겨 마지 않네。
홀연히 비가 뿌려 화장이 다 씻기니
부끄러움을 견디지 못하는 곳에서 부끄러움을 견디도다。

강론 하나의 人生은 제가 지어내는 因緣의 굴림새이니 알고보면 배꼽이 빠지도록 웃을 일이다。實로 人生살이는 하나의 雜劇이다。舞臺 위에서 광대놀이를 하면서도 모를 따름이다。그러나 이 도리를 알아 화장해 놓은 것이 다 씻겨버리면 부,끄러움을 숨기지 못할 일이 한 두 가지가 아니리라。이 도리를 알면 懺悔할 일도 많으리라。

〔27〕 本文 悅齋居士 頌하되

文殊爲我忒殺奢하고 罔明爲我忒殺儉이로다。
令人還憶謝玄暉하니 解道澄江淨如練이로다。

번역 열재거사가 송하되

문수는 「나」를 위해 지나치게 사치하고
망명은 「나」를 위해 지나치게 검소하네。
사람들로 하여금 사현휘*一〇를 기억케 하니
맑은 강이 비단결같다 말할 줄 알리。

강론 文殊는 女子를 出定시키기 위하여 梵天까지 떠들썩하게 하였으니 나를 치레하는 데 지나친 엄살쟁이요、罔明은 女子를 出定시키는 데 가벼이 손가락을 한 번 튕겼을 뿐이니 나를 수수하게 하는데 지나친 엄살쟁이다。이렇듯이 서로가 지나친 엄살쟁이다 보니 맑은 江이 지나치게 비단결같다고 엄살도 부릴 줄 알지 않겠는가。

〔28〕**本文** 五雲이 拈하되 不唯文殊不能出此定이라 但恐如來도 也出此定不得이로다。只如敎意는 怎生體解오。

번역 오운이 염하되 「문수만이 이 선정을 깨우지 못할 뿐 아니라 다만 여래도 이 선정을 깨우지 못할까 두려워 함이로다。다못 교리의 뜻을 어떻게 체득할꼬」하다。

강론 七佛의 스승이신 문수보살도 이 禪定을 깨우지 못할 뿐 아니라 法中王이신 如來께서도 깨우지 못할까 두렵다 했으니 五雲은 무슨 까닭으로 이런 拈을 달았을까。그렇다。모든 法의 열쇠는 나에게 있음으로 하여서 굴리어진다는 事實을 밝힘으로 보아두자。

〔29〕**本文** 夾山齡 拈하되 者公案을 無不委知니 文殊는 爲什麽出不得하고 罔明은 爲什麽出得고。諸人이 儻具奔流度刃底眼인댄 非但見者一隊漢敗闕이라 乃至河沙祖佛이 出來라도 也被作家覰破하리라。

其或青黃을 不辨하고 邪正不分인댄 只管去覓女子出定하라。玄沙道底니라。

[번역] 협산령이 염하되「이 공안은 다 알지 못함이 없는데、문수는 어찌하여 깨우지 못했고 망명은 어찌하여 깨웠는가。여러분이 재빠른 안목을 갖추었더라면 저한 무리들의 잘못뿐 아니라 향하사만치의 조사와 부처님이 나오시더라도 작가*一에게 들키리라。그 혹 푸르고 누름을 가리지 못하거나 사뙫과 바름을 나누지 못함인댄 다못 가서 여자가 선정에서 깨어나는 데서 찾을 뿐이다。현사*二의 말이니라」하다。

[강론] 이 公案은 天下가 다 아는 公案이다。七佛祖師이신 문수보살이 女子를 出定시키지 못하였는데도 不拘하고 初地보살이신 罔明이 女子를 出定시켰다는 데 문제가 있는 것이다。그렇다면 이 문제의 核心은 어디에 있는가。오로지가 出得과 不出得이란 말귀의 核心은 어디까지라도 出得과 不出得 밖에서 出得과 不出得이란 문제의 核心을 찾아야 한다。이 소식이 바로 東쪽을 향하여 西를 부르고、西쪽을 향하여 東을 부르는 風光이라 하겠다。

이 風光 속에 出得인들 어떠하며 不出得인들 어떠하랴。出得과 不出得 앞에 의젓스리 가라앉은 자리가 휘영청히 있는 것을! 때문에 夾山齡은 青黃과 正邪의 나뉨은 女

子出定에서 찾으라 이른 것이니 그 出定의 문빗장은 女子에게 있음이 分明한 것이며、따라서 玄沙도 이런 뜻으로 말한 것이 아니겠는가。

〔30〕 **本文** 翠岩眞 在歸宗南和尙會中하여 爲首座時에 南이 問하되 承聞首座가 常將女子出定話爲人이라 하니 是否아。眞云하되 無니다。南云하되 奢而不儉이요 儉而不奢어늘 爲什麼道無오。眞云하되 若是本分衲僧인댄 也小他鹽醬不得이니까。南이 廻首喚侍者하여 報典座하되 明日에 只煮白粥하라。

번역 취암진이 귀종남 화상의 모임 가운데 있으면서 수좌[二三] 소임을 할 때에 귀종남 화상이 묻되 「듣건대 수좌가 항상 여자출정화를 가지고 남을 가르친다 하니 옳음인가」 하니 「아닙니다」 하다。남이 다시 묻되 「치레하여서 수수하지 않고、수수하여서 치레하지 않음이어늘 어째서 아니라 하는가」 하니 「만약 본분의 납자라면 그 정도의 염장이 없겠읍니까」 하다。귀종남이 고개를 돌려 시자를 불러 이르되 「내일은 흰죽만 쑤라고 전좌에게 일러라」 하다。

강론 취암진이 귀종남의 會上에 있으면서 首座의 소임을 맡고 있을 때다。하루는 귀종남이 묻되 「듣건대 수좌가 항상 女子出定話를 가지고 남을 가르친다니 사실인가」 물었다。 진수좌는 「아닙니다」 하였다。 남和尚은 「치례하여서 수수하지 않고、 수수하여서 치례하지 않거늘 어째서 아니라 하느냐」 하였다。 이왕이면 「치례하여서 수수하지 않으니 치례함도 아닌 치례요、 수수하여서 치례하지 않으니 수수함도 아닌 수수다」라 하시지요 그려! 진수좌는 이르되 「本分衲子라면 그 정도 맛깔이야 없겠읍니까」 하였다。 그러기에 龍은 龍을 낳고 鳳은 鳳을 낳는 것이 아닌가。

남和尚이 고개를 돌려 侍者를 부르되 「내일은 흰죽만 쑤라고 전좌에게 일러라」 하였다。 이 무슨 곡절인고。 하늘 땅이 바뀌어졌으니 가는 길도 바꾸어 놓아야 하지 않겠는가。 히!

〔31〕 本文 英邵武 因翠岩眞이 問曰女子出定意旨如何오。 師引手搯其膝而去어늘 眞이 笑曰 賣匙箸客이[*二四] 未在로다。

번역 영소무에게 취암진이 묻되 「여자가 선정에서 나온 뜻이 무엇입니까」 하니、 선사가 손을 뻗어 무릎을 긁어주고 떠나다。 이에 취암이 웃으면서 말하되 「수저를 파는 사람이 아니었구나」 하다。

강론 翠岩眞이 女子의 出定에 대하여 英邵武에게 물었다。 어떤 답을 기다려볼까。

英邵武는 손을 뻗어 그 무릎을 긁어주고 떠났다。 옳거니! 무릎이 앞에 있기에 망정이지 만약 엉덩이가 무릎에 있었던들 엉덩이를 긁고 떠날 뻔했구나。 이것을 본 翠岩은 웃으며 「수저를 파는 사람은 아니었구나」 하였다。 어디까지라도 저의 살림은 제가 살아간다는 뜻이다。 그러기에 女子는 女子로서의 살림이 의젓하거늘 여기에 있어서 是是非非를 論할 必要가 어디에 있겠느냐는 老長의 뜻이 아니겠는가。

〔32〕 **本文** 天童覺 拈하되 若定若動이 當人變弄이로다。 鴻毛는 輕而不輕이요 大山은 重而非重이니라。 還知老瞿曇鼻孔이 在我手裡麼아。

번역 천동각이 염하되 「가라앉았거나 움직임이 본인의 굴림새로구나。 기러기털은 가벼우나 가볍지 않고、 큰 산은 무거우나 무겁지 않다。 늙은 구담의 콧구멍이 나의 손아귀에 있는 줄을 알겠는가」 하다。

강론 가라앉고 움직임은 누구의 일인가。 나의 일이다。 가볍고 무거움은 누구의 일이냐。 나의 일이다。 그렇다。 가라앉지 않으니 움직임이요、 움직이지 않으니 가라앉음이다。 무겁지 않으니 가벼움이요、 가볍지 않으니 무거움이로다。 자 한 마디 던져라。 靜動이 둘이냐、 하나냐! 輕重이 둘이냐、 하나냐! 하나가 아니기에 둘이요、 둘이 아니기에 하나다。이러하기에 누런둥이 구담의 콧구멍이 나의 손아귀 속에 있다고 큰 소리치는 것이 아닌가。

〔33〕 **本文** 覺範云 教中에 有女子出定因緣하니 叢林商略이 甚衆이라 自非道眼明白하여 親見作家면 莫能明也니라。大愚芝禪師가 每問僧曰 文殊는 是七佛之師어늘 爲什麼出此女子定不得하고 罔明菩薩은 下方而至하여 但彈指一聲에 便能出定고。莫有對者라 乃自代曰 僧投寺裡宿이요 賊入不良家니라。予滋愛其語하여 作偈記之曰

出定只消彈指어니와 佛法豈用功夫리오。
我今要用便用이요 不管罔明文殊로다。

雲庵和尚이 見之하고 明日陞座에 用前語하여 乃曰文殊與罔明이 見處有優劣也無아。若言無댄 文殊何故로 出女子定不得고。只如今日에 行者가 擊動法鼓하니 大衆이 同到座前이라 與罔明出女子定으로 是同가 是別가。良久曰 不見道아。欲識佛性義댄 當觀時節因緣이라 하니라。亦有偈曰

佛性天眞事를 誰云別有師오。
罔明彈指處에 女子出禪時라。
不費纖毫力이어늘 何曾動所思리오。
衆生摠平等이어늘 日用自多疑로다。

번역 각범이 이르되 『교가에 여자가 선정에서 뛰쳐나는 인연이 있어 총림에서 논란이 심한데 스스로 도눈〔道眼〕이 명백해서 몸소 본 작가가 아니면 능히 밝히지 못한다。 대우지선사는 매양 중들에게 물어 가로되 「문수는 七불의 스승이거늘 어찌하여 그 여자의 선정을 깨우지 못했으며、 망명보살은 아래쪽 세계에서 와서 다만 손가락을 튕기는 한 소리에 문득 깨게 했을까」 하니 아무도 대답하는 이가 없었다。 이에 스스로 가로되 「중은 절을 찾아가 지새고 도적은 불량배의 집에 드니라」 하였는데、 나는 그의 이 말을 몹시 좋아하여 게송을 지었다』 하고는 가로되、

선정을 깨우는 데는 다못 손가락만 튕기면 되거니와
불법이야 어찌 공부함을 쓰리오。
내가 이제 쓸려면 곧 쓰리니
망명이나 문수를 관계치 않는다。

운암 화상이 게송을 보고 다음날 법상에 올라가서 앞의 이야기를 하고는 이에 가로되 「문수와 망명의 견처에 우열이 있는가、 없는가。 만약 없을진댄 문수는 무슨 까닭에 여자의 선정을 깨우지 못했는가。 오늘 행자가 북을 쳐서 대중이 모두 법당에 모였는데 망명이 여자의 선정을 깨운 일과 같은가、 다른가」 하고는 양구했다가 가로되 『보지 못했는가。「불성의 의취를 알고자 한다면 마땅히 시절과 인연을 살피라」는 말씀이 있느니라』 하고는 또한 게로 가로되、

불성의 천진한 일이여、
뉘라서 스승이 따로 있다 이르리오。
망명이 손가락을 튕기는 곳이
여자가 선정에서 깨어날 때더라。
털끝만치의 힘도 쓰지 않았거늘
어찌 일찌기 생각한 바를 움직이리오。
중생이 모두 평등하거늘
날로 씀에 스스로가 의심이 많더구나。

[강론] 覺範이 이르되 「敎家에는 女子의 出定話에 대하여 叢林에 論難이 심한데 이것은 스스로 道眼이 明白해서 몸소 본 作家가 아니면 능히 밝히지 못하느니라」 하였다。

벌써 入定과 出定을 自在로이 한다면 學人으로서 장부漢이라 이르겠다。 더우기나 女子로서인 禪定인 만큼 論難은 더욱 많다。 業報관계로 보아서 理解는 간다。 그러나 사람으로서인 男女가 아니고 男女로서인 사람으로 보는 데서 「女子가 그래」 式으로 論難이 많다는 것은 잘못이다。 왜냐면 잘났건 못났건 男身이건 女身이건 공부는 사람이 짓기 때문이니 實로 道眼을 明白히 하기 전에는 함부로 말할 문제가 못된다。

大愚芝禪師도 매양 중들에게 묻기를 「문수는 七佛의 스승이거늘 어찌하여 그 女子의 禪定을 깨우지 못하였으며、 망명보살은 어찌하여 아랫쪽 世界에서 와서 다만 손가락을 튕기는 한 소리로 禪定을 깨우게 하였을까」 하였다。 까닭이 있는 말이다。 이어 이르되 「중은 절로 찾아가 지새고 도적은 불량배의 집에 드느니라」 했는데 覺範은 이 말을 몹시 좋아한다며 偈를 읊는다。

선정을 깨우는 데는 손가락만 튕기면 되거니와
불법이야 어찌 공부함을 쓰리오。
내가 이제 쓸려면 곧 쓰리니
망명이나 문수를 관계치 않노라。

줄이 번듯한 偈句다。 法이 굴리어지는 데는 중이 절로 가듯이 時節의 氣脈이 통하고、 도적이 깡패와 어울리듯이 因緣의 呼吸이 닿아야 할 것이다。 佛法 곧 佛道는 지음이 없는 물〔水〕이지마는、 彈指 곧 出定은 지음이 있는 거품〔波〕이다。 이러기에 氣脈과 呼吸이 맞으면 法은 굴리어지는 것이니 망명과 문수인들 무슨 관계가 있겠느냐는 뜻이다。

雲庵화상이 이 偈頌을 보고는 「문수와 망명의 見解에 優劣이 있는가、 없는가。 오늘 行者가 북을 쳐서 大衆이 모두 法堂에 모였는데 망명이 女子의 禪定을 깨운 일과 같은가、 다른가」 하였다。 좋은 비유다。 이에 良久했다가 「佛性의 天眞事를 따로이 스승이 있다고 뉘가 말하리오」로부터 「중생이 모두가 평등하거늘 날로 씀에 스스로가 의심이 많더구나」까지 頌했다。 그렇다。 눈과 귀로 더불어 妥協하지 말고 是非와 分別을 끊고 決定하여 들어가면 女子의 出定話도 스스럼없이 풀릴 것이언만 이것이 잘 안되니 어찌 하겠는가。

〔34〕**本文** 雲門杲 示衆云云하되 又有一種이 商量古人公案하여 謂之針線工夫라 하며 又謂之郎君子弟禪이라 하나니 如商量女子出定話云하되 文殊는 是七佛之師어늘 爲什麼出女子定不得고 하면 云하되 文殊與女子無緣이라 하며 罔明은 是初地菩薩이어늘 爲什麼出得女子定고 하면 云하되 與女子有緣이라 하나니 下語云 寃有頭債有主

로다。 又有商量道하되 文殊는 不合有心이라 所以出不得이요 罔明은 無意라 所以出得이라 하나니 下語云 有心用處還應錯이요 無意求時却宛然이니라。 又有商量道하되 文殊는 爲什麼出女子定不得고。 杓柄이 在女子手裡라 하며 罔明은 爲什麼出得고。 如蟲禦木이라 하며 又云 因風吹火라 하며 又云 爭奈女子에 何오 하며 邪解甚者는 至於作入定勢하며 又作出定勢하며 推一推하며 彈指一下하며 哭蒼天數聲하며 伏惟尙饗하며 拂袖之類라 冷地看來에 慚惶殺人이로다。

[번역] 운문고가 대중들에게 가리켜 이르되 『또 어떤 한 무리가 옛 사람의 공안 헤아리기를 「침선[*一六]의 공부」라 하고, 혹은 「낭군과 자제선」이라 하며, 여자출정화를 헤아려 이르되 「문수는 七佛의 스승이시거늘 어째서 여자의 선정을 깨우지 못했는가」 하면, 이르기를 「문수는 여자와 인연이 없다」 하고, 「망명은 초지[*一七]의 보살이어늘 어찌하여 여자의 선정을 깨웠는가」 하면, 이르기를 「여자와 인연이 있다」 하고는 말하여 이르기를 「원수는 머리에 있고 빚은 주인에게 있다」 하며, 또 헤아려 말하되 「문수는 마음을 둠으로 마주치지 못함에 선정을 깨우지 못했고, 망명은 뜻이 없음이라 선정을 깨웠다」 하고는 말하되 「마음을 두어 작용하는 곳에 도리어 어긋나기 때문이요, 뜻없이 구할

때 곧 완연하구」하며, 또 헤아려 말하되 「문수는 어째서 여자의 선정을 깨우지 못했을까」「구깃자루가 여자의 손아귀에 있기 때문이다」하고, 「망명은 어찌하여 깨웠을까」하면「벌레가 나뭇잎을 먹는 것 같다」하며, 또 어떤 이는「바람결을 인하여 불을 부는 것 같다」하며, 또 어떤 이는 말하되「여자에게는 어쩔 수 없다」하며, 사된 견해가 심한 이는 선정에 드는 시늉을 하기도 하고, 선정에서 깨는 시늉도 하며, 혹은 미는 시늉도 하고, 혹은 손가락을 한 번 튕기며, 혹은「아이고 아이고」하고 곡을 하며, 혹은 *一八 복유상향이라 하며, 혹은 소매를 뿌리치는 따위를 하니, 냉정한 입장에서 살피건데 보는 사람을 매우 송구스럽게 하는구나』하다.

강론 알고보면 針線工夫도 좋다. 郎君과 子弟의 禪法도 좋다 하자. 그러나 여기서는 女子出定話를 첫째 삼으니 이 문제부터 따지기로 하자.

「문수는 七佛師이거늘 어째서 女子의 禪定을 깨우지 못했는가」하면「문수는 女子와 因緣이 없다」하고, 「망명은 初地보살인데 어찌하여 女子의 禪定을 깨웠는가」하면「女子와 因緣이 있다」하고는 말하여 이르기를「원수는 머리에 있고 빚은 주인에게 있다」하니, 분별의 새김(想)이 머리에 없으면 主人에게 허물인 여김(念)의 빚이 어디에 있다고 하겠는가. 다만 因緣을 만나고 못 만나는 것은 時節의 탓이라 하겠다. 머리와 주인이 둘 아닌 바에야 원수와 빚은 하나의 놀음이 아니겠는가.

또 商量하되 「문수는 有心이로되 契合하지 못하므로 禪定을 깨우지 못했고, 망명은 無意했기 때문에 禪定을 깨웠다」 하고는 말하기를 「有心用處에 도리어 어긋나기 때문이요, 無意로 구할 때 곧 宛然하다」 하니 그럴 듯 하지마는 나에게 말하라면 「有心도 아니요 無心도 아닌 곳에 열쇠가 있느니라」 하겠다。 왜냐면 복숭아 꽃도 季節과 因緣을 기다리기 때문이다。

또 商量하되 「문수는 어찌하여 女子의 禪定을 깨우지 못했는가」 「구깃자루가 女子의 손아귀에 있기 때문이다」 하고, 「망명은 어찌해서 깨웠는가」 하면 「벌레가 나뭇잎을 먹는 것과 같다」 했으니, 문수는 女子의 손아귀에 있는 구깃자루를 가져올 時節을 만나지 못한 것이요, 망명은 벌레가 나뭇잎을 갉아 먹는데 우연히 文字를 이룬 時節을 만난 것이라 하여도 좋지 않겠는가。 實로 이 문제는 중생을 건지는 데의 方便說로서는 멋진 關門이라 하겠는데 이 기회를 놓치지 말고 운문고가 한 마디 하소。 만약 한 마디의 답이 없으면 입을 놀렸던 罪로 三十棒은 면하지 못하리라。 알간!

〔35〕 **本文** 白雲昺 拈하되 打破情解하고 截斷羅籠이어다。 釋迦與女子는 各出一隻手요 文殊與罔明은 每人이 得一橛이로다。

번역 백운병이 염하되 「망정의 견해를 쳐부수고 그물과 용수를 끊어버리라。 석가와 여자는 제각기 한 쪽 손을 내밀고 문수와 망명은 저마다 등걸 하나씩을 얻었구나」

하였다。

[강론] 석가와 어자는 제각기 뜻풀이를 부숴버리고 새 그물과 종다래끼를 끊어내라고 한 쪽씩 손을 내밀고 있는데、 문수와 망명은 도리어 뜻풀이와 새 그물과 종다래끼의 등걸 한 개씩을 얻어서 天下의 大事라도 벌어짐인양 梵天으로 뛰어오르고 땅속에서 솟구쳐 오르는 妙技까지 演出하였으니 어찌 재미있는 구경거리가 아니겠는가。 돈 한 푼 가져오너라。 돈 세 푼 줄께! 알겠는가!

[주] 一、諸佛要集經에 나오는 이야기이다。

二、앵무주…중국 무창현에 있는 유명한 강변 유원지。

三、자리를 편다…앉을 자리를 마련하는 것。

四、馬 駒…망아지란 뜻으로 馬祖스님이 그의 성이 마씨였으므로 그의 禪風이 예민했기 때문에 부르던 호칭。

五、吃 嘹…말을 더듬는 모양。 따라서 마부가 말을 몰면서 말을 꾸짖는 소리이니 여기서는 말 즉 마조를 꾸짖는 뜻으로 썼음。

六、幞頭巾…周의 武公이 지은 것으로 수건의 네 귀를 접어 네 뿔이 나게 하여 여자가 쓰게 했던 것。

七、蓮花漏…廬山의 慧遠선사가 연꽃으로 누수(漏水)를 만들어 시계로 썼는데

그것을 이름。

八、東 君…봄을 인격화한 명칭。

九、精 靈…망상、요정。

一〇、謝玄暉…중국 고대의 詩人。

一一、作 家…눈밝은 종사로서 많은 제자들을 접인하는 분을 이르는 말。

一二、玄沙道之…현사가 종소리를 듣고 말하되 「저 종이 내 뱃속에서 운다。 여러 분、어쩌면 좋겠는가」 하니 전상좌가 나와서 「스님 법체 만강하십니까」 하였다。 이에 현사가 말하되 「너는 아직도 그런 설명을 하느냐」 하였으니 군설명이란 뜻으로서、현사가 이른 그 소리를 나도 지금 한다는 뜻。

一三、首 座…대중의 우두머리。

一四、寶匙箸人…여기서 수저를 파는 이란 자기는 음식의 맛을 전혀 모르고 남의 수저나 준비해 준다는 뜻。

一五、示 衆…대중에게 법을 보여준다는 뜻이니 설법。

一六、針 線…바늘과 실이니 해석이 가능하다는 뜻。

一七、初 地…十地의 제一위이니 처음으로 성인의 지위에 오른 경지。

一八、복유상향…제사지낼 때 맨 나중에 「많이 잡수시오」 라는 뜻으로 고하는 소리。

第三三、自 恣

〔本文〕 世尊 因自恣日에 文殊三處過夏러니 迦葉이 欲白椎擯出하여 纔拈椎에 乃見百千萬億文殊라 迦葉이 盡其神力하여도 椎不能擧라 世尊이 遂問迦葉하시되 汝擬貶那箇文殊오。 迦葉이 無對러라。

〔번역〕 자자[*一]하는 날에 문수가 세 곳에서 여름을 지냈기 때문에 가섭이 대중에게 밝혀서 내쫓고자 종망치를 들려는데 이내 백천만억 문수가 보였다。 가섭이 그의 신통력을 다하여도 끝내 망치를 들지 못하니 세존께서 드디어 가섭에게 물으시되 「네가 어느 문수를 내쫓으려 하느냐」 하시니 가섭이 대답이 없었다。

〔강론〕 自恣란 夏安居의 마지막 날에 같이 공부를 짓던 스승과 弟子들이 모여서 見·聞·疑 三事를 가지고 그 동안에 지어진 잘못을 털어놓고 참회하는 하나의 行事다。 三個人物로 分身한 문수보살이 自恣日을 맞이하자 세존의 會上으로 解制를 하기 위하여 어슬렁어슬렁 들어 온다。 진짜인 문수인지、 가짜인 문수인지도 구별할 수가 없는 문수이다。 가섭은 눈이 휘둥그레졌다。 한 곳에 죽 앉아 지내지 않고 三處에서 分身한

그대로의 문수보살이 나타났으니 어리둥절할 것이다。 自身의 才幹을 뽐냄이냐、 尊嚴한 法度를 깔봄이냐。 가섭은 大衆에게 이 事實을 알리고 문수를 내쫓기 위하여 종치는 망치를 들러 했으나 안된다。 갖은 手段을 다해도 들지 못한다。 이 웬 일이냐! 위 아래와 좌우는 수천만억 문수로 넓은 허공에 가득하다。 이 가짜 문수냐、 이 진짜 문수냐。 진짜 문수라면 가짜인 진짜 문수요、 가짜 문수라면 진짜인 가짜 문수일 수밖에 없다。 어허! 이 바로가 비로자나 境界에서 노사나 法風이 나부끼는 好時節이로다。

好時節이여! 理와 事가 하나로 사무치고 體와 用이 한가지로 굴리어지는 功德林이요、 時空이 없는데 時空을 나투고 去來가 없는데 去來를 굴리는 華嚴界로다。 참으로 이 知音인지라 이 땅덩이만이 世界의 모두인양 아는 凡夫衆의 알 바 아니며、 이 몸뚱이만이 眞身의 모두인양 믿는 小人輩의 엿볼 바 아니다。

부처님은 가섭을 부르시어 물으시되 「네가 어느 문수를 내쫓으려 하느냐」 하셨다。 가섭은 대답을 못하였다。 부처님도 답답하셨겠지마는 가섭도 답답하였을 것이다。 이 웬 말씀이신가。 문수면 문수이지 진짜인 문수와 가짜인 문수가 어디에 따로 있답디까。 電光石火같이 눈에 비치는 대로 한 주먹을 휘둘렀더라면 百億 문수가 순간에 자취를 감췄을 것을 무삼 일로 망치를 찾아 어정대었는가。

時好時好不再來로다。 한바탕 웃음 속에 佛事는 이루어지는가 보다。

文殊無處無迦葉
迦葉無處無文殊
還是兩聖共相徹
笑殺毘盧在其中

문수없는 곳에 가섭없고
가섭없는 곳에 문수없다。
돌이켜 이 두 성인이 서로 사무치니
우스워 죽겠네。 비로자나 세계는 그 가운데일러라。

〔1〕本文 圜悟勤 頌하되

大象不遊兎徑이요 鷰雀安知鴻鵠이리오。
據令宛若成風이요 破的渾如囓鏃*二이로다。
偏界是文殊요 偏界是迦葉이라。
相對各儼然이어늘 擧椎何處罰고。
好一劄이어늘 金色頭陀曾落節이로다。

번역 원오근이 송하되

큰 코끼리는 토끼 길에 놀지 않으니
제비가 어찌 큰 기러기를 알랴。
법령을 시행함은 마치 바람을 일으키는 것 같고
과녁을 맞춤은 흡사 [*二]화살을 무는 것 같다。
온 세계가 문수요
온 세계가 가섭이언만
마주 서면 제각기 엄연한지라
망치 들어 누구를 벌하려 하는가。
한 주먹 갈기는 것이 좋았을 것을
금빛 대머리가 일찌기 시절을 놓쳤구나。

강론 우물속 개구리가 太平洋을 모르듯이、 토끼나 삵괭이 따위가 어찌 코끼리의 자리를 엿보며、 참새나 제비들이 어찌 기러기의 뜻을 헤아리랴。 바른 法을 굴리는 데는 하나의 헛점도 있을 수 없다。 萬里 밖에서 문수를 보면 모두가 문수요、 가섭을 보면 모두가 가섭이언마는 서로가 마주치면 제각기가 엄연한지라 엉겁결에 망치를 찾았구나。 그러나 이에 다다라서는 한 주먹을 휘두를 일이지 망치를 찾아 헤매다니、 대머리

침지는 망에 곤두박질이 되었네。

〔2〕**本文** 雪竇寧 頌하되

迦葉當時未丈夫라　下椎不奈萬文殊로다。
要須祖佛都盧遣이니　且道吾門着[*三]得無아。

번역 설두녕이 송하되

가섭이 당시에는 졸장부였던가。
망치를 들었으나 만의 문수를 어쩔 수 없었네。
부처도 조사도 모두 없었어야 할 터인데
말해보라。우리 문하에도 그런 일이 있었던가、없었던가。

강론 문수가 萬이면 어찌 진짜 그 萬이랴。부처와 조사를 눈속에 가득히 채워놨으니 하나인 문수를 어찌 찾아내리! 알지 못할세라、부처와 조사가 없는 곳에 참 부처와 참조사가 있음을 누가 알았겠는가。가섭이여 가섭이여! 하나뿐인 쪽박이나 버리지 말고 아리랑고개로 넘어오소。히!

〔3〕**本文** 心聞賁 頌하되

刹刹塵塵現不難이라 波離何苦被渠謾고。
當時若論收姦細댄 莫把瞿曇做佛看하라。

번역 심문분이 송하되

티끌같은 세계라도 나투기는 어렵지 않거늘
우바리는 어찌하여 그의 속임을 받았을까。
그 시절에 만약 공[*四]과 허물을 논하였더라면
구담보고 부처라고 부르지는 않았으리。

강론 허공이 하나니 지도리(樞)도 하나요、지도리가 하나니 목숨도 하나라는 事實을 바탕으로 한 여김을 굴려보자。이럴진댄 목숨과 지도리와 허공은 누구의 것이냐。두말할 것 없이 나의 허공이요、나의 지도리요、나의 목숨이다。때문에 나는 無邊法身이 아니던가。이 소식에서 티끌같은 世界를 나툰다는 것은 오로지가 나의 心緣相의 나툼이니 어렵지 않다는 것이다。

이어서 우바리(가섭)가 문수에게 속았다는 것은 제쳐보는 이야기다。여기에서 만약 論功行賞을 한다면 문수는 無心으로 法을 굴렸으니 無罪요、가섭은 망치를 들고 허둥댄 罪로 十棒이요、누런둥이 첨지는 兒孫들을 어리둥절하게 한 罪로 三十棒이다。

〔4〕 **本文** 悅齋居士 頌하되

文殊徧現百千身하니 畢竟無人識得眞이로다。
多謝汾陽爲指出하니 重陽九日菊花新이라。

번역 열재거사가 송하되

문수가 백천 몸을 나타냈으니
끝끝내 아무도 참 몸을 모르더라。
고맙게도 분양이 그것을 지적했으니
중양 九일에 국화는 새롭더구나。

강론 문수가 百千 [illegible] 몸을 나퉜으니 어떻게 참 몸을 알겠는가。 고맙게도 汾陽노장이 指出한「一句가 分明하여 萬象을 꾸리는데 重陽九日에 菊花는 새롭더구나」한 귀절이 아니었던들 실로 꿈속에서 꿈을 더듬는데 지나지 않았을 것이다。 萬象이 一句속에 꾸리어지니 가을에 단풍인들 안 붉겠는가! 알겠는가。 參究해 들어가면 끝내엔 참 몸을 알지 못함이 없으리라。 알간!

〔5〕 **本文** 海印信 拈하되 欲知早海路댄 須是去來人이니라。 又上堂擧此話云하되 請大衆은 於此에 下一轉語看하라。 若也道得하면 非唯迦葉當時라 亦作後人領袖하리라。 參。

번역 해인신이 염하되 「물 빠진 바닷길을 알려면 다녀본 사람이어야 하느니라」 하다。 또 상당하여 이 이야기를 들고는 이르되 「대중에게 청하노니 여기에서 한 마디 해보라。 만약 말할 수 있다면 가섭 당시뿐 아니라 뒷사람들에게도 우두머리 노릇을 하리라。 흥!」 하다。

강론 「물 빠진 바닷길을 알려면 다녀본 사람이어야 하느니라」 해인신의 말이다。 法을 굴림에는 우선 그 法의 位置를 알고 이에 따라 알맞은 手段과 方便을 굴려야 한다。 因緣이 닿은 手段과 時節이 닿은 方便을 가로 세로 굴릴 수 있다면 이 사람은 뒷사람들의 우두머리가 될 것은 分明하지 않겠는가。 가섭 當時만 하여도 그렇다。 문수는 문수로 돌리고 가섭은 가섭의 자리에 의젓스리 앉았더라면 天下는 聖代를 맞이했을 것이다。 어쨌든 중생을 위한 權道라 하겠지마는 權道가 지나치면 邪道만도 못하느니 본래의 소식으로 되돌아가서 그 位置에 따른 手段과 方便을 굴리도록 힘써야 하지 않겠는가。

〔6〕 本文 枯木成 上堂擧此話云하되 諸仁者여 迦葉師兄이 只解騎虎頭하고 不解收虎尾로다。 當時에 盡法而行이런들 說什麽百千文殊리오。 和者黃面老漢하여 也無措足之地하리라。 如今에 或有人이 問香山하되 仁者今夏에 安居何處오 하면 香山은 對他道하되 一月은 在皇都帝輦하고 一月은 登紫陌紅塵하고 一月은 在孤峯頂上이라 하리라。 如今에 還有爲金色頭陀雪屈者麽아。 何不出來하여 與香山相見고。 良久云 泊合停囚長智로다。

번역 고목성이 상당하여 이 이야기를 들고는 이르되 『여러분이여、 가섭사형은 호랑이 머리를 탈 줄만 알았고 호랑이 꼬리를 거둘 줄은 몰랐구나。 당시에 법을 다 시행했더라면 무엇을 백천 문수라 하랴。 그 누런둥이 늙은이도 발붙일 자리가 없으리라。 이제 누군가가 향산에게 묻되 「어진이는 올 여름에 어디서 안거했는가」 한다면 향산은 그에게 대답하되 「한 달은 서울에서 황제의 수레 안에 있었고、 한 달은 먼지투성이 등성이에 있었고、 한 달은 우뚝한 봉우리 위에 있었다」 하리라。 이제 금색두타를 위해 설욕해줄 이가 있겠는가。 있다면 왜 나와서 향산을 보지 않는가』하고는 양구했다가 이르되 「하마터면 지혜 많은 이를 옥에 가둘 뻔하였구나」 하다。

강론 枯木成이 상당하여 이 이야기를 들고는 이르되 「가섭師兄은 호랑이 머리를 탈 줄만 알았고 호랑이 꼬리를 거둘 줄은 몰랐구나。 당시에 법을 다 굴렸더라면 무엇이 百千萬의 문수이랴。 저 누런둥이 첨지까지라도 발붙일 자리가 없었으리라」 하였다。 氣勢가 대단하구나。 그렇다。 문수가 들어올 때에는 가섭의 眼中에 문수도 부처님도 없었건만、 그 名號가 心中에 세워지면서 따라 그 威容마저 의젓하니 百千의 문수가 왁작거리지 않겠는가! 당시에 法을 다 굴렸더라면 문수뿐인가、 부처님도 종적을 감췄을 것인데 좋은 시절을 놓쳤다。

香山 枯木成은 이어 이르되 『「어진이여、 올 여름엔 어디에서 安居했는가」 물으면 답하기를 「한 달은 서울에서 황제의 수레 안에 있었고、 한 달은 먼지투성이 등성이에 있었고、 한 달은 우뚝한 봉우리 위에 있었다」 하리라』 했으니 문수와는 한 家風이라 않겠는가。 참으로 安居란 마음자리에 마음이란 새김마저도 없이 휘영청히 가라앉은 소식을 일컬음이 아니겠는가。 말은 쉬우나 行하기는 어려운 대목이라 하겠다。

〔7〕本文 天童覺 拈하되 金色頭陀가 有心無膽이로다。 當時에 盡令而行이런들 莫道百千萬億文殊랴。 秖者黃面瞿曇도 也與擯出이니 若能如是하면 不唯壁立眞風이라 亦令後人으로 知我衲僧門下에 着你閑佛祖不得하리라。

번역 천동각이 염하되 「금색두타는 마음은 있으나 쓸개가 없구나。 그때에 법령대로 시행했었다면 백・천・만・억 문수라 할 것이 아니라 누런둥이 구담까지도 내쫓았어야 한다。 만일 그렇게 하기만 했더라면 참된 종풍을 곧장 세웠을뿐 아니라 또한 뒷사람으로 하여금 우리 납승 문하에 그따위 부질없는 불조를 붙이지 않음을 알게 했을 것이니라」 하다。

강론 금빛 대머리는 그때에 마음은 있었어도 쓸개가 없었다는 것이다。 法令、곧 四諦의 지도리〔樞〕곧 알맹이를 비춰보는 法智를 다 행하였더라면 문수뿐 아니라 구담늙은이까지라도 내쫓고 참된 宗風을 세울 뻔했다는 것이다。 그렇다。 佛祖가 없는 곳에 佛祖가 있음을 뉘라서 쉽게 알까 보냐。 그러나 當時에 迦葉이 무슨 法令을 빠뜨렸던가。 老長이 한 마디 일러라。 만약 못 이른다면 二十棒을 치고 내가 代로 한 마디 이르리라。「有心 無心을 다 놓아서 망치를 들었더라면 天下는 泰平聖代가 되었으리라」 하리라。 그렇구 말구。 당시에 문수는 한가했고 가섭은 총총했고、 구담늙은이는 얼떨떨했으니 말이다。

〔8〕 **本文** 長蘆賾이 擧此話하고 乃拈起拄杖云하되 如今에 十方三世揔在拄杖頭上하니 一切處文殊師利요 一切處三月安居로다。 大迦葉

이 雖然縱奪可觀이나 放過文殊師利로다。 若是新羅댄 即不然이니 直須一狀領過하리라。 擊禪床하다。

번역 장로색이 이 이야기를 들고는 주장자를 번쩍 들고 이르되 「지금 시방삼세가 몽땅 주장자에 있거늘 온갖 곳의 문수사리요 온갖 곳의 석달 안거로다。 큰 가섭이 비록 놓았다 뺏었다 한 것이 가관이기는 하나 문수사리를 놓쳤구나。 만약 신라였다면 그렇지 않을 것이니 당장에 한 문서에 조서를 받아 귀양보냈을 것이다」 하고 선상을 치다。

강론 十方三世가 몽땅 拄杖子에 있다는 말귀를 알겠는가。 拄杖子는 十方三世를 여의지 않고 十方三世 또한 拄杖子를 여의지 아니했으니、 拄杖子를 들면 十方三世가 주렁주렁 달린 것이요、 十方三世를 들면 拄杖子가 대롱대롱 달린 것이 아닌가。 이러기에 가섭이 놓았다 뺏었다 하는 것이 可觀이기는 하나 마침내엔 문수를 놓쳤으니 말이다。 이러므로 만약 멀고도 먼 新羅의 일이라 할지라도 그렇지 않아서 당장에 한 文書에 朝勅을 받아 귀양을 보냈을 것이다 하였으니 그렇다면 문수를 놓친 큰 가섭의 罪는 어떻게 하여야 되겠는가。 말하여 보라。 문수를 찾아야 한다。 어디에서 찾아야 하겠는가。 두 말할 것 없이 長蘆賾의 주장자 끝에서 찾아야 한다。

〔9〕本文 圜悟勤 拈하되 鍾不擊不響이요 鼓不打不鳴이라 迦葉은 旣把斷要津하고 文殊는 乃十方坐斷하니 當時가 好一場佛事어늘 可惜放過一着이로다。 待釋迦老子道하되 欲擯那箇文殊오에 便與擊一槌하고 看他作麽生合殺이라。

번역 원오근이 염하되 『종은 치지 아니하면 울리지 않고、 북도 때리지 아니하면 울리지 않는다。 가섭은 요긴한 길목을 차지했는데 문수는 十方에 자리잡고 있으니、 그때가 한바탕 좋은 불사였건만 한 가지 놓친 일이 애석하구나。 석가 늙으신네가 이르되 「어느 문수를 내쫓으려 하느냐」 했을 때에 한 망치 쳐서 그가 어쩌는가를 살펴보았어야 할 것이어늘』 하다。

강론 종은 안 치면 울리지 않고 북은 안 때리면 울리지 않는다。 이와 마찬가지로 法은 굴리는 데 生命이 躍動한다。 가섭은 去來의 要衝을 掌握하고 문수는 十方의 中樞에 坐斷하여서 종을 치고 북을 울리며 世紀의 法演을 굴리려 했다。 그러나 가섭은 망치를 들 때에 문수를 향하여 한 주먹을 날려야 할 것을 아깝게도 그만 때를 놓쳤으니 助役구실은 될지언정 主役으로서의 頭角은 나투지 못하였다。 舞臺감독인 누런둥이 늙으신네가 가섭助役의 失手를 보시고 외치되 「어느 문수를 내쫓으려 하는가」 했을 때에한 망치를 쳐서 그가 어떻게 하는가를 볼 것을、이 또한 失手보다 失敗로 돌아갔으니 世紀의 法演은 龍頭蛇尾로 돌아간 것이 아닐까。아니다。문수보현의 경계와 부처님의 경계와 가섭의 경계가 서로 어울려서 비로자나風光이 굴리어지는 것으로 알자。

〔10〕 本文 又小叅云하되 文殊菩薩이 一夏三處度夏라 一月은 在魔宮하고 一月은 在長者家하고 一月은 在婬坊이라 旣三處度夏하고 却入世尊會中解制하니 極爲不平이라 所以로 迦葉이 欲白槌擯出文殊하여 纔擧此念에 見會中에 有無量釋迦와 無量文殊와 無量迦葉과 無量擬槌라 迦葉이 旣見伊麼하고 直得目瞪口呿하니 何故오。過量人이 有過量見하고 有過量用이어늘 雖金色頭陀나 到者裡하여는 縮手不得하며 展手不去라 只如伊麼時는 是大圓覺裡耶아 大圓覺外耶아。須是通方作者라야 始能證明이니라。何故오。此是文殊普賢大人境界니 若叅得文殊普賢境界 則盡無邊香水와 無量無數微塵佛刹이 悉爲安居處며 乃至現無邊身하여 處處行住坐臥도 亦不相妨이며 亦不犯手니 正當伊麼時하여 若是知音者댄 擧起便知니라。所以로 天

寧이 雖與大衆으로 九十日安居나 畢竟諸人은 還知麼아。諸人이 若透頂透底去하면 即是文殊普賢境界요 若不透頂透底去하면 即是迦葉境界니 離却文殊迦葉하고 收因結果一句는 作麼生道오。 還委悉麼아。 九十日功今已滿하니 豁開布袋各優遊로다。

번역 또 소참 때에 이르되 「문수보살이 한 여름을 세 곳에서 지냈으니 한 달은 마왕궁에 있었고, 한 달은 장자의 집에 있었고, 한 달은 음방에[*五] 있었다。 이렇게 세 곳에서 여름을 지내고 다시 세존의 회중에 와서 해제를 하려 했으니 지극히 옳지 못한 일이다。 그러므로 가섭이 대중에게 사뢰어 문수를 내쫓으려 잠깐 이 여김을 들고는 회중을 둘러보니 한량없는 석가와 한량없는 문수와 한량없는 가섭과 한량없는 망치가 걸려 있었다。 가섭이 이런 일을 보고는 당장에 눈이 뒤집히고 입이 굳었다。 무슨 까닭인가。 동떨어진 사람은 동떨어진 소견과 동떨어진 작용이 있으므로 아무리 금색두타일지라도 이 경지에 이르러서는 손을 오무릴 수도 없고 펼 수도 없었으니、 이럴 때엔 대원각 속의 일이겠는가、 대원각 밖의 일이겠는가。 모름지기 시방에 통하는 선지식이라야 비로소 증명할 수 있으리라。 무슨 까닭이겠는가。 이는 문수와 보현의 대인 경계이기 때문이다。 만약 문수와 보현의 경계를 참구할 수 있다면 끝없는 항수해의、 끝없고 셀 수 없는 티끌 수의 세계 모두가 안거할 곳이 될 것이며、 내지 끝없는 몸을 나타내어 곳곳에서 다니고、멈추고、앉고、누울지라도 또한 서로 방해롭지 않을 것이며 또한 허물도 없으리라。바로 이때에 만약 이 뜻을 아는 자인댄 일으키면 문득 아느니라。그러므로써 천녕이 비록 여러분과 九十일 동안 안거를 했으나 끝내 여러분은 아는가。여러분이 만약 정수리와 밑바닥을 꿰뚫는다면 곧 문수와 보현의 경계요、만일 정수리와 밑바닥을 꿰뚫지 못한다면 여전히 가섭의 경계이니라。문수와 가섭을 여의고서、원인을 거두고 결과를 맺은 한 귀절을 어떻게 말하겠는가。알겠는가。九十일 동안의 공부가 이미 찼으니 포대를 활짝 열고 제각기 한가히 거닐어라」하다。

강론 문수보살이 한 여름을 세 곳에서 지냈는데 한 달 동안은 魔王의 집에서、한 달은 長者의 집에서、한 달은 妓生의 집에서、이렇게 三處에서 지내어 놓았으니 가섭은 부아가 터진 것이다。가섭은 無念無想의 境地에 이르도록 할려면 한 곳에 조용히 앉아서 들뜬 마음을 가라앉히는 手段과 方便을 安居로 여겼고 또한 이렇게 하는 것으로 절대의 法則처럼 여겼기 때문에 부아가 터질 수밖에 없었던 것이 아닐까。實로 그렇다。말하자면 동떨어진 사람은 동떨어진 所見과 동떨어진 作用이 있음으로 하여서 아무리 金色頭陀일지라도 이 境地에 이르러서는 손을 오무릴 수도 없고 펼 수도 없었으니、자! 한 마디 일러보라。이럴 때에 이 大圓覺 속의 일이겠는가、이 大圓覺 밖의 일이겠는가。흥! 달이 東쪽에서 뜨고 해가 西쪽으로 지는 것이 大圓覺의 쓰임이인 것을 어찌 거기에 속과 밖이 있겠는가。 그러나 이 도리는 十方을 꿰뚫는 一大 作家라야 證明할 수 있는 것이다。

무슨 까닭으로써이냐。 이 風光은 문수와 보현의 大人境界이기 때문이다。 여기에서 만약 문수와 보현의 境界를 參究할 수 있다면 끝없는 香水海와 한량없는 티끌수의 世界가 다 安居處가 될 것이며 이에 가없는 몸을 나타내되 곳곳마다에서 行住坐臥를 가져도 방해롭지 않을 것이며 또한 허물도 없으리라고 圓悟勤은 이야기한다。 實로 그렇다。 휘영청한 허공의 主人公으로서 어디에든지 나의 光影을 나투지 아니할 곳이 없으니 이에 따라 어디에든지 安居處 아님이 또한 없는 것이 아니겠는가。

그러므로 九十日 동안의 安居를 통하여 정수리와 밑바닥이 탁 꿰뚫렸다면 이 바로 문수와 보현의 境界이겠지마는 만약 그렇지 못하다면 가섭의 境界를 면하지 못하는 것이다。 알겠는가。 말해보라。 이 도리를 아는 佛子라면 이미 九十日동안의 공부가 찼으니 가죽 푸대를 활짝 열어 제치고 제각기대로의 自由를 마음껏 굴려야 하지 않겠는가。

〔11〕 本文 佛眼遠 解夏小參에 擧此話云하되 大衆아 當時可惜放過로다。 甘爲樂小法者하였구나。 若下得者一椎런들 莫道文殊하라。 假使釋迦老子라도 亦無容身之處니라。 諸人은 還知者一椎落處麼아。 若

知得하면 盡大地一切衆生四生六道가 一時瓦解氷消하여 無絲毫可見하리라。或有箇衲僧이 出來道하되 請和尙은 試下手看하라면 即向他道하되 動不如靜이니 放過一着이니라。何故오。落霞는 與孤鶩齊飛하고 秋水는 共長天一色이로다。

번역 불안원이 해젯날 소참에 이 이야기를 들고는 이르되 『대중이여、그때에 아깝게도 놓쳐서 작은 법을 즐기는 사람 노릇을 하였구나。만약 그 한 방망이를 내려쳤더라면 문수뿐 아니라 가사 석가늙으신네일지라도 또한 몸을 담을 곳이 없었으리라。여러분이여、그 한 방망이의 낙처를 알겠는가。안다면 온 누리의 온갖 중생의 사생육도가 일시에 와해빙소해서 털끝만치도 볼 수 없게 되리라。혹 어떤 납자가 나와서 말하기를 「청하노니 화상께서 손을 써 보십시오」한다면 당장에 그에게 말하기를 「움직임이 조용한 것만 같지 못하니 하나를 놓아버리라」하리라。무슨 까닭이겠는가。저녁노을은 외로운 따오기와 나란히 날고 가을물은 끝없는 하늘과 한가지 빛깔이기 때문이니라』하다。

강론 佛眼遠은 三處安居를 마치고 世尊會上으로 解制를 위하여 들어오는 文殊에게 迦葉이 한 방망이를 휘두르지 못한 것을 안타까이 생각하는 모양이다。그러기에 小法

을 즐기는 사람 노릇을 했기 때문이라고까지 하였다。좋다。그러나 佛眼遠은 늬의 子孫이기에 迦葉을 향하여 小法을 즐기는 사람 노릇을 했다는 것인가。小法이 있으면 大法이 있게 마련이니 大小法을 내어 놓으라。우선 어떻게 생겨먹은 것인가 한 번 보자。

나에게는 입이 없어서 말 못하겠다。

나에게는 입이 있으니 말하겠노라。

小法은 곧 大法이요 大法은 곧 小法이니라。

佛眼遠은 다시 이르되 「만약 그 한 방망이를 내려쳤더라면 문수뿐 아니라 가사 석가일지라도·또한 몸을 담을 곳이 없었으리라。여러분은 그 한 방망이의 落處를 알겠는가」하였다。그렇다。옳은 방망이를 내려쳤더라면 大地의 온갖 중생들은 모습을 그대로 두고 한 때에 얼음이 녹고 기와가 부서지듯이 털끝만치의 모습도 볼 수가 없을 것은 사실이다。이 拈頌을 손에 드는 이로서는 이 정도의 知識에 대하여 더 말할 필요가 없겠으나 그러나 「落處를 알겠는가」에 대하여는 한 마디의 이야기가 없을 수 없다。

자! 그 落處는 어디메인가 한 마디 일러라。佛眼遠은 이르되 「움직임이 조용한 것만 같지 못하니 하나를 놓아버려라」하였다。아주 적절한 말이다。이 하나 때문에 因을 심고 緣을 의지하여서 四生六道가 벌어지는 것이다。그러나 落處는 하나라는 事實을 알겠다。그러면 그 하나는 무엇인가。老長은 잘 알면서도 슬쩍 얼버무리며 넘겼다。

다른 도리가 없다。달마大師를 찾아가자。「텅 틔어서 거룩함도 없도다」하시면서 한낱 情解가 끊어진 자리를 드러내보이신다。어즈버야、이 소식이 바로「움직임이 조용한 것만 못하니 하나를 놓아버리라」는 말귀로 더불어、「저녁 노을은 외로운 따오기와 나란히 날고、가을 물은 끝없는 하늘과 한 가지 빛깔이라」는 境界다。

〔12〕**本文** 雲門杲 結夏上堂云하되 文殊三處安居하니 誌公不是閑和尚이니라。迦葉이 欲行正令이나 未免眼前見鬼로다。且道하라。徑山門下今日事는 作麼生고。下座後大家는 觸禮三拜하라。

번역 운문고가 결제날 상당하여 이르되「문수가 세 곳에서 안거를 했으며 지공도[*六] 한가한 화상은 아니었느니라。가섭이 바른 법을 시행하려 했으나 눈앞에 귀신 보는 꼴을 면치 못했다。다시 말해보라。경산의 문하에서의 오늘의 일은 어떠한가。자리에서 물러난 뒤에 모두가 세 번씩 절을 하라」하다。

강론 文殊보살이 三處에서 安居를 하신 일은 까닭이 없지 않은 것이다。誌公도 한가한 和尚은 아니라는 것이다。大人境地는 大人境地로서 일이 있고、小人境地는 小人境地로서 일이 있는 것이다。그러기에 迦葉이 正令을 行하고저 하여 종을 치는 망치를 들려 하였는데 눈앞에는 數千百億의 꼭두가 나타났으니 이 大人境地에 속한 일인가、이小人境地에 속한 일인가。한 마디 던져보라。雲門杲는 이르되「徑山의 門下에서 오는 일은 어떠한가。五體投地로 세 번 절하라」하였으니 이 무슨 곡절인가。「根機에 따라서 그러히 알고 그러히 믿고 그러히 거닐〔行〕지니」란 뜻이리라。좋은 말이다. 情解가 끊어진 곳에 비로소 正令이 行하여지는 것이니 이 일이 어찌 남의 일이랴。

〔13〕**本文** 密庵傑이 擧此話 連擧後來尊宿이 拈하되 好一槌를 又却放過하여 甘作小乘人이라니 師云하되 尊宿伊麼가 也是盲人摸象이로다。傑上座는 今夏에 蔣山結夏하고 褒禪破夏하고 華藏終夏하니 且道하라。與文殊로 是同가、是別가。若道是同이라도 許他具一隻眼이요 若道是別이라도 也許他具一隻眼이니라。忽有箇不受人瞞底出來道하되 長老가 也好漏逗이라 하면 只向他道하되 漏逗中에 有箇分曉處라 急須聽取하라。三處移場定是非어늘 頑心全不改毫釐로다。胡言漢語를 憑誰會오。*七 鐵額銅頭也皺眉로다。

번역 밀암걸이 이 이야기를 들고 이어 뒤의 존숙이 염한「한 망치 때려주었어야 할 것을 놓쳐서 소승 노릇을 하게 했구나」한 것까지를 들고는 이르되 『존숙들의 그런 말들은 소경이 코끼리를 더듬는 꼴이다。 결상좌는 올 여름에 장산에서 결제를 하고、포선에서 반살림을 지내고、화장에서 해제를 했으니、말해보라。문수와 같은가、다른가。만약 같다고 한다면 그가 외짝눈을 갖추었다 하겠고 만약 다르다 할지라도 그가 외짝눈을 갖추었다고 하리라。 문득 남의 속임을 받지 않는 이가 나타나서 말하기를「스님은 어름거리기를 좋아하시는군요」한다면 그에게 말하기를「어름거리는 속에 분명한 곳이 있다」고만 하리라。재빨리 자세히 들으라。세 곳으로 장소를 옮긴 것은 옳그름을 가라앉힌 것이어늘 굳센 마음은 털끝만치도 고치지 않음이로다。오랑캐의 말과 한족의 말을 무엇에 의해 알아채겠는가。무쇠 이마와 구리 머리도 눈썹을 찡그리리라』하다。

강론 노장이 다른 이야기 끝에 이어 그 뒤의 尊宿들이 말하기를「한 망치 때려주었어야 할 것을 놓쳐서 小乘노릇을 하도록 했구나」한 것까지를 들고는 이르되「尊宿들의 그런 말들은 소경이 코끼리를 더듬는 꼴이다」하였다。實로 學人을 위하여서는 대단히 重要한 말이다。문수와 보현의 大人境界가 아니면 알아보지 못하는 소식이니 그러리라。

노장은 이어 이르되「傑上座는 올 여름에 蔣山에서 결제를 하고 褒禪에서 반살림을 지내고 華藏에서 해제를 했으니、말해보라! 문수와 같은가、다른가。만약 같다면 그가 외짝눈을 갖추었다 하겠고 만약 다르다 할지라도 그가 외짝눈을 갖추었다 하리라」하였다。그렇다。傑上座와 문수보살의 三處夏安居가 그 텟거리에 있어서 같으니 그 마음씀이도 한결같다고 보아야 하지 않겠는가。이러므로 하여서 같다 이르나 안 같다 이르나 그 눈망울은 出世間事에 우뚝한 만큼 외눈은 갖춰진 것이라 이르는 것이다。

또 이어「스님은 어름거리기를 좋아하시는군요」한다면 그에게 말하기를「어름거리는 속에 분명한 곳이 있다고만 하리라」하였다。事理가 當然한 말이다。「어름거리는 속에 분명한 곳이 있다」는 말귀는 千古의 비밀을 누설함이 아니라고 누가 보증하겠는가。

또 이르되「三處로 자리를 옮긴 것은 是非를 가라앉힌 것이어늘 굳센 마음은 털끝만치도 고치지 않았구나」하였다。그렇다。본래로 浩然한 淸淨本心이야 變할 줄이 있겠는가。눈에 보이는 빛깔이 없고 귀에 들리는 소리가 없으니 어찌 마음의 動搖를 일으키리오。무쇠 이마와 구리 머리로 그 泰然自若한 威儀에 눈썹을 찡그릴 것이다。

注 一、寶篋陀羅尼經의 이야기이다。
二、齧矢⋯화살을 문다는 뜻。
三、着得無⋯부처도 조사도 모두 무찔러야 할 터인데 그러지 못했으니、그때 물리치지 않은 부질없는 부처나 조사들。
四、收姦細⋯진란을 평정한 뒤에 공적을 평가하는 일이니 여기서는 부처님이 이 세상을 시끄럽게 한 영웅이라 여겼다。

五、娼 坊…기생집。

六、誌 公…문수가 세 곳에서 안거한 일이 까닭없지 않다는 뜻에서 梁의 寶誌公선사가 동분서주하면서도 많은 法을 拈했다는 사실을 引用한 것。

七、鐵額銅頭…쇠 이마와 구리 머리와 같은 無血人間。

第三四、法　輪

〔本文〕世尊 臨入涅槃이시어늘 文殊가 請佛再轉法輪하니 世尊이 咄云 文殊여 吾四十九年住世에 未曾說一字어늘 汝請再轉法輪하니 是吾曾轉法輪耶아。

〔번역〕세존께서 열반에 드시려 할 때 문수가 부처님께 *一「다시 법바퀴를 굴려 주옵소서」하니、세존께서 꾸중을 하시면서 이르시되 「문수야、내가 四十九년을 세상에 머물렀으나 일찍이 한 글자도 말한 적이 없거늘 네가 다시 법바퀴를 굴리라 하니、네가 일찌기 법바퀴를 굴린 적이 있었느냐」하시다。

〔강론〕세존이 보리樹 밑에서 「하늘 위 아래에 오직 나홀로 높으도다」라고 喝破하심으로부터 녹야苑을 비롯하여 발제河에 이르기까지 長廣舌을 하셨고 이에 八萬藏經이 이루어진 것은 오직 不可說이요 不可思라 하겠다。說者는 無說說이니 不可說이요、聽者는 無聞聞이니 不可思다。世尊은 일찍 無說說인 眞說을 비록 혓바닥으로 굴리셨다 해도 一字도 말씀하신 바가 없으심이니 不可說이요、人天은 비록 귓가에 울렸다 해도

一句도 들은 바가 없음이니 不可思다。

이러함에도 불구하고 文殊보살은 무엇을 뜻하심이었던지 열반에 드시려는 世尊을 향하여 請해 이르시되 「다시 法輪을 굴려 주옵소서」 하셨다。 지혜가 첫째로 으뜸이신 文殊보살이시여! 눈앞에 열반에 드시는 世尊이 바로 法輪을 굴리심인 줄 모르시나니까。可嘆할 일이외다! 世尊이 꾸짖어 이르시되 「문수야、 내가 四十九年 동안을 世間에 머물렀으나 한 글자도 말한 것이 없거늘 네가 다시 法輪을 굴리라 하니 내가 일찍 法輪을 굴린 적이 있었느냐」 하셨다。 世尊의 懇曲하신 참 說法이시다。 열반에 드시면서 한 글자도 말씀하신 바가 없다시더니 한 말귀를 내어 놓으시고 法輪을 굴리셨네! 世尊은 눈을 뜨시고 나를 속이셨네! 어즈버야、 말있음은 말있음이 아니며 말없음은 말없음이 아니로다。 히!

七七年來累積功
龜毛兎角互相徹

四十九년 동안에 功을 거듭 쌓음이여、
거북털과 토끼뿔이 서로가 사무쳤구나。

〔1〕 **本文** 知非子 頌하되

佛咄文殊言하시되 住世七七年이나
法輪未曾轉이며 [二]黃葉隨因緣이니
唯吾正法眼은 迦葉得金襴이로다。

번역 지비자가 송하되

부처님이 문수를 꾸짖으시되
四十九년을 세상에 머물렀으나
일찌기 법바퀴를 굴린 적이 없었으며
가랑잎의 인연만을 따랐을 뿐이니
오직 나의 정법안장은
가섭만이 [三]금란을 얻음이라 하니라。

강론 부처님이 발제河에서 열반에 드시려 할 때 문수가 여쭙되「다시 법바퀴를 굴리어 주소서」하였다。 이제까지도 한결같이 법을 말씀하셨으니 다시 청합니다라는 뜻이다。 세존은 꾸중하시되「나는 세간에 머문 四十九年 동안에 法輪을 일찍 굴린 일이 없느니라」하셨다。 그렇지! 言句 文字의 當處가 다 비었는데 실다운 말을 어떻게 하였겠는가! 옳다。 이제까지의 숱한 말씀은、 다만 因緣에 따라 단풍잎을 돈이라 속여서 우는 아기를 달래듯이、方便에 지나지 않았으니 오직 가섭에게 「正法眼藏을 전한다」는 한 마디 말뿐이었다。 세존이 땅위에 몸을 나투신 것은 이 한 마디의 말씀을 가섭에게 던지시기 위하여 오신 것이로군! 알겠는가! 나도 이 세상에 온 것은 「알겠는가!」라는 한 마디를 대중에게 되풀이하기 위하여 왔지요。 히!

㈜ 一、法 輪…부처님의 正法。

二、黃 葉…단풍잎이니、우는 아기를 달래기 위해 돈이라 하는 예에 따른 방편을 뜻한다。

三、金 襴…부처님의 가사를 지었던 비단 이름이니 부처님의 가사。

第三五、未曾說

〔本文〕世尊 臨入涅槃하사 告大衆云하되 始從鹿野苑으로 終至跋提河의 於是二中間에 未曾說一字니라。

〔번역〕세존께서 열반에 드시려 할 때 대중에게 고해 이르시되 「나는 녹야원으로부터 발제하에 이르기까지의 그 중간에 일찌기 한 글자도 말한 적이 없느니라」 하시다。

〔강론〕한 글자도 없음이여! 그대로 하늘은 휘영청히 맑음이로다。 한 말귀도 없음이여! 그대로 많은 두터워서 萬物을 실음이로다。 한 글자도 없고 한 말귀도 없음이여! 그대로 於中間에 莊嚴佛土가 세워짐이로다。

鹿野苑頭春自忙
有說無說吾不干

녹야원 머릿가에 봄은 스스로 바쁘니
말있고 말없음에 나는 간섭치 않노라。

〔1〕本文 悅齋居士 頌하되

四十餘年積果功이여　龜毛兎角滿虛空이로다。
一冬臘雪垂垂下하여　落在紅爐烈焰中이로다。

번역 열재거사가 송하되

四十九年 동안에 쌓은 공이여、
거북털과 토끼뿔이 허공에 가득하네。
한겨울에 함박눈이 소복소복 내리나
이글이글 타오르는 화로에 떨어지네。

강론 전해온 우리집 살림、토끼뿔 사구려、거북털 사구려! 한 냥하고도 닷 돈에 사서 세 돈에 싸구려로 판다。살려거든 나오너라。거저로 줄께! 因緣이 있으면 물 건너 산 건너 오너라。거저로 줄께!

〔2〕本文 智海淸 上堂擧此話云하되 大覺世尊이 雖是一期方便이나 後人不了하여 祇說法本無言이라시니 而今에 不如更道始從鹿野苑으로 終至跋提河하니 中間五十年에 未嘗出於世로다。 諸人이여 者如

來丈六金身이 不離群生五蘊이니 昔旣若爾댄 今何不然이리오。還會麼아。南宗北祖皆如此라면 天上人間에 更問誰오。以拂子擊禪床하다。

번역 지해청이 상당하여 이 이야기를 들고는 이르되 『대각세존은 비록 일기 방편을 썼으나 후세 사람들이 알지 못하고서 「법은 본래 말이 없다고 얘기할 뿐이다」 하니 이제 다시 「처음 녹야원으로부터 마침내 발제하에 이르는 중간의 五十년 동안 이 세상에 태어난 적이 없노라」고 이르는 것만 같지 못하다。 여러분, 여래의 장육금신이 중생의 다섯 쌓임의 몸을 여의지 않음이니 옛날에도 그러했었거늘 이제인들 어찌 그렇지 않겠는가。 알겠는가! 남북의 종사와 조사가 모두 이와 같다면 천상과 인간세계에서 다시 누구에게 물으리오』 하고는 총채로 선상을 치다。

강론 大覺세존의 말씀이 다 一期의 方便이었으나 뒷사람들은 이 도리를 알지 못하고서 「법은 본래로 말이 없느니라」 얘기할 뿐이다。 「말이 없는 말」이 서리어 있음을 모르기 때문이다。 여기에서 法本無言이란 文言句를 文言句 그대로만 받아들이고 그 文言句 自体가 품고 있는 알맹이를 풀어헤치지 못한다면 차라리 부처님이 녹야원으로부터 발제河에 이르기까지의 五十年 동안은 이 세상에 오시지 않았다는 것만 같지 못한 것이 아니겠는가。如來의 丈六金身도 중생의 五蘊뭉치와 같아서 실다운 것이 아니지마는、그러나 만약 南宗北祖의 禪師들이 모두 이와 같다면 天上과 人間이 다시 이 도리를 뉘에게 물어야 하겠는가! 지해청老長이 총채로 禪床을 치는 이유를 알고도 남음이 있다。그러기에 有言은 有言이 아니니 無言이요、無言은 無言이 아니기에 有言이라 이르는 것은 有言과 無言을 뛰쳐난 데 眞意가 있기 때문이다。

〔3〕**本文** 上方益 擧此話云하되 旣不曾說箇一字댄 五千餘卷은 從何而得고。不見道아。但以假名字로 引導諸衆生이니라。然雖如是나 三家村裡에 指鹿爲馬라도 不妨若是요 十字街頭에 懸[*一]羊頭賣狗肉이라도 却須照顧하여야 始得다。會麼아。成人者少하고 敗人者多니라。

번역 상방익이 이 이야기를 들고는 이르되 『일찍 한 글자도 말한 적이 없다 하는데 五千여권의 경전은 어디에서 생겼는가。보지 못했는가。「다만 거짓 이름자로서 중생을 인도한다」하셨느니라。비록 그렇지만 서너 집의 시골 구석에서 사슴을 가리켜 말이라고 하여도 그래도 방해롭지 않으며、네거리 한복판에서 염소 머리를 걸고 개고기를 팔지라도 모름지기 비추어서 살펴야 비로소 얻는다。알겠는가。사람이 되는 자는 적고 사람이 못되는 자는 많기 때문이니라』 하다。

강론 세존이 일찍 한 글자도 말씀하신 바가 없다시면、말해보라! 그러면 五千여권의 경전은 어디에서 왔겠는가。 오로지 부처님의 입을 통하여 말씀이 나오고、아난의 귀를 거쳐서 이루어진 엄연한 경전을 뉘라 있어서 거짓이라 이르겠는가。 이유는 이렇다。 다만 文字性이 비었기 때문에 거짓 名字라 이르는 것이요、이 거짓 名字로 하여금 衆生을 이끌어가기 때문에 한 글자도 일찍 말씀하신 바가 없다시는 것이다。

비록 이와 같으나 서너 집의 시골 구석에서 사슴을 가리켜 말이라 하여도 방해롭지 않고 네거리 한복판에서 염소 머리를 걸어놓고 개고기를 팔아도 좋으나 그런 줄을 알아서 남에게 속임은 당하지 말아야 할 것이 아니겠는가。 왜냐면 사람이 되는 자는 적고 사람이 되지 못하는 자는 많기 때문이니 正心을 가진 學人으로서는 더욱 더욱 슬기를 다하여야 할 것이다。

주 一、懸羊賣狗…남을 속이는 것을 비유로 하는 말。

第三六、摩 胸

〔本文〕世尊 於涅槃會上에 以手摩胸告衆曰 汝等은 善觀吾紫磨金色之身하여 瞻仰取足하고 勿令後悔하라。 若謂吾滅度라도 非吾弟子요 若謂吾不滅度라도 亦非吾弟子니라。 時에 百萬億衆이 悉皆契悟하다。

〔번역〕 세존이 열반회상에서 손으로 가슴을 문지르시면서 대중에게 가라사대 「너희들은 나의 금빛 나는 몸을 잘 살펴보고 우러러뵙되 후회가 없게 하라。 내가 멸도한다 해도 나의 제자가 아니요、 내가 멸도하지 않는다 해도 나의 제자가 아니니라」 하시니 이매에 모였던 백만억 대중이 모두가 깨달음을 얻었다。

〔강론〕 중생의 色身은 境界에 당질려서 일어나는 被動識의 나툼이지마는 부처님의 三十二相 八十種好는 모든 因緣을 굴리는 主動心의 나툼이다。 이러기에 色身인 三十二相 八十種好는 그 被動識과 그 主動心의 光影이라 않겠는가。 매문에 부처님은 涅槃會上에서 손으로 가슴을 문지르시면서 대중을 향하시어 「너희들은 나의 금빛 몸을 잘

摩胸 106

살펴보고 마음껏 공경하여 후회가 없게 하라」 하셨다。主動心인 眞身의 光影이라 하여서 함부로 헛되이만 보지 말라시는 말씀이다。 그때 그곳에서의 말씀이니 더욱 감격할 뿐이다。 부처님은 이어 이르시되 「내가 滅度한다 해도 나의 제자가 아니요、 내가 滅度하지 않는다 해도 나의 제자가 아니니라」 하셨다。 옳은 말씀이다。 이 친절을 다한 말씀에 어찌 눈시울이 뜨겁지 않으리오。 낳음은 낳음이 아닌 거짓 낳음이니、 죽음은 죽음이 아닌 거짓 죽음이라 않겠는가。 그러기에 부처님의 滅度는 이름뿐인 滅度로서 涅槃相을 그대로 굴리시는 常住不滅의 法中王이 아니신가。 살피고도 살필 자리다。

生死生死非生死
無非去來是涅槃
兩句一時放下着
便是大作無相身

생사는 생사가 아닌 생사라
가고 옴이 열반 아님이 없으니
양구를 한 때에 놓아버리면
문득 모습없는 몸을 크게 지어내리。

〔1〕本文 心開賁 頌하되

平生已是不知蹤이거늘　末後無端更點胸이로다。
百萬人天從此悟하니　擡眸不見紫金容이로다。

번역 심문분이 송하되

평생동안에 이미 자취도 알지 못했거늘
마지막에 까닭없이 가슴을 두드리네。
백만의 인간 하늘이 일로 좇아 깨쳤으니
두 눈을 비볐으나 금빛 얼굴 못 보았네。

강론

낳지않고 죽지않는 그자리에서
가슴치고 인천중을 깨우치시네。
어즈버야 크신은혜 한아름안고
하늘땅의 이밖에서 즐겨나볼까。

〔2〕本文 雲峰悅 拈하되 然則膏肓之門에 不足以發藥이나 雲峰이 今日且作死馬醫하리라。爾等諸人이 皮下有血麼아。

번역 운봉열이 염하되 「그런즉 *一 고향의 병에는 약을 바를 필요가 없다。운봉은 오늘, 죽은 말을 살리는 의원이 되겠으니 여러분의 가죽 밑에 피가 흐르고 있는가」하다。

강론 누런둥이 늙은이도 망령이시지 무삼 일로 본래의 天眞面目에다 깨쳐보겠다는 不治의 病에 걸리도록 하였는지 모르겠다。만약 가죽 밑에 피가 흐르는 알찬 이가 있거들랑 死馬醫나 기다리지 말고 그만 返照湯이나 한 첩 지어다가 푹 달여서 마셔보라。히!

〔3〕 **本文** 介庵朋 擧此話하고 連擧雲峰悅拈云하되 雲峰伊麼說話가 大殺壓良爲賤하여 欺胡謾漢이로다。報恩은 今日에 保任汝等究得徹去니 何故오。人人皮下有血이요 箇箇眼中有筋이니라。然雖如是나 只是不得動着이니라。動着後如何오。打折你驢脚하리라。

번역 개암봉이 이 이야기를 들고 이어 운봉열의 염을 들고 이르되 「운봉의 그러한 말은 마치 좋은 백성을 헐뜯어 천한 백성을 만들기 위해 이리저리 속이는 것 같도다。*二 보은은 오늘 여러분의 공부가 끝까지 사무치리라는 것을 보장하노니 무슨 까닭인가。사람마다 가죽 밑에 피가 흐르고 낱낱의 눈 속에 힘줄이 있기 때문이다。비록 그러하지

만 꼼짝하지는 말라。 꼼짝하면 어찌 되는가。 그대들의 나귀다리를 꺾어 놓으리라」 하다。

강론 개암붕은 이르되 운봉이 이른 「깨쳐보겠다는 不治의 病에는 약을 바를 필요가 없다」는 그 말을 「마치 좋은 백성을 헐뜯어 천한 백성으로 만들기 위해 이리저리 속이는 것과 같다」고 하는 꼴이 운봉을 향하여 한 방망이를 또는 듯하다。 그러나 개암붕도 사람마다가 가죽 밑에 피가 흐르고 그 속에는 힘줄이 있다 했으니 운봉과의 다른 점이 무엇인가。 역시 草綠은 同色이라 하겠으니、 나귀다리를 꺾일 염려는 없겠군!

〔4〕**本文** 慈航朴 小叅擧此話云하되 釋迦老子가 見處偏枯하여 度人不廣이로다。 乃擧起拂子하고 召大衆云하되 汝等은 諦觀慈航老人紫磨之身하여 瞻仰取足하고 無令後悔하라。 今日即有나 明日即無니 若謂慈航滅度라도 非慈航弟子요 若謂慈航不滅度라도 亦非慈航弟子니라。 忽頂門裂心眼開하면 普請大地有情無情이 悉皆平等成佛然後에 拙庵은 却不入此保社하리니 何故오。 爭之不足이요 讓之有餘니라。

번역 자항박이 소참에 이 이야기를 들고는 이르되 「석가노자의 소견이 치우쳐서 사람을 제도함이 넓지 못하구나」하고는 총채를 번쩍 들어 올리면서 대중들을 불러 이르되 「너희들은 자세히 보라。 자항늙은이의 자금빛 몸을 마음껏 우러러보아 후회됨이 없게 하라。 오늘은 있으나 내일은 없으리라。 만일 자항이 멸도한다 이르면 자항의 제자가 아니요 만약 멸도하지 않는다 일러도 자항의 제자가 아니다。 홀연히 정수리의 문이 열리고 마음의 눈이 트이면 온 누리의 유정과 무정을 휘몰아 모두가 평등히 부처를 이룬 연후에 졸암은 그 보*三사에 들지 않으려 하노니 무슨 까닭인가。 다투면 부족하고 사양하면 여유가 있기 때문이니라」하다。

강론 慈航朴은 이르되 「석가老子의 見處가 치우쳐서 사람을 건짐이 넓지 못하구나」하였으니、무엇을 치우쳤다 하는가。四十九年 동안을 통하여 長廣說을 하시고도 「일찌기 한 글자도 말한 적이 없노라」시는 대목이다。 눈을 가리고 아웅하구나。 뉘라 老長의 속셈을 모를라구! 老長은 총채를 번쩍 들고 이르되 「너희들 보라。 慈航老人의 황금빛 몸을 마음껏 우러러보아 후회됨이 없게 하라」하였다。 비록 時節은 다르다 하겠지마는 十方을 꿰뚫고 三界를 굴리는 자리에 부처와 중생이 둘 아닌 바에야 「나도 부처님과 같이 가리라」는 宣言으로 볼까、 눈을 가리고 아웅하구나。 뉘라 老長의 속셈을 모를라구!

이어「오늘은 있으나 내일은 없느니라」하였다。 오늘은 어제의 마침이 아니라 어제는 오늘의 시작이요、 내일은 오늘의 마침이 아니라 오늘은 내일의 시작인데 오늘과 내일을 어떻게 나누겠는가。 눈을 가리고 아웅하구나。 뉘라 老長의 속셈을 모를라구!

또 이어 이르되「만약 慈航이 멸도한다 이르면 慈航의 弟子가 아니요、만약 慈航이 멸도를 하지 않는다 일러도 慈航의 弟子가 아니니라」하였다。 生은 生이 아닌 生이라면 死는 死가 아닌 死일터이니 멸도도 멸도가 아닌 멸도라 하겠거늘 무슨 잠꼬대인가。 눈을 가리고 아웅하구나。 뉘라 老長의 속셈을 모를라구!

또다시 이어 이르되「문득 정수리의 문이 열리고 마음의 눈이 트이면 온 누리의 유정과 무정을 휘몰아 모두가 평등히 부처를 이루게 하리라」하였으니 부처는 누가 이루며 이루게 하는 이는 누구인가。 어름거리는 속에 歲月이 흐르니 이것은 어쩌겠는가。 눈을 가리고 아웅하구나。 뉘라 老長의 속셈을 모를라구!

또다시 이어 이르되「그런 뒤에 나는 保社에 들지 않으려 하노니 무슨 까닭인가。 다투면 부족하고 사양하면 남음이 있기 때문이라」하였다。 일있는 것이 일없는 것만 같지 못하니라。 눈을 가리고 아웅하는구나。 뉘라 老長의 속셈을 모를라구!

주 一、膏肓之疾…고항은 가슴 뒷쪽의 등줄기에 있는 脈穴이니 병이 여기에 들었다 함은 그 병이 깊이 들었음을 뜻한다。 여기서는 세존이 百萬 대중들에게 모두

깨쳐보겠다는 不治의 病을 안겨주었다는 말로 쓰인다。

二、報恩…介庵朋老長의 別名。

三、保社…五戸가 一保요 五保가 一社다。

第三七、槨示雙趺

〔本文〕 世尊 在娑羅雙樹하사 入般涅槃하시니 已經七日이라 大迦葉이 後至하여 遶棺三匝한데 世尊이 槨示雙趺하시니 迦葉이 作禮라 大衆은 罔措러라。

〔번역〕 세존께서 사라쌍수[*一]에 계시어 열반에 드신지 七일만에 큰가섭이 뒤에 이르러 관을 세 바퀴 도니 세존이 곽에서 두 발등을 내어 보이시다。 이에 가섭이 절을 하니 대중이 어리둥절하다。

〔강론〕 세존이 사라쌍樹가 많은 숲밑에 계시다가 열반에 드셨다。 큰가섭은 뒤늦게 七일만에야 이르러 棺을 세 바퀴 돌았다。 哀悼를 표하는 데의 한 가닥 儀式이다。 더구나 哀情이 서리고 서리인 가섭으로서의 哀悼이랴。 세존이 비록 色身을 여의시었을망정 가섭의 마음 속에서 우러나오는 허공같은 그 懷抱에 어찌 感應이 없으시겠는가。 色身을 여의신 세존은 槨 속의 屍身을 다시 비심인가、 두 발등을 내어 보이셨다。 어그러짐이 없는 둥근 달이 구름을 헤치고 얼굴을 드러내듯 가섭을 향하시와 四十九年동안

의 자취를 뭉쳐서 드러내보이시는 전갈이로다。 이 전갈인지라 萬古를 통하여 앞에도 없고 뒤에도 없을 발등說法이 아니시던가。 홍! 죽은 누런둥이 늙은이가 산 대머리 첨지에게 第三의 분부를 내리심이로구나! 조용히 말하라。 남이 들을라! 발등說法이여! 온갖 법이 조각이 나니 거북털과 토끼뿔도 간 곳이 없구나。

세존이 열반에 드신 소식은 바로 비로자나佛의 경계에서 노사나佛의 法光을 석가모니佛의 열반相으로 드러내보이시는 風光이로다。 이 風光인지라 生은 生이나 아닌 生이기 때문에 열반相을 들내어 보이시는 것이요、 또한 死는 死이나 아닌 死이기 때문에 槨에서 발등을 보이시는 것이 아니겠는가。 어즈버야、 이 소식을 뉘라서 안다고 장담을 할 것인가。 중생界의 중생知見으로는 千萬里라 하겠다。 알지 못할세라、 어려워서 모르고 또한 쉬워서 모르니、 이 일을 어찌 하겠는가。 오로지 모든 것을 三昧靜中에서 살피고 또 살필 뿐이다。

生非生兮
石人吹打無孔笛
死非死兮
木女抱兒看系譜

삶은 삶이 아님이여、
돌사람이 구멍없는 피리를 불어댐이로다。
죽음은 죽음이 아님이여、
나무계집이 아헤를 안고 족보를 봄이로다。

〔1〕 本文 海印信 頌하되

飮光後至에 槨示雙趺로다。
雖云密付나 剛被塗糊로다。
孰塗糊오。 堪笑當時不丈夫로다。

번역 해인신이 송하되

음광이[*二] 뒤에 이르렀는데
곽에서 두 발등을 내어 보이셨네。
뉘라 일러 비밀히 부촉했다 하는고。
억지로 얼러 맞춤이로다。
누가 얼러 맞추는가。
당시에 사내답지 않음이 우스워 죽겠네。

강론 음광이 뒤늦게 이르름은 스승과 제자 사이의 간절한 정을 더욱 무르익게 함이 아니던가。

곽에서 두 발등을 내어 보이심은, 비로자나風光을 옮겨다 놓은 時節이 아니던가。

뉘라 일러 비밀히 부촉했다는 것은, 法의 去來相이 없기 때문이 아니던가。

억지로 얼러 맞춤이란, 깊고 아득한 도리를 알지 못하는 데서의 이야기가 아니던가。

누가 얼러 맞추는가란, 얼러 맞추는 데 또렷함이 있기 때문이 아니던가。

당시에 사내답지 못했다 이름은, 듣지도 못하고 보지도 못한 발등說法에 부처와 중생이 함께 무너진 소식이 아니던가。

〔2〕 **本文** 雪峰了 拈하되 知是般事하면 便休니라。 復云 不是金色頭陀急着精彩런들 洎被熱謾이니라。 要見黃面老子麼아。 拍禪床云 百雜碎로다。

번역 설봉료가 염하되 「이 일을 알았으면 쉬어라」 하고는 다시 이르되 「금색두타가 재빨리 정신을 차리지 않았더라면 더욱 심한 속임을 당할 뻔했다。 누런둥이 늙은이를 보려는가」 하고는 선상을 치면서 이르되 「갈래갈래 박살났구나」 하다。

강론 雪峯은 이르되「이 일을 알았으면 그만 쉬어라」하였다。 그렇다。 世尊이 열반에 드신지 七日만에 迦葉이 와서 儀式대로 槨을 세번 돌았다。 그때 世尊은 屍身의 두 발등을 槨 밖으로 쑥 내미셨다。 迦葉은 재빨리 정신을 차려서 不生不滅인 참 法界의 소식을 敬虔한 마음으로 받아 모시었다。 이 도리를 알겠는가。 榮光스런 永遠의 生命의 源泉이 의젓함을 아는 바에야 푹 쉬어야 하지 않겠는가。 이렇듯이 누런둥이 늙은이의 마지막 無言의 발등說法으로 色身은 버리셨지마는 法은 나날이 빛깔을 놓으며 東西의 중생을 건지는 데 인색하지 않았으니 부처님의 은혜는 물론이지마는 가섭존자의 은혜도 크다고 하겠다。 자! 누런둥이 늙은이와 대머리 가섭춰지를 뵈오려는가。 그렇다면 허공을 향하여 한 걸음 내어 디디어라。 그곳에는 갈래갈래 박살이 난 채 텅 틔어서 거룩함도 없는 두 늙은이가 싱긋이 웃고 계시리라。 알간!

주 一、娑羅雙樹… 나무의 이름인데 부처님께서 열반에 드신 곳에 네 그루의 사라나무가 있었다。

二、飮 光… 가섭尊者의 別名。

第三八、智 德

〔本文〕華嚴經云하되 我今普見一切衆生하니 具有如來智慧德相이언마는 但以妄想執着으로 而不證得이니라。

〔번역〕 화엄경에[*1] 이르되 「내가 이제 일체 중생을 두루 살피건데 모두가 여래의 지혜와 덕상을 갖추고 있건만 다만 망상 집착으로써 증득하지 못한다」 하다。

〔강론〕 사람은 누구나가 다 如來의 智慧와 德相을 갖추고 있다。 그러나 妄念이 한 번 일어남에、 알이〔識〕가 主人公인듯이 六境과 妥協함으로 말미암아 別天地를 지어내는 판이니 이와 같은 도깨비판에서 어떻게 본래의 如來 智慧德相을 쉽게 證得하겠는가。

智本虛空骨
萬法從此來

지혜는 본래로 허공의 뼈이러니
온갖 법이 일로 좇아 오누나。

〔1〕**本文** 天童覺 頌하되

天蓋地載하고 成團成塊로다。
周法界而無邊이요 析隣虛而無內라。
及盡玄微誰分向背리오。佛祖來償口業債라。
問取南泉王老師하라。人人只喫一莖菜니라。

번역 천동각이 송하되

하늘에 덮이고 땅에 실리어서 한 덩어리를 이루니
법계에 두루해도 끝이 없고
[*二]인허진을 쪼개도 안이 없구나。
현미를 다함에 뉘가 앞뒤를 따지랴。
불조가 나온다면 구업의 빚을 갚아야 하리。
남전의 [*三]왕노사에게 물어볼까。
[*四]사람마다 한 줄기의 나무새를 먹는걸。

강론 「허공이 하나이니 지도리〔樞〕도 하나요、지도리가 하나이니 목숨도 하나다」라는 말귀쯤은 쉽게 알 수 있는 문제가 아니던가。그러나 그 뜻에 있어서는 뭣이

몇인지조차도 판가름이 안 갈 것이다。 이곳을 가리켜 古人들은 銀山鐵壁이요、進退兩難이라고도 한다。 그렇다。 하늘에 덮인듯 땅에 실린듯 한 덩어리를 이루어서、法界를 두루해도 끝이 없을 뿐 아니라 인허진을 쪼개도 안이 없으니 말이다。 아서라、分別妄想 그만두고 佛祖가 오시면 口業債나 갚도록 하세。

어이할손、松山은 「한 줄기의 나무새를 먹어보지 않고는 어떻게 法을 論하겠는가」 하였다。 좋기는 좋다。 그렇지마는 그 한 줄기의 맛을 알려면 南泉이 또 이른바 「사람마다가 맛을 봐야 하리라」는 것처럼 목마른 사람이 찬물을 마셔봐야 그 맛을 앎과 같은 것이 아니겠는가。

[주] 一、華嚴經 如來出現品에 있음。

二、隣虛塵…가장 작은 티끌。

三、王老師…南泉의 別名。

四、人人只食一莖菜…南泉과 松山이 채소를 다듬다가 남전이 나물 한 줄기를 들고 이르되 「이것으로 공양했으면 퍽 좋겠군」 하니 송산이 「그것뿐 아니라 백미진수라도 그는 돌아보지 않으리라」 하였다。 이에 남전이 다시 이르되 「그렇지만 사람마다 맛을 봐야 하리라」는 데서 나온 말이니 사람마다 갖춰 있다는 뜻。

第三九、一切法

〔本文〕華嚴經 偈云하되 一切法이 不生하고 一切法이 不滅하니 若能如是解하면 諸佛이 常現前이니라。

〔번역〕화엄경의 게송에 이르되「온갖 법이 나지 않고 온갖 법이 멸하지도 않나니 만약 능히 이와 같이 알면 모든 부처님이 항상 그 앞에 나타나리라」하다。

〔강론〕본래의 法이란 생기는 것도 아니요、사그라지는 것도 아니다。허공 中에 거짓 山河大地가 이뤄지면서 有情 無情이 생기고 사그라지지마는 이것은 하나의 假變인 꼭두에 지나지 않는다。그러나 사람들이 이 꼭두를 참이라 믿는데서 四相山이 세워지고 恩愛海도 출렁이게 마련이지마는、텅 틔어서 거룩함도 없는 法性体의 나투운 바 法性土에 지나지 않는 것이니 이와 같이 보면 모든 문제는 그대로 풀려지는 것이다。

法不生故有假生
法不滅故有假滅

不求不着無念處
眞佛堂堂常現前

법은 나는 것이 아닌 까닭에 거짓 남을 두고
법은 사그라지는 것이 아닌 까닭에 거짓 사그라짐을 둔다。
구하지도 않고 붙이지도 않아서 여김도 없는 곳에
참 부처는 당당히 눈 앞에 나타나리라。

〔1〕 本文 知非子 頌하되

掌上有明珠하니　胡形與漢質이로다。
胡漢旣不來라도　明珠未嘗失이니라。
吉祥入法門하여　稽首維摩室이로다。
默然眞不二요　萬法從歸一이니라。

번역 지비자가 송하되
손바닥 위에 맑은 구슬을 놓으니
오랑캐와 한족의 얼굴이 비치네。

오랑캐와 한족이 오지 않아도
맑은 구슬 한 번도 잃은 적 없네。
길상이 법문에 들자마자
유마의 방에다 절을 하였네。
잠자코 있음이 진짜 둘 아님이거늘
만 가지 법문이 하나로 좇아 돌아가네。

강론 大圓鏡上에 邪人이 오면 邪人이 나타나고 正人이 오면 正人이 나타나는 것은 당연하지마는、正人과 邪人이 나타나지 않더라도 거울은 없어지지 않고 그대로인 것이다。그러나 세상사람들은 거울 위에 오가는 한낱 光影인 邪人과 正人을 실다운 모습인양 알고 거기에 붙어서 生死를 엮어가는 판이니 어찌 슬픈 일이 아니겠는가。이렇듯이 이 땅덩이 위에서 이뤄지는 모든 現象은 오로지가 거울 위에 비치는 상대性으로서、거울인 절대性의 굴림새라는 그 事實을 모르기 때문에 뜻하지 않은 悲劇은 悲劇으로서만 處理가 되는 이유도 여기에 있다。알지 못할세라、거울과 빛깔을 하나로 볼 수 없을까。一法과 萬法을 하나로 볼 수 없을까。절대性과 상대性을 하나로 볼 수 없을까。때문에 不二法門을 들내시는 유마居士의 法室을 향하여 절을 하시는 문수보살의 心中도 좋이 짐작하고도 남음이 있지 않겠는가。에익!

第四〇、大 通

〔本文〕法華經 云하되 大通智勝佛이 十劫을 坐道場하여도 佛法이 不現前하여 不得成佛道라。

〔번역〕 법화경에 이르시되「대통지승불이 십겁동안 도량에 앉아 있었지만 불법이 나타나지 않아서 불도를 이루지 못했다」하다。

〔강론〕 大通智勝佛이 十劫을 道場에 앉았어도 佛法이 나타나지 않아서 佛道를 이루지 못했다는 것이다。 우선 文字의 뜻부터 가려보기로 하자。 大通은 크게 通한다는 뜻인데 萬法이 無性無相인 도리를 밝혀내어서 空理에 了達하지 않고는 大通이라 일컬으지 못할 것이 아니겠는가。 智勝은 슬기가 뛰쳐났음을 뜻함인데 상대性은 절대性의 굴림새라는 事實을 뼈저리게 느끼고 마음씨를 가다듬어 行함이 아니겠는가。

누리의 지도리〔樞〕인 圓明体에 時空이 끊어졌는데 무엇을 基準하여 三世를 論하고 劫을 굴려서 十劫을 세우겠는가。 佛法이 不現前이라니 도대체가 法은 法이나 無法인 法인데 無法인 佛法이 어떻게 나타난다는 말인가。 佛道를 이루지 못했다니 이미 大通智勝佛의 마음씨 자리가 참 佛道요 이러히 行을 가짐이 참 부처이거늘 어찌

佛道가 佛道를 따로 이루고 부처가 부처를 따로 얻음이 있겠는가。이 소식이 바로 비로자나佛의 境界니 잔소리말고 그대로 앞만 쳐다보고 가거라。히!

十身圓滿斷三際
屹然獨坐乾坤外

십신이 원만하사 삼제가 끊겼으니
하늘땅 그밖에 홀로우뚝 하더구나。

〔1〕 **本文** 保寧勇 頌하되

三際斷時凡聖盡이요 十身圓處刹塵周로다。
無私應物隨高下하니 抹過僧祇大劫修로다。

번역 보녕용이 송하되

삼제[*一]가 끊어질 때 범부와 성현이 다하고
십신[*二]이 원만할 때 티끌 세계가 두루했네。
사심없이 사물에 응하여 높고 낮음을 따르니
三아승지 긴 수행의 과정을 뛰어 넘구나。

강론 텅 비인 그 자리라 三際가 끊겼으니 凡聖인들 있을손가。
한 여김을 일으킴에 十身이 圓滿할새 티끌 세계도 뚜렷커늘
본래의 마음으로 온갖 것에 응하여서 높낮음에 순히 따르면
아승지의 길고 긴 修行인들 어찌 이를 따르리오。

〔2〕 **本文** 大慧杲 頌하되

燕坐道場經十劫하니 一一從頭俱漏洩이로다。
世間多少守株人*三이 掉棒擬打天邊月고。

번역 대혜고가 송하되
도량에 단정히 앉아서 十겁을 지냈다 하니
하나하나 모두를 송두리째 누설함이로다。
세간에 하도 많은 어리석은 사람이
몽둥이를 흔들면서 하늘가의 달을 치려 하네。

강론
한 여김이 맑으면 만 법이 맑은거이。

이 도리가 어찌 천기를 누설함이 아니랴。
어리석은 사람들 꼴을 보소。
물속에 잠긴 달 낚으려 밤을 새우네。

〔3〕 本文 竹庵珪 頌하되

種穀不生豆苗요 蒸沙豈能成飯이리오。
大通智勝如來가 一箇擔板底漢이로다。

번역 죽암규가 송하되

벼를 심어 콩싹이 나지 않거늘
모래를 삶은들 어찌 밥이 되리오。
대통지승 여래여、
하나의 외통수였느니라。

강론

콩심은데 콩이나고 팥심은데 팥이난다。
대통지승 부처님을 비유하지 않더라도
한마음을 일으켜서 三昧中에 들어가면

세존님을 밀쳐내고 그자리에 앉을것을。

〔4〕 **本文** 百丈廣語에 僧擧此話問하되 此意如何오。師云하되 劫者는 滯也며 亦云 住也니 住一善하면 滯於十善이니라。西國은 云佛이요 此土는 云覺이니 自己鑑覺이 滯着於善이라 善根人이 無佛性故로 云佛法이 不現前하여 不得成佛道니라。觸惡住惡이 名衆生覺이요 觸善住善이 名聲聞覺이요 不住善惡二邊하고 不依住로 將爲是者名二乘覺이며 亦名辟支佛覺이요 旣不住善惡二邊하고 亦不作不依住知解가 名菩薩覺이요 旣不依住하고 亦不作無依住知解하여야 始得名爲佛覺이니 如云 佛不住佛이 名眞福田이니라。

번역 백장의 광어에 어떤 중이 이 이야기를 들고는 묻되 「이 뜻이 무엇입니까」 하다。이에 선사가 이르되 「겁이란 막힌다는 뜻이며 또는 머무른다는 뜻이니、하나의 착함에 머물러서 열 가지 착함을 막는 것이니라。서천에서는 부처라 이르고 여기서는 깨달음이라 이르나니 자기의 깨달음을 봄이 착함을 막느니라。착한 뿌리가 있는 사람은 부처성품이 없는 까닭으로 불법이 나타나지 않는다 이르며 불도를 이루지 못했느니라。악에 당질리면 악에 머무름이 이름하여 중생의 깨달음이요、착함에 당질리면 착함에 머무름이 이름하여 성문의 깨달음이요、착함과 악함 양편에 머무르지도 않고 머무르는 데 의존하지도 않으면서 옳다고 하는 것은 이름하여 二승의 깨침이며 또한 이름하여 벽지불의 깨달음이다。이미 착함과 악함인 양편에 머무르지도 않고 또한 머무는 데도 의존하지 않는다는 풀이도 짓지 않음이 이름하여 보살의 깨달음이요、이미 머무는 데 의지하지 않고 또한 머무는 데 의지함이 없다는 풀이도 짓지 않아야 비로소 이름하여 부처의 깨달음이라 하나니 부처가 부처에 머무르지 않음이 이름하여 이 참 복밭이라 하느니라」하다。

[강론] 百丈의 이야기다。執이란 막힌다는 뜻이며 머문다는 뜻도 된다。때문에 만약 一善에 머물면 十善을 막는 것이니 어찌 이 一善을 참다웁고도 活達한 自由自在의 善이라 하겠는가。또는 自性의 當處를 西天에서는 佛이라 이르고 이곳에서는 覺이라 이르는 것이니、어찌 본래의 覺자리인 自性을 향하여 一善에 치우침으로 하여금 十善을 막는 似而非적인 善根人이 되기를 바라겠는가。似而非적인 善根人이니 佛性이 있을 수 없고、佛性이 없으니 佛法이 나타나지 않고、佛法이 나타나지 않으니 佛道를 얻지 못할 것은 뻔한 일이 아니겠는가。이 이야기는 어디까지라도 高次元적인 이야기임을 알고 다음으로 넘어가자。이에 따라 또 이르되 惡에 당질려서 惡에 머뭄이 衆生覺이요、

善에 당질려서 善에 머뭄이 聲聞覺이요、 善과 惡 兩견에 머물지 않고 의존하지도 않으면서 그것이 옳다고 여기는 것은 二乘 또는 辟支佛覺이요、 이미 善과 惡 兩견에 머물지 않고 또한 의존하지 않는다는 풀이도 짓지 않음이 菩薩覺이요、 이미 의존하지 않고 또한 머무는 데 의존함이 없다는 풀이도 짓지 않아야 비로소 佛覺이라 이름하나니 부처가 부처자리에 머물지 않아야 참 복밭이라 할 것이다。 一言以蔽之하고 一切諸相을 여의는데 眞佛이 있으니 이에 善根人은 佛性이 없다는 말귀도 理解가 간다고 이르겠다。 그러나 또한 善根도 佛性이니 어찌 佛性이 또다시 佛性을 갖겠는가。

〔5〕 本文 臨濟廣語에 僧擧此話問하되 此意如何오。 乞師指示하소서。 師云하되 大通者는 是自己가 於處處에 通達萬法無性無相이 名爲大通이요、 智勝者는 於一切處에 不疑不得一法이 名爲智勝이요、 佛者는 心淸淨光明이 透徹法界가 得名爲佛이요、 十劫坐道場者는 十波羅密이요、 是佛法不現前者는 佛本不生이요 法本不滅이니 云何更有現前이리오、 不得成佛道者는 佛不應更作佛이니 古人云하되 佛이 常在世間하여도 而不染世法이라 하니라。

번역 임제의 광어에 어떤 중이 이 이야기를 들고는 묻되「이 뜻이 어떠합니까。스님께서 가르쳐 주십시오」하다。이에 선사가 이르되『대통이란 스스로가 곳곳에서 만법이 성품도 없고 모습도 없음을 통달하는 것이므로 이름하여 대통이라 하고、지승이란 온갖 곳에서 한 법도 얻지 못한다는 것을 의심치 않음을 이름하여 지승이라 하고、부처란 마음의 청정한 광명이 법계를 꿰뚫어 사무침을 이름하여 부처라 한다。十겁동안 도량에 앉았었다 함은 十바라밀을 뜻하는 것이요、불법이 나타나지 않는다 함은 부처는 본래 나지 않고 법은 본래 멸하지 않기 때문이니 어찌 다시 나타날 수가 있으리요。부처를 이루지 못했다 함은 부처는 다시 부처를 이루지 못함이니 옛사람이 이르기를「부처는 항상 세간에 있으면서도 세상 법에 꾸정이지 않는다」하였느니라』하다。

강론 臨濟廣語에 어떤 중의 물음에 대하여 老長의 대답이다。『大通이란 스스로가 곳곳에 있어서 萬法이 無性·無相임을 通達함이요、智勝이란 一法도 얻지 못한다는 事實을 의심치 않음이요、佛이란 마음의 해맑은 光明이 法界를 꿰뚫어 사무침이요、十劫이란 十波羅密이요、佛法이 나타나지 아니함이란 佛은 본래로 나지 않고 法은 본래로 멸하지 않음이요、佛道를 이루지 못함이란 부처가 다시 부처를 짓지 못함이니 古人이 이르기를「부처는 항상 世間에 있으면서도 世法에 꾸정이지 않느니라」하였다』고 이른다。實로 世間에 있으면서 世間을 끌어안을지언정 그 世間과 妥協을 아니하는 丈夫漢일진댄 佛道 이루기를 어찌 다른 데서 찾겠는가!

〔6〕本文 僧問 崇慧禪師하되 如何是大通智勝佛이니꼬。 師云 廣大劫來로 未曾擁滯가 不是大通智勝佛이요 是什麽오。 曰 爲什麽佛法이 不現前이니꼬。 師曰 只爲汝不會하여 所以로 成不現前이어니와 汝若會去하면 亦無佛道可成이니라。

번역 숭혜선사에게 어떤 중이 묻되 「어떤 것이 대통지승불입니까」 하니 선사가 이르되 「무궁한 옛날로부터 막힌 적이 없으니 대통지승불이 아니고 무엇이겠느냐」 하다。 다시 묻되 「어째서 불법이 나타나지 않았읍니까」 하니 선사가 가라사대 「다만 그대가 알아내지 못하기 때문에 나타나지 않는 일이 이루어졌거니와 그대가 만일 알아냈더라면 불도를 이룬다는 것마저 없느니라」 하다。

강론 山北에는 눈 내리고 山南에는 비가 오니 어찌 佛法의 도리가 아니며、 남자는 북을 치고 여자는 춤을 추니 어찌 佛法의 도리가 아니며、 아해는 배불러죽고 어른은 배고파죽으니 어찌 佛法의 도리가 아니랴。 때문에 이에 알아내지 못했기에 佛法이 나타나지 않거니와 만약 알아냈더라면 佛道를 이룬다는 것마저 없을 것이 아니겠는가。

〔7〕本文 曹山本寂이 擧此話云 言劫者는 滯也니 謂之十成이며 亦曰

斷滲漏也라 秖是十道頭絶矣나 不忘大果故로 云守住貺着이며 名爲取次承當이요 不分貴賤이니라。

번역 조산본적이 이 이야기를 듣고는 이르되『겁이란 막혔다는 뜻이니 십분 완전하다는 것이며, 또한 새는 일을 끊는다는 뜻이다。다만 열 갈래의 길이 끊어졌기에 큰 과위는 잊지 않는 까닭으로 이르기를「꼼짝않고 탐내어 집착하는 것을 차례에 따라 알아차리면 귀천을 가리지 않는다」이름하니라』하다。

강론 조산본적은 이르되 劫이란 막혔다는 뜻이니 허공같이 十分 完全한 것이요, 또는 새는 것을 끊음이란 뜻으로도 열 갈래 길이 끊어졌으니 果位는 分明한 것이다。그러기에 貺着을 걷어잡고 차례로 알아차리면 貴하고 賤함이 없는 平等한 소식에 다다를 것이 아니냐라는 풀이다。어즈버야, 劫이라는 만귀도 쓰기에 따라 이리도 굴리이고 저리도 굴려지는구나。이것이 佛法의 도리던가。

〔8〕 **本文** 智門祚 因僧問하되 如何是大通智勝佛이니꼬。云 言無再響이니라。僧云 如何是十劫坐道場이니꼬。云 褊不單行이니라。僧云 如何是佛法不現前이니꼬。云 金屑이 雖貴라 僧云 如何是不得成佛

道니꼬。云 眼裡着不得이니라。

번역 지문조에게 어떤 중이 묻되 「어떤 것이 대통지승불입니까」하니 선사 이르되 「말은 거듭 메아리치지 않느니라」하다。중이 이르되 「어떤 것이 十겁을 도량에 앉는 것입니까」하니 선사 이르되 「재앙은 홑으로 닥치지 않느니라」하다。중이 이르되 「어떤 것이 불법이 나타나지 않는 것입니까」하니 선사 이르되 「금부스러기가 비록 귀하나…」하다。중이 이르되 「어떤 것이 불도를 이루지 못하는 것입니까」하니 이르되 「눈에는 넣을 수 없느니라」하다。

강론 어떤 것이 大通智勝佛이니꼬。

말은 거듭 메아리치지 않느니라。

△해말쑥한 그 자리가 벌써 大通智勝佛이니라。

어떤 것이 十劫을 道場에 앉음이니까。

재앙은 홑으로 닥치지 않느니라。

△十劫을 앉았다는 것이 벌써 差別相이니라。

어떤 것이 佛法이 나타나지 않음이니꼬。

金屑가 비록 귀하나—

△佛法이 나타나면 벌써 내 것이 아니니라。
어떤 것이 佛道를 이루지 못함이니꼬。
눈 안에는 넣을 수 없느니라。
△佛道를 이루지 않음이 벌써 이룸이니라。

〔9〕 **本文** 智海逸 上堂擧此話하고 乃拈拄杖卓一下云 者介豈不是佛法이리오。 又卓一下云 在者裡하여 安得不現前이리오。 佛法이 既現前인댄 還得成道麽아。 良久云 成道不成道는 金椎打不破니라。 堪笑靈雲이 縱倒하여 剛道迷逢達磨로다。 喝一喝하고 復卓一下하다。

번역 지해일이 상당하여 이 이야기를 들고는 주장자를 들어 한번 세웠다가 치면서 이르되 「요것이 어찌 불법이 아니겠는가」 하다。 다시 세웠다가 한 번 치고는 이르되 「이런 경지에서 어찌 나타나지 않을 수 있으랴! 불법이 이미 나타났음인댄 불도를 이루었는가」 하고는 양구했다가 이르되 「불도를 이루거나 이루지 못하는 것은 금망치로 때려도 깨지지 않나니、 우습고야、 영운은*四 망녕이 들었나、 멍청하게스리 달마를 만났다고 우겨대네」 하고는 한 번 할을 한 다음 주장자를 한 번 굴리다。

강론 一擧手 一投足이 이 佛法이니 어찌 一嚬 一笑가 佛法이 아니며、 一起 一伏이

佛法이니 어찌 一成 一敗가 佛法이 아니냐。 달마는 어디에서 만나지! 알간!

[주]

一、三 際…과거·현재·미래

二、十 身…불보살의 몸을 그 공덕에 의하여 十種으로 나눈 것。

三、守株人…어리석은 사람이란 뜻으로、죽은 토끼를 나무 밑에서 얻고는 항상 그 나무 밑에서 죽은 토끼가 또 오기를 기다리는 사람。

四、靈 雲…조사의 이름。 복사꽃을 보고 道를 깨쳤다 함。

第四一、四 聞

〔本文〕涅槃經 云하되 聞不聞이요 不聞聞이며 聞聞이요 不聞不聞이니라。

〔번역〕열반경에 이르시기를「들음은 듣지 않음이요、듣지 않음은 들음이며、들음은 들음이요、듣지 않음은 듣지 않음이니라」하다。

〔강론〕

들음은 들음이 아님이여!
萬法이 분수에 따라 하나로 돌아감이로다。
듣지 않음은 들음이여!
三昧 가운데서 한 여김을 일으킴이로다。
들음은 들음이여!
눈과 눈이 마주치는 데 고향길을 잊음이로다。
듣지 않음은 듣지 않음이여!
크게 둥근 거울 위에 너와 내가 종적을 나투지 않음이로다。

諸聖選四句
垂個方便門
玄機從此發
處處黃金國

모든 성현이 네 귀절을 뽑아서
방편문을 드리웠네。
까마득한 기미는 일로 좇아서 피어나느니
곳곳마다가 황금국일러라。

〔1〕**本文** 天台韶國師 上堂擧此話云하되 不聞聞은 從眞起應이요 聞不聞은 攝應還眞이요 聞聞은 但應이요 不聞不聞은 法身이 凝寂하여 非去來今이며 未嘗有異니라。 上座여 此是如來涅槃會上에 要人悟道라 諸聖이 垂箇方便門하여 四句料揀이니 所以로 如此告報하니 且作麼生商量고。 欲要會麼아。 戢玄機於未兆요 藏冥運於即化라 捴六合以鏡心이요 一去來以成體니 若如此去也댄 未有一法隱이며 亦

無一法顯이니라。何故如此오。隱顯이 同源이며 凡聖이 同源이라。更無別理니 諸佛出世에 開權現實이나 畢竟無權可開니라。若伊麽明徹去也댄 何處不是安樂處리오。若也心地未明이면 縱念得一大藏教라도 亦無所益이요 被人窮詰에 摠不奈何니 只爲根脚未明하고 見聞不破라 諸上座여 多虛가 不如少實이니라。

번역 천태소 국사가 상당하여 이 이야기를 들고는 이르되 「듣지 않음이 들음이란 진신으로부터 응화를 일으킴이요、들음이 듣지 않음이란 응화를 거두어 진신에 돌아감이요、들음이 들음이란 다만 응화일 뿐이요、듣지 않음이 듣지 않음이란 법신이 적적하여 과거도 미래도 현재도 아니어서 일찍 만나진 것이 없느니라。상좌여、이것이 여래께서 열반회상에서 사람들에게 도를 깨닫게 하시려던 것이다。

여러 성인들이 방편문을 드리워서 네 귀절로 간추리셨기에 나도 이와 같이 알리노니 어떻게 따지려는가。안아채고자 하는가。징조가 나타나기 전에 현묘한 기미를 거두고 화하는 데에서 아득한 움직임을 감출지니라。六합은 다해서 마음을 비치고、한 번 가고 옴으로써 바탕을 이룬다。만약 이와 같이 한다면 한 법도 숨기지 못하며 또한 한 법도 드러냄이 없느니라。무슨 까닭으로 이런가。숨고 드러남이 같은 근원이며、무릇과 거룩이 같은 근원이기 때문이다。다시 난 도리가 없느니라。부처님들이 세상에 나다나서서 권도를 열어 진실을 보이셨거니와 끝내는 얻어 보일 권도가 없나니라。만약 이렇게 철저히 안다면 어디가 안락한 곳이 아니리오。 만약 마음자리가 밝지 못하면 설사 일대장경을 다 외울지라도 또한 이익이 없을 것이며、남이 질문을 하더라도 전혀 어쩌지 못하리니 다만 근원이 밝지 못하고 보고 들음을 깨뜨리지 못했기 때문이다。상좌여、많은 허망됨이 적은 실다움만 같지 못하느니라」 하다。

강론 天台韶국사의 이야기다。

不聞聞、곧 듣지 않으면서 들음이란 眞身으로 좇아 應化를 일으킴이요、

聞不聞、곧 들으면서 듣지 않음이란 應化를 거두어서 眞身으로 돌아감이요、

聞聞、곧 들으면서 들음이란 다만 應化일 뿐이요、

不聞不聞、곧 듣지 않으면서 듣지 않음이란 法身이 凝寂하여 過去 現在 未來가 아니며 일찍 달라질 것이 없다는 것이다。다시 말하자면

不聞聞은 理적인 절대性이 의젓하면서 事적인 상대性을 또렷하게 굴림이요、

聞不聞은 事적인 상대性의 또렷한 事實은 理적인 절대性의 의젓스런 굴림새요、

聞聞은 事적인 상대性의 또렷한 탯거리〔態〕요、

不聞不聞은 理적인 절대性의 고요적적한 소식이라 하겠다。

이 四聞은 如來涅槃會上에서 모든 사람들이 道를 깨치게 하는 데의 要訣인 方便門

으로서 四句料揀이라고도 이른다。 네 귀절로 간추렸다는 뜻이다。 實로 이 대목의 奧妙한 義趣를 어떻게 생각하겠는가。 천태소國師는 이르되 「징조가 나타나기 전에 까마득한 기틀을 거두고 변화된 뒤에 오묘한 움직임을 감출지니라。 하늘 땅을 다해서 마음을 비추고 한 번 가고 옴으로써 바탕을 이룬다」하였다。 바로 天機를 漏洩함이로다。 天機를 漏洩함이여! 한 法도 숨기지 못하며 또한 한 法도 나툼이 없음이니 무슨 까닭으로써이냐。 숨김과 나툼의 근원이 같으며、 무릇(凡)과 거룩(聖)의 근원이 같아서 다른 도리가 없기 때문이다。

돌아보건댄 부처님이 이 세상에 오시어서 중생을 건지시기 위하여 많은 權門까지 세우시고 方便을 이리저리 굴리시며 眞實을 喝破하셨다。 이대로 듣고 이대로 믿고 이대로 닦고 이대로 행하면 어느 곳이라서 즐김터가 아니리오。 그러나 그 心地가 밝지 못하기 때문에 四十九年 동안 說하신 一大藏敎로도 고루 利益을 입히지 못하셨으니 끝내에는 열어보이실 별다른 方便이란 없으셨던 것이다。 그렇다。 方便은 方便이지 目的은 아니기 때문이다。 알겠는가! 안다면 人生은 바로 웃음이다。 모르겠는가! 모르면 人生은 바로 눈물이다。

(2) **本文** 竹庵珪 上堂云하되 聞不聞은 非風鈴鳴이요 不聞聞은 我心鳴耳요 聞聞은 孤猿이 叫落中岩月이요 不聞不聞은 野客이 吟殘

半夜燈이니라。諸人은 還委悉麼아。此境此時誰得意오。白雲深處坐禪僧이니라。以拂子擊禪床하다。

번역 죽암규가 상당하여 이르되 「들으면서 듣지 않음이란 바람과 방울의 울림이 아니요、듣지 않으면서 들음이란 나의 마음이 울 뿐이란 것이요、들으면서 들음이란 외로운 원숭이가 바윗틈의 달빛에 우짖는 것이요、듣지 않으면서 듣지 않음이란 나그네가 밤중에 등잔 밑에서 읇조림이니라。여러분、알겠는가。이런 경계의 이런 때에 누가 뜻을 알겠는가。흰 구름 깊은 곳에 좌선하는 중이니라」하고는 총채로 선상을 치다。

강론 聞不聞을 바람과 방울의 울림이 아니라니 무슨 뜻인가。바람과 방울은 상대性인 차별現象이다。이 차별現象은 본래로 차별現象을 위한 차별現象이 아니고 절대性으로서인 차별現象이요、事적인 事가 아니고 理적인 事이기 때문에 바람과 방울의 울림이 아니라는 것이다。

不聞聞을 나의 마음이 운다 하였으니 무슨 뜻인가。마음은 절대性 자리다。이 理적인 절대性 자리는 본래로 빛깔도 소리도 냄새도 없기 때문에 事적인 차별現象을 통하여서 방울소리를 내는 것이니 피리를 입에다 대고 소리를 내는 것과 마찬가지로 어찌 마음이 우는 것이 아니겠는가!

聞聞은 외로운 원숭이가 바윗틈의 달빛에서 우짖는 것이라니 무슨 뜻인가。事적인 모습과 모습의 對決일 뿐이니 이 바로가 途中事를 위한 途中事가 아니고 무엇이겠는가。

不聞不聞은 길 떠난 손이 밤중의 등잔 밑에서 읊조리는 것이라니 무슨 뜻인가。能緣과 所緣이 끊어진 휘영청한 家裡事에 오뚝스리 거님도 아니면서 거닐고、머뭄도 아니면서 머물고、앉음도 아니면서 앉고、누움도 아니면서 누웠으니 어쩌 나그네가 밤중의 등잔 밑에서 읊조림이 아닐까 보냐。모르겠는가、알겠는가。안다면 한 마디 일러라。

㊟ 一、應 化：應身 또는 化身。

第四二、三 點

〔本文〕涅槃經 云하되 吾教意는 如伊字三點하니 第一에 向東方下一點하여 點開諸菩薩眼하고 第二에 向西方下一點하여 點諸菩薩命根하고 第三에 向上方下一點하여 點諸菩薩頂門이니라。

〔번역〕 열반경에 이르시되「나의 교법의 뜻은 마치 이자의 석점과 같아、첫째는 동권을 향해 한 점을 찍으니 보살들이 눈을 뜨는데 점을 찍고、둘째는 서권을 향해 한 점을 찍으니 보살들의 목숨에 점을 찍고、셋째는 윗권을 향해 한 점을 찍으니 보살들의 정수리에 점을 찍음이니라」하다。

〔강론〕 伊字三點이란 석 점 곧 ∴으로 이루어진 記號이지마는 支那式으로 伊字라 이른다。이 伊字는 三 곧 一이요、一곧 三으로서、不一不異요、非前非後를 뜻한다。또는 空과 性과 相의 三意가 잠겨 있으니 이 三點은 누리의 眞理 곧 지도리〔樞〕를 드러내는 것이다。

부처님이 이르시되「나의 敎意는 마치 伊字 석 점과 같으니라」하셨다。무슨 뜻인가。

하나 둘 셋이다。 하나가 의젓하니 셋은 버젓이 나투는 것이요、 셋이 버젓하니 하나는 번듯이 세워지는 것이다。 하나는 곧 셋이요、 셋은 곧 하나이니 一·二·三은 因인 天地의 體性面이라면 五·六·七은 果인 萬物의 用相面이라 하겠으니 이 三點은 누리의 지도리〔樞〕를 나투운 것이라는 이유가 여기에 있다。

여기에서 부처님이 이어 이르시되 첫째 동견을 향하여 한 점을 찍은 것은 보살들의 눈을 뜨게 하는 점이라시니 이럴진댄 보살眼이 없어지면 어찌 佛眼이 아니겠으며、 둘째 서견을 향하여 한 점을 찍는 것은 보살들의 목숨에 찍음이시니 이럴진댄 보살의 命根이 없어지면 어찌 佛命根이 아니겠으며、 셋째 윗견을 향하여 찍는 것은 보살들의 정수리에 찍음이시니 이럴진댄 보살의 頂門이 없어지면 어찌 佛頂門이 아니겠는가! 百尺竿頭에 進一步의 소식이라 하겠다。 알겠는가!

伊字三點雖先會
凡聖一向從此來

이(伊)자 석 점을 뉘라 먼저 알아챘던고。
무릇과 거룩은 한결같이 일로 좇아 오구나。

〔1〕 **本文** 蔣山元 擧此話云하되 天峯은 即不然하리라。 第一에 向東

方下一點하여 瞎了諸菩薩眼하고 第二에 向西方下一點하여 喪了諸菩薩命根하고 第三에 向上方下一點하여 諸菩薩入地獄如箭射케 하리라。大衆아 旣有號令인댄 事須施行이니 以一當三이라 向諸菩薩頂門上하여 下一點去也리라。卓拄杖一下하다。

번역 장산원이 이 이야기를 들고 이르되 「천봉은 그렇지 않으리라。첫째는 동켠을 향해 한 점을 찍으니 보살들의 눈을 멀게 하고、둘째는 서켠을 향해 한 점을 찍으니 보살들의 목숨을 죽이고、셋째는 윗켠을 향해 한 점을 찍으니 보살들이 지옥에 빠지기를 화살과 같게 하리라。대중아、이미 호령이 내렸으니 반드시 시행을 해야 하리니、하나로써 셋을 감당하여 보살들의 정수리에다 한 점을 내리리라」하고는 주장자를 세워 한 번 내려치다。

강론 蔣山元노장은 혀끝의 말이 아니라 혀뿌리의 말을 털어놓았구나。첫째로 동켠을 향해 한 점을 찍으면 보살들의 눈은 멀게 되나니 참 눈이 번득거릴 것이요、둘째 서켠을 향해 한 점을 찍으면 보살들의 목숨은 죽게 되느니 참 목숨이 휘영청할 것이요、셋째 윗켠을 향해 한 점을 찍으면 보살들이 지옥에 빠지기가 화살과 같게 되나니 지옥이 맑아질 것이요、또 「하나로써 셋을 감당하여 보살들의 정수리에다 한 점을 내리리라」 했으니 向下事를 향하여 退轉하겠는가! 앞으로 수고가 많겠으니 약주나 한 잔 드시지요。 그대로 나는 한 점을 天上에 찍어서 天上界를 깨어버리고、한 점은 人間에 찍어서 人間界를 부숴버리고、한 점은 畜生에 찍어서 畜生界를 녹여버리리라。

나는 이에 口令이 떨어졌으니 뒤를 돌아보지 않고 이대로 施行하리라。 알간!

第四三、一隻眼

〔本文〕涅槃經 云하되 吾教意는 如摩醯首羅劈開面門하고 竪亞一隻眼이로다。

〔번역〕열반경에 이르시되 「나의 교법의 뜻은 마치 마혜수라가[*一] 얼굴을 쪼개고 또 하나의 외눈을 치켜세우는 것 같으니라」하다。

〔강론〕마혜수라는 欲界의 위에 있는 天神을 이름인데 하늘을 禮拜하는 外道를 마혜수라論師라고도 이르는데 이 天神은 대단히 무서운 天神으로서 쪼개어진 얼굴에다 정수리에는 치켜 세운 외짝 눈이 빛나고 있다는 것이다。親近感보다 두려운 생각부터 앞서지 않는가。

부처님께서는 열반經의 教意가 이와 같이 嚴然하다는 말씀이시다。까닭에 根機가 날카로우면 이 經의 말씀을 들음에 오랜 固疾이 나아서 보살身을 짓지마는 슬기가 무딘 사람은 이 經의 말씀에 도리어 몸을 傷하는 結果를 가지게 마련이니 우선 慧眼을 밝히는 데 힘써야 할 것이다。

149 一隻眼

教意何如難難解
智人一聞能轉句

교의는 어떠한고、풀기 어렵고 어렵다네。
지인은 한 번 들음에 귀절을 굴린다。

[1] **本文** 蔣山元 擧此話하고 乃竪起拄杖云하되 這箇是拄杖子라 阿那箇是眼고。看看하라。一切世界情與非情이 盡在拄杖頭上하니 猶如萬里晴空에 一點雲翳로다。諸人還見麼아。若也見去라도 未免翳了諸人眼이요 若也不見이라도 諸人眼裡有翳니 如何卽是오。山僧이 爲你點却하리라。卓拄杖云하되 瞎了也로다。

번역 장산원이 이 이야기를 들고는 주장자를 세우고 이르되 「이것은 주장자이니 어느 것이 눈인고。보라、보라! 온 세계의 유정과 무정이 모두가 주장자 끝에 있으니、마치 만 리의 개인 하늘에 한 점 구름이 가리움과 같다。여러분은 보았는가。만약 보았다면 여러분의 눈을 가리워주지 않을 수 없고、만약 보지 못하였다면 여러분의 눈 속에 가리움이 있으니 어찌하여야 옳은가。산승이 그대를 위하여 점검하여 주리라」하고는 주장자를 세우면서 이르되 「눈이 멀었구나」 하다。

강론 장산원은 주장자를 세우고 이르되 「이것은 주장자이니 어느 것이 눈인가」 하였다。 주장자는 법몽둥이다。 이 법몽둥이의 눈이 해와 달같이 밝다고 이르는 것은 祖師와 善德님네들이 입버릇처럼 뇌까리는 말이다。 이러므로 蔣山元이 외치되 「어느 것이 눈이냐。 보라、보라」 하였다。 어느 것이 마혜수라天神의 정수리에 돋친 눈이냐라는 말이다。 흥! 주장자 모두가 한 개의 눈인 줄을 모르고 물으시나。 이어 이르되 「온갖 世界의 有情과 無情이 다 이 주장자 꼭지에 있으니 마치 萬里晴空에 한 점 구름이 가리운 것 같다」 하였다。

그렇다。 본래로 누리의 지도리(樞)는 절대의 存在인 至極한 자리로서 不可思 不可說의 소식이지만 하나의 주장자에 뿌리를 내리고 있으니 말이다。 蔣山元은 이르되 「보았는가。 만약 보았다면 여러분의 눈을 가리워 주지 않을 수 없고、 만약 보지 못했다면 눈속에 가리움이 있다」 하였다。 좋은 말이다。 만약 이 事實을 보았다면 있음에 치우쳐서 멍청이 구실밖에 못할 것이니 이 멍청이의 눈을 가리워주지 않을 수가 없고、 만약 보지 못했다면 없음에 치우쳐서 바보 구실밖에 못할 것이니 이 바보의 눈속에 가리움을 없애주어야 하지 않겠느냐는 뜻이다。 그렇다。 누리의 지도리(樞)는 有에 속한 것도 아니고 無에 속한 것도 아니며 또한 中에 속한 것도 아니니 어찌 봄이 있는

봄으로써 볼려고 하느냐는 말이다。이러기에 하나의 슬기눈을 갖추지 못하면 눈은 눈이나 까막눈이 아니고 무엇이겠는가。

[주] 一、摩醯首羅…大自在天이라 번역함。욕계의 맨 꼭대기 하늘로서 정수리에도 눈이 박혀 눈이 셋이라 함。

第四四、塗毒皷

〔本文〕涅槃經 云하되 吾敎意는 如塗毒皷하니 擊一聲하면 遠近聞者皆喪이니라。

〔岩頭擧此話時에 有小嚴上座問하되 如何是塗毒皷니꼬。師以兩手로 按膝亞身云하되 韓信臨朝底니라。〕

〔번역〕 열반경에 이르시되 「나의 교법의 뜻은 독[*一] 칠한 북과 같아서 한 번 울리매 멀고 가까운 곳에서 듣는 이 모두가 죽느니라」 하다。

(암두가 이 이야기를 들었을 때에 소엄이라고 부르는 상좌가 묻되 「어떤 것이 독칠한 북이니까」 하니 선사가 두 손으로 무릎을 어루만지고 몸을 움츠리면서 이르되 「한[*二]신이 조회에 임하는 것이니라」 하다。)

〔강론〕 열반경에 이르시되 「나의 교법의 뜻은 독칠한 북과 같아서 한 번 울리매 멀고 가까운 곳에서 듣는 이는 모두가 죽느니라」 하셨다。

그렇다。洋의 東西를 莫論하고 대개의 사람들은 貪·瞋·痴 三毒으로 人我城을 세우고 거기에다 煩惱 妄想과 思量 分別인 四賊을 嫡子로 誤認錯覺한 나머지 世間과 妥協을 게을리하지 않음이 보통이니 來世의 報도 짐작이 안 가겠는가。來世의 報는 이 世間에서 굴리어지는 마음 씀씀이대로 결정이 되는 것이다。만약에 가는 길이 三惡途 밖에 따로 없다면 이 뇌롭고 두려운 業을 어떻게 감당하겠는가!

부처님은 항상 자비심을 드리우시와 惡因을 쓸어내고 善緣을 북돋기 위하는 手段으로 어제도 오늘도 내일도 중생界를 향하여 長廣舌을 아끼지 않으신다。이 바로 독칠한 북이다。三毒을 죽여서 三德을 굴리고、四賊을 죽여서 四善法을 살리는 북이니、人生의 運命을 주무르는 북이 아니겠는가。

살펴보라! 이 독칠한 북은 어디에 있으며 누구의 것인가。어즈버야、곳곳에 있으면서 내것 아님이 없구나。조약돌에서도 풀잎에서도 울리고、산에서도 물에서도 울리며、갓난 발가숭이의 입에서도、꼬부랑 할머니의 손끝에서도 때를 가리지 않고 울어대는구나。

알겠는가! 소엄上座가 岩頭에게 묻기를「어떠한 것이 독칠한 북이니까」하였다。岩頭는 두 손으로 무릎을 어루만지고 몸을 움츠리며 이르되「韓信이 朝會에 臨함이니라」하였다。흥! 智將인 韓信이 勅令을 받고 軍兵을 出動시키니 天下의 草賊들이 갈 바를 모르고 벌벌 떨며 숨을 곳부터 찾는구나。히!

世尊毒鼓擊一聲
山河大地飛上天

세존이 독북을 쳐 한 번 울리니
산하대지가 하늘 밖으로 나르네。

〔1〕**本文** 圜悟勤 頌하되

天高地厚하고 水濶山遙로다。
蕭何制律하고 韓信臨朝로다。
塗毒鼓여 未擊已前에 宜薦取어라。

번역 원오근이 송하되

하늘은 높고 땅은 두터우며
물은 넓고 산은 아득하도다。
소하는 법률을 짓고
한신은 조회에 임하네。

독칠한 북이여。울기 전에 마땅히 들내어 가져라。

강론

하늘이 높으니 구름이 뜨고
땅이 두터우니 만물이 실렸구나。
물이 넓으니 고기가 뛰고
산이 푸르니 五穀이 풍성쿠나。

여기에 蕭何를 두어서 國法을 制定하고 韓信으로 하여금 勅令을 받들게 하니 天下는 바야흐로 자리가 잡히구나。사람들은 독칠한 북이 울리기 전에 알아채어야 한다。무슨 뜻인가。알간!

주 一、塗毒鼓…독칠한 북인데 중생의 뇌로움〔煩惱〕과 망녕된 새김〔想〕을 부처님의 말씀으로 쓸어내는 비유。

二、韓 信…漢高祖 劉邦을 섬긴 武將이지마는 朝會에 임하여서도 命令을 내려 군사를 통솔하기도 했다。즉 國家의 重責을 지닌 사람으로는 흔히 있을 수 있는 일임을 말함。

三、蕭 何…한신과 같이 劉邦을 섬기면서 國家의 法을 制定한 사람。

第四五、圓覺

〔本文〕 圓覺經 云하되 一切衆生의 種種幻化가 皆生如來圓覺妙心이니라。

〔번역〕 원각경에 이르시되 「온갖 중생의 갖가지 환화가 다 여래의 원각묘심에서 나왔느니라」 하다。

〔강론〕 如來는 무엇인가。 나이니라!

圓覺妙心은 무엇인가。 나이니라!

부처님의 말씀과는 다른가、 같은가。 부처님은 부처님의 말씀이요、 나는 나의 이야기니 단단히 들어라!

如來는 如來가 아닌 如來가 참 나인 如來요、 圓覺妙心은 圓覺妙心이 아닌 圓覺妙心이 참 나인 圓覺妙心이니라。

살펴보라。 이 도리를 알아채는 알찬 이가 있거든 나오너라。 나는 서슴치 않고 대해주리라。 알간! 에익!

昭昭靈靈一妙心
大作幻城弄風月

영특스러 밝고 밝은 한낱 묘한 마음이
크게 꼭두성을 지어놓고 되려 풍월을 희롱하네。

〔1〕 **本文** 投子靑 擧此話云하되 秖如山僧拄杖子는 且不從彼中生이라 何故오。若從彼中生이언들 爭得在山僧手裡오。諸禪德이여 若知生處하면 祖佛이 向諸人脚跟下乞命이어니와 若也不知댄 山僧이 不免與諸人註破하리라。擲下拄杖하다。

번역 투자청이 이 이야기를 들고 이르되 「산승의 주장자는 거기에서 나오지 않았느니라。무슨 까닭인가。만약 그 가운데로 좇아 나왔던들 어떻게 산승의 손아귀 안에 있으리오。모든 선덕들이여、만약 난 곳을 안다면 조사나 부처가 모든 사람의 발꿈치 밑에서 목숨을 빌겠거니와、만약에 알지 못하면 산승은 부득이 모든 사람으로 더불어 설파하리라」 하고 주장자를 던지다。

강론 투자청의 이야기다。노장이 짚고 있는 주장자는 圓覺妙心에서 나오지 아니했다는 것이다。말 가운데에는 어떠한 기미가 서려있다。무슨 까닭이냐。만약 거기에서 나왔던들 어떻게 산승의 손아귀 안에 잡혀져 있겠느냐는 말이다。무슨 뜻인지 모르겠다。진실로 원각妙心에서 나온 것이 손아귀 안에 있지 않으면 무엇이 손아귀 안에 움켜져 있겠는가。

첫 말귀에는 시원한 기미가 서렸던 것 같았으나、당장의 말귀에는 왜 그리 구린내만 풍기는지 모르겠다。무슨 도리인가。한 마디 일러라。옳지! 이미 말마디로 나타난 원각妙心에서 나온 것이 아니라고! 좋다。투자청 첨지에게 술이나 한잔 치켜라! 만약 원각妙心이란 말귀 앞의 원각妙心에서 나온 事實을 안다면 祖師나 부처도 그 발밑에 잎드려 목숨을 빌 것이라니、그렇다! 가짜가 진짜에게 머리를 숙인다는 말이로구나。아해야、이번에는 첨지에게 술 한 잔 받들고 주장자를 거두어버려라。알간!

〔2〕本文 晦堂心 擧此話云하되 三世諸佛이 是幻이요 一大藏教도 是幻이요 達摩西來도 是幻이요 天下老和尙乃至盡乾坤大地日月星辰이 無不是幻이니 作麼生是妙心고。良久云하되 鴛鴦繡出은 從教看이어니와 莫把金針度與人이로다。

번역 회당심이 이 이야기를 듣고 이르되「삼세의 모든 부처도 이 꼭두요、일대장경도 이 꼭두요、달마가 서쪽에서 온 것도 이 꼭두요、천하의 노화상들과 이어 하늘·땅·해·달·별에 이르기까지 이 꼭두 아님이 없는데 어떤 것이 이 묘한 마음인고」하고는 양구했다가 이르되「원앙새 수놓은 것은 보여주지마는 금바늘일랑 남에게 주지 못하느니라」하다。

강론

이것이 꼭두이니 저것도 꼭두이네。
저것이 꼭두이니 이것이 꼭두 아니랴。
꼭두는 꼭두를 들내 보이지마는
꼭두가 아닌 금바늘은 못 들내 보이네。

山河大地가 法性身의 光影으로서 꼭두인데、莊嚴佛土인들 어찌 法性身의 光影으로서 꼭두 아니랴。語默動靜이 法性身의 光影으로서 꼭두인데、一大藏敎인들 어찌 法性身인 光影으로서 꼭두 아니랴。한 마디 일러보라。法性身은 무엇인고。바로 鴛鴦을 수놓는「금바늘」이니라。히!

第四六、知　幻

〔本文〕 圓覺經 云하되 知幻即離라 不作方便이요 離幻即覺이라 亦無漸次니라。

〔번역〕 원각경에 이르시되 「꼭두임을 알면 곧 여윔이라 방편을 짓지 말 것이요、꼭두를 여윔은 곧 깨달음이라 또한 차례가 없느니라」 하다。

〔강론〕 변하면서 가는 모든 법이 꼭두인 줄로만 알면 곧 꼭두는 여읜 것이니、꼭두를 여의면 그대로가 깨침인 것이다。이에 따라 깨침에는 차례라는 말귀도 들어붙지 않는 것이니 어찌 그만 그대로가 부처 아니랴。너무나 쉽고도 쉽기 때문에 너무나 어렵고도 어려운 것이라 일러서 틀림없음이 아닐까。

모든 법이 꼭두인 줄을 모르면 이것은 바로 천치다。

모든 법이 꼭두인 줄을 알고 여의려 하지 않으면 이것은 바로 바보다。

모든 법이 꼭두인 줄을 알고 여의려 애를 씀은 이것은 바로 멍텅구리다。

모든 법이 꼭두인 줄을 알고 여윔은 이것은 바로 지혜見다。

모든 법이 꼭두인 줄을 알고 행함은 이것은 바로 장부漢이다。 때문에 世間에 있으면서 그 世間을 끌어안을지언정 그 世間으로 더불어 타협을 아니하는 사람은 지혜兒인 장부漢으로서 당당한 부치가 아닐까 보냐。

法無實性皆是幻
男佛女佛俛仰天

법이 실다운 성품이 없으니 다 이 꼭두일세。
사내부치와 계집부치가 구부렸다 우러렀다 하면서 하늘을 보는구나。

〔1〕**本文** 黃龍心 擧此話云하되 釋迦老子가 千門萬戶를 一時擊開로다。靈利漢은 纔聞擧着하면 撩起便行이어니와 更若躕躕하면 君向西來하고 我之東魯하리라。

번역 황룡심이 이 이야기를 들고는 이르되 「석가늙은이가 천 개의 문과 만 개의 창을 한 때에 활짝 열어젖히니 영리한 이는 이 소리를 듣자마자 벌떡 일어나서 갈 것이어늘 만약 머뭇거린다면 그대는 서진으로 향하고 나는 동노로 가리라」 하다。

[강론] 원각경에 말씀하신 대로 모든 법이 꼭두임을 안다면 이미 꼭두는 여읜 것이니 바로 깨친 자리다。 이렇게 모든 의심을 버리고 결정하여서 행하면 그만인데 이것이 안되는 모양이다。 이 소식이 바로 석가늙은이가 천만 개의 문과 창을 한꺼번에 열어젖힌 소식이다。 이럼에도 불구하고 벌떡 일어나서 본래의 즐김터를 되찾을 줄은 모르고 주저앉았던 자리가 무엇이 그렇게 좋은지 머뭇거리기만 하니、 끝내 갈 곳은 西秦이나 東魯나 마찬가지로 불구덩이나 흙구덩이밖에 더 있겠는가。 어렵고도 어렵구나。 쉽고도 쉽구나。 어렵지도 않고 쉽지도 않구나。 에익!

〔2〕 [本文] 寶林本 上堂擧此話하고 驀拈拄杖云하되 拄杖子成佛作祖去也로다。 諸人還見麼아。 無智人前莫說하라。 打你頭破百裂하리라。

[번역] 보림본이 상당하여 이 이야기를 들고는 주장자를 번쩍 들면서 이르되 「주장자로 부처를 이루고 조사를 짓도다。 모든 사람들은 보았는가。 철이 없는 사람에게 말하지 말라。 너의 머리를 쳐서 백 쪼가리나 부숴내리라。」

[강론] 주장자와 부처와 조사를 하나로 보았으니、 하늘과 땅인들 산과 물인들 남자와 여자인들 늙음과 젊음인들 어찌 둘로 보겠으며、 生과 死인들 어찌 둘로 보랴。 온갖 법이 다 해말쑥한 全性體의 나툼일진댄 나무등치는 버려두고 잎새에만 주저앉

아서 옳그름을 따지는 어리석음만은 범하지 말아야 할 것이다。 참으로 이 고개는 평탄하면서도 너무나 높은 고개다。 만약 슬기롭지 못한 사람에게 이 이야기를 한다면 뉘라서 능히 알아체겠는가。 도리어 비방만을 일삼을 것으로 口業만을 짓게 하여 주는데 지나지 않을 것이니 조심하여야 되지 않겠는가。 만약 그렇지 않고 나름대로의 혓바닥을 거침없이 굴리다간 口業을 짓기 전에 대갈통은 千 쪼가리 萬 쪼가리로 부셔지리라。 알고 보면 두렵고도 두려운 일이다。

第四七、一切

〔本文〕圓覺經 云하되 居一切時하여 不起妄念하며 於諸妄心에 亦不息滅하며 住妄想境하여 不加了知하며 於無了知에 不辨眞實이로다。

〔번역〕원각경에 이르시되「온갖 때에 있으면서 망념을 일으키지 말고、모든 망심을 또한 쉴려고도 하지 말고、망상의 경계에 머무르되 알려고도 말고、알지 못하는 데에서 진실을 가릴려 하지 말지니라」하다。

강론 해맑쑥한 자리라 본래로 妄念인 안개가 끼인 일이 없는데、없는 妄念의 안개를 어떻게 쉬며、휘영청한 자리라 본래로 妄想인 먹구름이 덮인 일이 없는데、없는 妄想의 먹구름에 어떻게 머물면서、알고 알지 못한다는 分別桶을 세워놓고 眞實을 가려내려는 헛수고를 하겠는가。다 제가 긁어서 제 몸에다 흠을 낼 뿐이니 이러히 알고 이러히 믿고 이러히 거닐〔行〕지니라。

放下放下都放下
天堂地獄無所依

놓고 놓고 모두 놓을진지
친당 지옥이 의지할 곳이 없구나。

〔1〕 **本文** 淨嚴遂 頌하되

忽聞隣家炒筍香하고 半年得病消身亡이로다。
也知便是好蔬菜나 不與卑末些子嘗이니라。

번역 정엄수가 송하되

문득 이웃집의 죽순 볶는 냄새를 맡으니
반년 묵은 병이 몸까지 없어졌네。
그것이 좋은 나무새임을 알았으나
못난이에게는 조금도 맛보여 주지 않으리。

강론

선지식의 말씀은

어찌 죽순 볶는 냄새에다 비유하리。
한마디의 전갈에
그립던 고향길을 알아챘네。
그래도 그래도 못난이에게는
함부로 일러주지 마소。
가다가 병이나 나면
같이 어울려 뒹굴다가
동업 중생밖에 더 되겠는가。

〔2〕 **本文** 天童覺 頌하되

巍巍堂堂하고 磊磊落落이로다。
鬧處刺頭하니 穩處下脚이로다。
脚下線斷我自由요 鼻端泥盡君休斲하라。
莫動着하라。 千年古紙中合藥이니라。

번역 천동각이 송하되
어마어마하고 굳굳하며

성글성글하고 늘성늘성하도다。
시끄러운 곳은 머리를 번거롭게 하니
은근한 곳에 발을 멈추라。
발밑에 줄이 끊어지매 나는 자유요
*) 코끝에 진흙이 없으니 그대는 깎는 것을 멈추라。
꼼짝 말라。
천년 묵은 종이쪽이 약방문에 맞느니라。

강론 본래로부터 어마어마한 자리니 聖者의 威儀며、굳굳한 자리이니 達士의 風度로다。본래로부터 성글성글한 소식이니 小人輩의 견줄 바 아니며、늘성늘성한 전갈이니 凡夫類의 엿볼 바 아니다。世間과 타협을 하면 머리가 번거로우니 발 밑의 실마리만 끊어내리면 東권으로 향하든 西권으로 향하든 걸거침이 있겠는가。코끝에 발린 진흙을 자귀로 깎으려 하지 말라。들뜬 마음 가라앉혀 모든 시름 걷어내면 千年 묵은 종이쪽도 돌부처를 낳으리니 입을 봉하고 한눈 팔지 말고 그대로 가거라。히!

〔3〕 本文 法眞一 頌하되

凡心不息聖何求오。 飯了山茶自一甌로다。
花落花開任時節이요 那知世上幾春秋로다。

번역 법진일이 송하되

범부의 맘 쉬지 않으면 성현을 이찌 구하랴。
끼니를 마치면 차 한 잔은 으레히 드노라。
꽃 지고 꽃 피는 일 시절에 맡기니
이 세상의 봄과 가을을 헤아리 무엇하랴。

강론 凡夫의 마음은 差別心이요 聖賢의 마음은 平等心이다。 밥을 먹고 차를 마실 줄을 알면 세상은 돈짝만할 것이다。 돈짝만한 세상에 무슨 差別觀이 成立되랴。 다만 平等心 위에 꽃이 지고 꽃이 피는 것은 時節에 맡기고 봄과 가을을 헤아리는 숫대를 허공 밖으로 던저버리면 뉘라서 나를 향하여 옳 그름을 따지려 하겠는가。 이럴진댄 世界는 나의 世界가 아니고 뉘의 世界라。

〔4〕 本文 雲門杲 頌하되

荷葉團團團似鏡이요 菱角尖尖尖似錐이라。
風吹柳絮毛毬走하고 雨打梨花蛺蝶飛로다。

번역 운문고가 송하되

연잎은 둥글둥글 둥글이서 거울과 같고

마름모는 뾰족뾰족 뾰족하여서 송곳과 같구나。
바람이 버들개지에 부니 실털뭉치가 날리고
비가 배꽃에 뿌리니 나비들이 난다。

강론 연잎이 둥근것도 제 인연에 따른 제 멋이요、 마름모가 뾰족한 것도 제 인연에 따른 제 멋이다。 바람이 버들개지를 흔들고 실뭉치같은 방구리가 날림도 제 멋이요、 비가 배꽃에 뿌리고 나비들이 날아다니는 것도 제 멋이다。 이 멋을 멋대로 잘 굴리고 굴리어지는 줄을 줄록 깨쳐 아는 멋이라면 참으로 멋진 멋이겠으나、 만약 이 멋을 멋대로 잘 굴리고 굴리어지는 줄을 아예 깨쳐 알지 못하는 멋이라면 멋은 멋인지도 모르는 멋이니 人生을 抛棄함이 아닐까。 자! 멋을 멋지게 굴려보자。 人生은 멋진 나의 人生임을 멋지게 알아라。 히!

〔5〕 **本文** 竹庵珪 頌하되

擧手攀南斗하고 翻身倚北辰이라。
出頭天外看하니 誰是我般人고。

번역 죽암규가 송하되
손을 들어 남극성을 만지고

몸을 돌려 북두성을 기대라。
머리를 내밀어 하늘 밖으로 보니
뉘라서 나와 같은 사람이던고。

강론 손을 들어 南極星을 만지고、몸을 돌려 北斗星에 기대고、발을 펴서 銀河界에 담그는 것쯤은 無邊法身의 分으로 어려운 일이 아니다。 그러나 無邊法身을 여읜 肉身으로서는 想像인들 하겠는가。 꿈속에서의 꿈이야기에 지나지 않는 것이다。 자! 無邊法身이 진짜냐、有限色身이 진짜냐! 가짜인 色身을 여의고 진짜인 法身으로 돌아가서 다시 이 이야기를 再論하자。 再論할 때는 뒤를 돌아다보지 말고 再論할 것도 없는 再論을 하자는 말이다。 알간!

〔6〕 **本文** 寒岩升 分成四頌하니

居一切時不起妄念頌에

一念不生이나 念念常起라。
起滅應時에 如甑墮地하고
瞥喜瞥瞋이나 非一非二라
一二既非댄 何該三際리오。
千岩萬壑이요 東街西市로다。

171 一切

覿面相呈하니 有甚巴鼻리오。

於諸妄心亦不息滅頌에

心本無生이나 乃從妄現이라。
妄眞二離하면 打成一片이라
繫風縛雲하고 鬪雷鑠電이라
雜然前陳에 不撥目轉이로다。
急水毬子를 幾人能辨고。
拈却案山하고 只恁相見이니라。

住妄想境不加了知頌에

本無所住나 隨順而止라
靑天片雲이 幾千萬里오。
燒無煙火하고 運不濕水로다。
活計現成하니 折脚鐺子로다。
但笑香嚴의 神通乃爾라
擎得茶來나 同在夢裡로다。

於無了知不辨眞實頌에

從本非有라 於無何立이리오。
了了常知나 了知不及이니라。
日用柴水요 家常飯食이로다。
眨動眼睛하면 半身草棘이니라。
韶陽不會요 老胡不識이로다。
畢竟何人이 從信門入고。

번역 한암승이 네 귀절로 나눠서 송하되

①「온갖 때에 있으면서 망념을 일으키지 않는다」는 귀절의 송이다。
한 여김이 낳음이 아니나 여김 여김이 항상 일어나는지라
일어나고 사그라짐이 때에 응하면 시루가 땅에 떨어지는 것 같다。
잠깐 기뻐하고 잠깐 성냄이 아닌 하나요 아닌 둘이나
하나와 둘이 이미 아닐진댄 어찌 삼제를 꾸리겠는가。
천 개의 바위와 만 개의 구렁텅이요、동켠 거리와 서켠 저자로다。
마주 보는 데 드러나느니 무슨 코끝이 따로 있으랴。

②「모든 망심을 또한 쉬려고도 않는다」는 귀절의 송이다。

마음은 본래로 낳음이 없으나 이에 망념으로 좇아 나타나느니라。
망념과 참인 둘을 여의면 처서 한 조각을 이루니라。
바람을 얽매고 구름을 묶으며 우뢰를 막고 번개를 가두니、
어수선한 눈앞의 것은 뒤집지 않아도 저절로 구른다。
급한 물에 휩쓸린 공을 몇 사람이나 알아보랴。
안산을 들어 물리치고는 다못 이러히 마주봄이니라。

③「망상의 경계에 머물어도 알려고 하지 않는다」는 귀절의 송이다。

본래로 머무는 바가 없으나 경우에 따라 멈추나니
푸른 하늘 조각구름은 몇 천 만리던가。
연기없는 불을 피우고 젖지 않는 물을 길어다가
살 길을 차렸으나 다리＊二 부러진 냄비로구나。
다만 웃음진저 향엄＊三의 신통이 이것이던가。
차를 들고 왔으나 꿈속에 함께 있었네。

④「알지 못하는 데 진실을 가릴려 하지 않는다」는 귀절의 송이다。

본래로부터 있음이 아니거늘 없는데 무엇을 세우랴。
또렷또렷이 항상 앎이나 아는 것으로는 미치지 못한다。
날로 섶나무와 물을 쓰니 집마다가 항상 법이로다。
눈망울만 움직이면 몸은 반쯤 풀가시밭에 빠지네。
소양이 알아내지 못하고 늙은 오랑캐는 알아채지 못함이러니、
끝내 어떤 사람이 믿음의 문을 좇아 들어갈꼬。

강론

① 正念 곧 一念은 바로 성품이요 마음이니 본래로부터 밝고도 영특스런 자리로서 나는 것도 아니요 사그라지는 것도 아니다。 그러나 한 여김 위에다 항상 새로운 여김을 줄곧 일으키며 人生살이를 엮어가는 것이니、本性을 여의지 않고 일으키는 여김을 眞心이라 이르고、境界에 휘둘리어서 일으켜지는 여김을 妄念이라 일컫는다。 다시 말하여서 主動的인 여김을 眞心이라면 被動的인 여김은 妄心인 것이다。

때문에 망녕된 여김이 일으켜지고 사그라짐이 응할 때、眞心인 시루는 땅에 떨어져서 산산조각이 나는 것과 마찬가지니 이럴진댄 휘영청한 본래의 성품은 어디에서 찾아 보겠는가!

이렇듯이 기쁨과 성깔이 아닌 하나요、아닌 둘인지라 하나와 둘이 아닐진댄 어디에서 三際를 꾸려가랴。千岩萬壑이 그대로 아닌 하나요、東街西市가 그대로 아닌 둘이

너 인체 때에 妄念을 일으키지 않으면 서로가 마주본다 하여서 어디에 너와 나의 코끝이 따로 있으랴。

② 마음이란 본래로 낳는 것이 아니지마는 망념으로부터 나투는 것이다。 이러므로 모든 妄心을 쉴려고 하는 것도 이 또한 쉴려는 妄心이니、 이에 쉴려고도 하지 않으면 妄과 眞이 함께 여의어지면서 한 조각을 이루게 되는 것이다。 이 도리를 알면 風雲과 雷雹이 어찌 남의 일이랴。 어즈버야、 急水가 공〔毬子〕을 잡아매지 못하거늘 이 소식을 몇 사람이나 있어서 알겠는가。

③ 妄想의 경계란 본래로 머무는 바가 없으나 경우에 따라 멈춘다。 까닭에 경계에 머문다손 치더라도 알려고 하지 않으민 그대로가 헤말쑥한 眞心인 것이다。 이럴진댄 텅 틔인 푸른 하늘의 조각구름은 萬里 밖의 좋은 景概이니 그 景概로 더불어 불을 피워도 피움이 없이 피우니 연기없는 불은 피움이요、 물을 길어도 길음없이 길음이니 젖음이 없는 물을 길음이라 하겠다。 이렇듯이 살 길을 차림없이 차려서 냄비도 걸었으나 끝내엔 다리가 부러진 냄비니 이름뿐인 냄비라 않겠는가。 이 다 潙山의 꿈을 푼답시고 茶를 끓여온 香嚴도 꿈속에 있었음과 마찬가지니、 人生살이는 한바탕 꿈에 지나지 않는다。

4 虛空이란 본래로부터 있음이 아니거늘 없는 곳에 어떻게 무엇을 세운다는 말인가。 또렷또렷이 항상 알기는 하나 아는 것으로는 도서히 미치지 못하기 매문에 두 눈알을 굴려내며 世間으로 더불어 함께 뒹구는 것은 알지 못하는 데서 眞實을 찾을려 하는 까닭이니 이런 일은 없어야 하지 않겠는가。 이와 같은 도리는 韶陽〔雲門〕도 알아내지 못하였고 늙은 첨지도 알아채지 못하였으니 그렇다면 필경에는 어떠한 사람이 있어서 그 信門으로 들어오겠는가。 알지 못하는 데서 眞實을 가리지 않는 사람이니라。 이 關門도 드높구나。 알았거든 決定하고 들어가거라。

〔7〕 本文 悅齋居士 頌하되

羅漢一年度一僧이요　　嶺南行者是盧能이로다。
德山不肯架佛殿이니　　一時收拾入宗乘이로다。

번역 열재거사가 송하되

十四 나한은 一년에 하나의 중을 건지나 영남의 행자는 노능이었고
十五 덕산은 불전 꾸미기를 즐겨하지 않으니
十六 한때에 거두어 마루〔宗〕로 들다。

강론 나한 桂琛禪師는 一年에 중 하나는 꼭꼭 제도를 하였으니、十年이면 十名이요、二十年이면 二十名이니 그 功은 크다고 하겠다。

嶺南行者는 大法을 이어받은 몽두리 총각인데 뒷날에는 六祖 慧能大師로 尊稱을 받는 禪師다。一生의 盛衰苦樂을 한 마당의 꿈처럼 잘 다뤘고 잘 흘려보냈으니 世俗적으로 崎嶇한 運命의 所有者라고는 하겠지마는 만다라 꽃씨를 많이 뿌려 놓았기 때문에 깨침의 道는 일로 좇아 東方에서 크게 香氣를 피운다。

德山和尙은 성미가 급하였던지 佛像 모시는 것도 즐겨하지 않고 直指人心 見性成佛의 도리를 크게 외친 丈夫漢이라 일컬으겠으니、한때에 거두어서 바로 禪宗의 門에 들어간 것이다。究竟位는 하나라도 가는 길은 各樣各色이요 多樣多色이라 하지 않겠는가。이러므로 古人의 方便을 定法인양 여기지 말라。

〔8〕 **本文** 黃龍淸 上堂擧此話云하되 釋迦老子가 話墮也不知로다。且道하라。過在什麽處오。今朝에 不欲更巡寮니 免見重重相起動이니라。

번역 황룡청이 상당하여 이 이야기를 들고는 이르되 「석가늙은이는 말이 잘못된 줄도 모르는구나。말해보라、허물이 어디에 있는가。아침에 다시 승방을 순행하고

싫지 않으니 거듭되는 모습의 기둥에 보임을 면하려는 것이다」 하다。

강론 黃龍淸은 이르되 「석가늙은이는 말이 잘못된 줄도 모르구나」 하였다。 「일체 중생의 갖가지 幻化가 다 여래의 圓覺妙心에서 나왔느니라」 하신 말씀이 잘못되었다는 이야기다。 너무나 드높은 소식을 너무나 明白하게 드러내 보이셨기 때문에 그 明白한 곳을 알아채기란 장대를 가지고 하늘의 별을 따기나 마찬가지란 뜻으로서、부처님의 말씀이 잘못되었다는 것이다。 실로 그렇다。 부처님의 이 한마디의 말씀은 중생을 향하여 누리의 지도리(樞)를 그대로 드러내 보이시는 전갈이다。

더 보탤 것도 없고、더 뺄 것도 없는 이 전갈! 더 붙일 것도 없고 더 깎을 것도 없는 이 소식을 몇 사람이나 있어서 알아채랴。 六度萬行도 이 道理를 밝히기 위한 手段이요、念佛·頌經·參禪도 이 義趣를 밝히기 위한 手段이요、八萬藏經도 이 當處를 밝히기 위한 手段이다。 이럴진댄 부처님의 허물이 直說에 있다면 直說을 曲言으로 바꿔치기한 老長의 허물은 없을까。 부처님의 名號까지 들어 대중을 眩惑시킨 허물을 인정하고 우선 三十棒이다。 하루에 十棒씩 사흘동안에 때려야 하겠다。 허물을 묻거든 헛바닥에 있다고 하여라。

〔9〕 **本文** 密庵傑 上堂擧此話에 連擧雪堂拈하되 枯樹에 雲充葉이요 凋梅에 雪作花로다。 擊筒方木響이요 蘸雪喫冬瓜라 長天秋水요 孤鶩

落霞로다 하여 師云하되 釋迦老子가 擔得一擔하고 曹曈出來하여 撞着雪堂和尙하여 添得一擔하여 瞞頇이로다。祥符는 不是壓良爲賤이라 也要緇素分明이니 生鐵鑄牛頭하여 牽犂還拽杷라。智者笑欣欣하고 愚人驚愧羞라 古往今來幾百年에 更向鬼門重貼卦오。驀拈拄杖云하되 看看하라。釋迦老子來也로다。向諸人道하노니 據虎頭收虎尾하여 第一句下에 明宗旨니라。卓一卓하다。

번역 밀암걸이 상당하여 이 이야기를 드는데 이어 설당이 염한

「마른 나무엔 구름이 일되고
시든 매폭엔 눈이 꽃핀다。
통을 치니 나무토막 울림이요
눈에 잠기니 동과를 셉음이네。
하늘은 가을물에 긴데
외로운 따오기는 떨어지는 노을을 누비는구나」

여기까지 들고는 이르되 「석가늙은이는 짐을 한쪽에만 넣어서 지고 눈을 감고 나왔기에 설당화상을 만나서는 한쪽 짐을 더하니 속임수를 당했구나。좋은 징조는 양반을

억눌러 상놈을 만들려는 것이 아니라, 검고 흰 것을 분명히 하려는 것이다. 무쇠로 소를 부어서 보습을 끊고 다시 쟁기를 끌게 하니, 지혜로운 이는 흔연히 웃겠지마는 어리석은 이는 놀라 부끄러울 것이다. 옛〔古〕이 가고 이제〔今〕가 오기까지 몇 백년이던가. 다시 귀신의 문턱을 향하여 거듭 점괘를 찾는구나」 하고는 주장자를 번쩍 들고 이르되「보아라, 보아라. 석가늙은이가 오셨다. 여러분에게 말하노니 범의 머리를 짚고 범의 꼬리를 거두니 제 일구 밑에 종지가 분명하다」 하고는 주장자를 높이다.

강론

마른 나무에는 구름이 잎새 되어주고
시든 매화가지에는 눈이 꽃송이 되어주니
마른 것도 한낱 風光을 두고
시든 것도 한낱 景概를 짓구나.
통을 때리면 토막나무의 울림이 피어나고
흰눈에 잠기면 동과를 씹는 맛이 감도니
무엇 하나 버릴 것이 있으며 보탠 것이 있으랴.
거기에다 가을물은 맑아서 하늘에 이었고
따오기는 떨어지는 노을을 누비니

한 폭의 생생한 世界가 아니며 한 가닥 삶의 律動이 아니던가。

석가늙은이는 이 世間에 몸을 나투신 뒤로 중생을 향하여 눈으로 보였으나 눈으로 능히 보지 못하고, 귀에 들렸으나 귀로 능히 듣지 못하고, 입으로 말했으나 입으로 능히 말하지 못하니, 필경에는 수단인 무쇠소를 부어서 方便인 보습을 끌고 다시 써래를 끌게 하셨지마는, 알아챈 智人은 兩手를 들고 기뻐하겠으나 알아채지 못하는 愚人은 四肢를 틀면서 놀라는 것이 보통이다。자! 어떻게 하겠는가。죽어도 내가 죽고 살아도 내가 사니 범의 머리를 기대고 범의 꼬리를 거두는 勇氣를 發動하여 一句 속의 宗旨를 받들어야만 비로소 세존을 親見하리라。

[주] 一、鼻端泥盡：코끝에 진흙이 없어졌다는 뜻인데, 郢人이 자귀질에 능숙하여 사람의 코끝에다 진흙을 칠하고 자귀를 힘껏 쳐서 진흙만을 없앴다는 고사에서 나온 말이다。즉 더 수행할 필요가 없다는 뜻。

二、折脚鐺：다리 부러진 냄비라는 말로 쓸모없는 도구이니 있어도 있는 게 아니라는 뜻。

三、香嚴神通：위산이 꿈을 꾸고 앙산에게 해몽을 하라 하니 앙산이 세숫물을 들여와서 세수를 했다。때마침 향엄이 들어왔는데 위산이 그에게도 그런 문제를 제시하니 향엄이 차를 달여왔다。이에 위산이 칭송하되 두 사람의 재주가 사리불과 목건련을 능가한다 하였다。

四、羅漢…나한 계침선사가 一년에 중 한 사람씩을 제도했다는 고사。

五、德山은 佛殿 꾸미기를 허락치 않다…당시의 국왕이 덕산에게 와서 「제가 스님의 불전에 기와를 덮어드리고자 하는데 의향이 어떠하십니까」 하니 덕산이 대답하되 「왜 古紫王殿은 덮지 않으시오」 한 이야기에서 나온 말。

六、一時收拾…차별된 도리를 일시에 모두 거두어서 바른 종지에 들어간다。

第四八、伽 藍

〔本文〕 圓覺經 云하되 以大圓覺으로 爲我伽藍하니 身心安居平等性智로다。

〔번역〕 원각경에 이르시되 「대원각[一]으로 나의 가람[二]을 삼고 몸과 마음이 평등성지에 안거한다」 하다。

〔강론〕 伽藍은 어러 學人들이 한데 모여서 佛道를 修行하는 곳을 이름이다。 後世에는 자츰 建物을 지었고 다음에는 寺刹로 通稱이 되었다。 부처님은 大圓覺으로 伽藍을 삼으셨다。 建物로서인 殿堂은 어디까지라도 建物인 殿堂이지 殿堂 그 自体가 大圓覺은 아니기 때문에 참 伽藍이 아닌것은 明白한 事實이다。 이렇다면 오늘에 있어서 참 가람은 어디에 있는가。 무망한 것 없이 平等性智인 直心이 道場이니 直心이 바로 伽藍이 아니고 무엇이겠는가。 萬古不變의 眞理라 하겠다。

183 伽 藍

直心正是眞道場

伽 藍 184

人人各伴一伽藍

곧은 마음이 바로 이 도량이니
사람마다가 한 가람을 짝하였네。

〔1〕 本文 資壽捷 頌하되

圓明眞覺絶榮枯하니　萬彙高低處一途로다。
嶺上石人騎鐵馬하고　塵中蒭狗吠金烏로다。
風廻巨海千波峻이요　雲斷長天片月孤라。
獨坐寥寥向深夜하니　又聞疎雨落庭梧로다。

번역 자수첩이 송하되

둥글고 밝은 참깨침에는 영화도 쇠퇴도 없고
높고 낮은 만 떨기 꽃은 한길에 놓였어라。
재위에 돌사람이 무쇠말을 탔더냐。
쓰레기더미의 허수아비 개가 해를 보고 짖는고야。
바람이 큰 바다로 닥치니 천 갈래 물결이 드높고

구름이 끊어진 끝없는 하늘에 조각달이 외롭구나。
홀로 앉아 고요히 깊은 밤을 맞으니
또 들리는가、성근 비는 뜰앞 오동잎에 떨어지네。

강론

圓明眞覺 자리면 그만 太平聖歲인데
榮枯는 무엇이며 高低는 무엇이랴。
재위에 돌사람이 무쇠말을 탔으니
판대기 이에서 털이 났구나。
티끌속에 풀개가 해를 보고 짖으니
千年 묵은 매화가지에는 복숭아가 주렁주렁 달렸구나。
큰 바다에 물결이 높고 긴 하늘에 조각달이 외로워도
물결은 스스로 물결치는 줄 모르고
조각달은 스스로 외로운 줄 모르더라。
호올로 구름을 보고 앉았으니
청산이 오락가락하더군!

〔2〕 本文 圓悟勤 頌하되

毫髮不留하고 縱橫自由로다。
闔外乾坤廓落이요 大方無外優遊로다。
明明祖佛意여 明明百草頭로다。
褫破狐疑網하고 截斷愛河流로다。
縱有廻天力이나 爭如直下休리오。
四衢途中淨躶躶하니 放出潙山水牯牛로다。

번역 원오근이 송하되
털끝만치도 멈추지 않으니、가로세로 자유롭다。
문턱 밖의 하늘과 땅이 환달하여
의젓한 도인의 휘영청한 놈이가 아니던가。
또렷또렷한 조사와 부처의 뜻이여、
또렷또렷한 백 가지 풀끝의 소식인지라
큰 의심의 그물을 빼앗아 부수고
쏠려 흐르는 물을 잘라버려라。

187 伽藍

비록 하늘을 돌이키는 힘이 있을지나
당장에 편안히 쉼만 같을까 보냐。
네거리 한복판에 말쑥한 몸뚱일러니
위산의 검은 암소를 풀어 놓았더구나。

강론 三毒에 머물지 않으면 榮枯가 녹아나고、人我를 두지 않으면 生死를 뛰쳐나는 것이니 바야흐로 天下를 가로세로 주름잡아도 걸거침이 없으리라。 圜悟勤의 頌을 풀어 적어보자。

머리털만치의 商量도 멈추지 않으니 天下는 가로세로 걸림이 없네。
문턱 밖의 하늘 땅이 툭 트이었을새
휘영청한 劫 밖의 소식을 뉘라 알리。
또렷또렷한 佛祖의 뜻이여、
또렷또렷한 百 가지 풀끝이로다。
어즈버야、의혹의 구름이 걷히니
얽기설기 얽힌 애욕의 흐름도 끊기네。
알지 못할세라、하늘을 돌리는 힘이 있을지라도
어찌 당장에 쉬는 것만하랴。

네거리 북새통에 있으면서도 항상 말쑥하니
위산의 검은 암소나 몰아내어서 自性공덕이나 지어볼까。

〔3〕 **本文** 混成子 頌하되

積劫無斤斧요 眞機已自牢라。
殿堂開戶牖하고 田地絕絲毫로다。
牀座法空妙하고 垣墻智似高로다。
住持誰共老오。 贏得混方袍로다。

번역 혼성자가 송하되

여러 겁동안 도끼가 없었으나
참 기틀은 스스로가 굳히었네。
큰 집은 창문들이 열렸고
논밭에는 실끝만한 것도 없네。
*주 자릿상에 법이 비어서 묘하니
담장에는 지혜의 키가 높았네。
거기에서 누구와 함께 늙는담。

공연히 분에 넘는 법복만을 입었구나。

강론

멀컹히 허공이나 처다보는 못난 사내。
자귀와 도끼인들 쓸모가 있었던가。
空王殿 안에서 멀컹히 잡초나 뽑으니
날아가던 까치도 멀컹히 세존을 팔아먹는다 야단이네。
자릿상에 법도 비어서 묘하게 멀컹하니
뉘라서 못난 사내에게 멀컹히 옳그름을 따지랴。
뜻에 맡겨 멀컹히 하늘 땅의 밖을 서성거리니
맑은 바람과 흰 구름도 멀컹히 코끝에 감도네。

〔4〕**本文** 寶林本 上堂云하되 九旬休夏에 此日이 爲初니 東土西天이 並同斯制라 原諸聖意컨댄 其亦無他라 一爲護惜含生요 次爲修習聖法이니라。 然이나 精進之者는 勇猛勤修하여 於此期中에 多獲果證하라。 若是大心開士댄 踞菩薩乘하여 便云以大圓覺으로 至平等性智니라。 敢問諸人하노니 只如伽藍與身心이 是一가 是二가。 若言是一

인댄 又能所歷然이요 若言是一인댄 則心外有法이니 還有人이 定當得麼아。 於此에 明得하면 便與三世諸佛로 同處安居하여 更無異域이어니와 如或未明인댄 十二時中에 切須仔細니라。

번역 보림본이 상당하여 이르되 『九十일 안거가 오늘로부터 시작되니 동토와 서천이 똑같은 제도로다。 원래 모든 성인들의 뜻이건대 그것 또한 딴 것이 아니라、 하나는 중생들을 아끼자는 것이요、 다음은 거룩한 법을 닦아 익히려는 것이다。 그러나 정진하려는 이는 용맹스럽게 닦아서 이 기간 동안에 많은 성과를 얻으리라。 만약 크게 마음이 트인 선비라면 보살의 수레에 걸터앉아서 이르기를 「대원각으로써」로부터 「평등성지」까지 말하리라。 감히 여러분께 묻노니 가람은 몸과 마음으로 더불어 하나인가、 둘인가。 만약 하나라 말하면 또는 능과 소가 역연하고、 만약 둘이라 말함인댄 마음 밖에 법이 있는 것이니 사람들이 이를 알아채겠는가。 이를 밝힌다면 三세의 부처님과 같은 자리에서 안거를 하고 다시 만 경계가 없을 것이지마는 혹은 밝히지 못하면 十二시 안에 꼭 자세히 살펴야 하니라』 하다。

강론 보림본이 夏安居 첫날에 이른 말이다。 年二回의 冬安居·夏安居는 東西의 學人들이 心身을 닦기 위하여 만든 옛부터 오늘에 이르는 한낱 制度이다。 이에 聖賢들의 뜻을 살필진댄 다름 아니라 첫째 중생을 아낌이요、다음은 聖法을 닦아서 익힘이다。이러므로 마음이 크게 트인 선비들이라면 보살의 수레에 걸터 앉아서 이르기를 「大圓覺으로 나의 가람을 삼고 몸과 마음이 平等性智에 安居한다」하리라。알겠는가! 그렇다면 伽藍은 心身으로 더불어 이 하나인가、이 둘인가。말해보라! 만약 하나일진댄 能緣과 所緣이 歷然하니 하나가 아니며、만약 둘일진댄 마음 밖에 法이 없을터이니 둘이 아니거늘 어찌 하겠는가。높은 고개로다! 이에 다부진 사내가 있어서 알아챈다면 三세의 불보살과 같은 자리에서 安居를 하여 조금도 만 경계가 없을 것이지만 그렇지 않다면 十二時 中에 자세히 살펴야 한다。

〔5〕 **本文** 崑山元 上堂云하되 時光이 迅速하여 念念不停이라 方見三月이 將殘터니 不覺四月이 已半이로다。是我佛垂制之日이며 衆僧嚴道之時니 或聖或凡이 共同安處로다。諸高德아 世尊이 道하시되 以大圓覺으로 至安居라。師拈起拄杖云하되 者箇는 是伽藍이라 十方諸佛과 諸代祖師와 天下老和尙이 揔在者裡하니 諸人은 還見麼아。直饒見得이라도 亦是把纜放船이니라。世尊은 旣落便宜하고 聖壽는 未免失利로다。何也오。祖禰不了하여 殃及兒孫이로다。以拄

杖卓禪床하다。

번역 곤산원이 상당하여 이르되『시광이 빨라서 여김 여김이 머무르지 않는다。 바야흐로 三월이 저무는가 하였더니 벌써 四월 十五일이 되었구나。 오늘은 우리 부처님이 법을 제정하신 날이며 여러 중이 수도를 하는 때이니 혹 성인과 혹 범부가 한 자리에서 안거를 함이로다。 여러 고덕들이여、 세존께서 이르시되 「대원각으로써」로 부터 「안거한다」까지 말씀 하셨느니라』하고는 주장자를 번쩍 들어 올리면서 이르되 「이것이 가람이니 十방의 부처님들과 역대의 조사들과 천하의 노화상들이 모두 이 속에 있으니 여러분 보았는가。 설사 보았다 하더라도 또한 닻줄을 쥐고 배를 띄움이니라。 세존은 이미 편이한 데 떨어졌으므로 성수는 손해를 면치 못했나니 무슨 까닭인가。 조상이 변변치 못하면 재앙이 자손에게 미침이로다」하고 주장자로 선상을 치다。

강론 年二回의 冬·夏安居도 時間을 걸어잡으면 빠르기 화살과 같다。 三月이 저무는가 하면 벌써 반이 되었으니 사람이 이만큼 늙어간다는 뜻도 된다。 세존은 늙어가는 高德들을 향하여 이르시되 「대원각으로 나의 가람을 삼고 몸과 마음이 평등성지에 안거 한다」 하셨다。 千古의 一句요、 萬古의 一句다。 이렇다면 어느 곳도 가람 아님이 없으며 어느 매도 安居 아님이 없으니、 뉘라도 이 휘영청한 깨친 자리를 알면 부처 아님이 없는 것이란 도리를 몸소 느끼지 않겠는가。

곤산원은 크게 뚜렷이 깨친 자리로 가람을 삼으라신 부처님의 말씀을 전한 다음 주장자를 번쩍 들어 올리면서 이르되 「이것이 가람이니 十方의 부처님들과 歷代의 祖師들과 天下의 老和尙들이 모두 이 속에 있다」고 외쳤다。 부처님보다 한술 더 떴다。 뿐이랴、 이어 이르되 「여러분은 보았는가。 설사 보았다 하더라도 역시 닻줄을 쥐고 배를 띄움이니라」 하였다。 그렇다。 十方의 부처님도 歷代의 祖師네도 天下의 老和尙도 이 주장자를 여의지 못하고、 이 주장자 또한 모든 부처님과 祖師와 老和尙을 여의지 못한 것은 事實이다。 무슨 까닭으로써이냐。 허공이 하나이니 지도리(樞)도 하나요、 지도리가 하나이니 목숨도 하나이기 때문이다。

그러나 여기에서 「나는 알았다」는 틀에 주저앉아버리면 이 또한 한 쪽에 치우침인지라 닻줄을 걷어잡고 배를 띄우는 셈이니 배는 띄우지 못할 것이다。 왜냐면 본래의 그 소식에는 앎도 모름도 여읜 까닭이다。 이렇듯이 明白한 데만 주저앉으려는 것은 절대 禁物임도 添言하여 둔다。 어쨌든 學人들이 서둘러대는 것은 세존께서 너무나 지나친 친절에 빠져서 너무나 지나친 直說을 하신 데에 그 原因이 있겠지마는 本來로가 그대로인 兒孫들은 「見性을 하여야겠다」는 重病에 걸려서 갈팡질팡하는 판이니 갈수록 泰山이다。 그러나 兒孫들이 갈팡질팡하기 때문에 망정이지 만약 그렇지도 못하다면 참으로 산 송장에 지나지 않는 것이니, 이 災殃은 福德을 뜻하는 災殃으로 받아들여야 하지 않겠는가。

〔6〕**本文** 黃龍新 上堂에 僧問하되 以大圓覺으로 爲我伽藍이라니 此是佛之伽藍이어니와 如何是和尙伽藍이니고。 師云 頭鬔鬆耳卓朔이니라。 進云 學人이 未曉하니 乞師再垂方便하소서。 師云 以大圓覺으로 爲我伽藍이니라。 僧云 從今日去에 更不疑也니다。 師云 且緩緩하라。 師乃云 若人이 轉得九十日夏하여 通於萬年하면 萬年이 即是九十日夏요 若人이 轉得萬年하여 通於九十日夏면 九十日夏가 即是萬年이니 萬年이 九十日이요 九十日이 萬年이라 以長換短하며 以短換長이나 還知有不落數量者麽아。 於此에 見得하면 以大圓覺으로 爲我伽藍하여 十方聖賢이 同此安居어니와 若見不得하면 一年一度無繩自縛이니라。

번역 황룡신이 상당함에 중이 묻되 「대원각으로써 나의 가람을 삼는다 하시니 이는 부처님의 가람이니 어느 것이 화상의 가람입니까」 하니 선사가 이르되 「더벅머리에 귀가 우뚝한 것이니라」 하다。 다시 이르되 「학인이 알지 못하겠으니 비옵건데 스님께서 다시 방편을 내려 주십시오」 하니 선사가 이르되 「대원각으로써 나의 가람을 삼느니라」 하다。 그 중이 이르되 「오늘로부터 다시는 의심치 않으리이다」 하니 선사가 이르되 「천천히 하라」 하다。 선사가 이르되 「누군가가 九十일의 한 여름을 돌리어 만년에 통하면 만년이 곧 이 九十일의 여름일 것이요、 누군가가 만년을 돌리어 九十일의 한 여름에 통하면 九十일의 한 여름이 곧 만년이니、 만년이 九十일이요、 九十일이 만년이다。 긴 것으로써 짧은 것을 바꾸고 짧은 것으로써 긴 것을 바꾸니 수량에 떨어지지 않는 것이 있는 줄 아는가。 만약 이것을 보면 대원각으로써 나의 가람을 삼아 十方의 현성들이 함께 안거하겠지만、 만약 보지 못한다면 한 해에 한 차례씩 노끈없이 스스로 결박하는 것이다」 하다。

강론 黃龍新이 上堂하자 어떤 중이 묻되 「大圓覺으로써 나의 가람을 삼는다니 이는 부처님의 가람이거니와 이찌 和尙의 가람이니까」 하였다。 이마어마하신 부처님의 景概에 속하는 일일지인정 어떻게 중생界에 속하는 일이겠느냐는 뜻이다。 모습놀이판에 中毒된 患者의 앓는 소리다。 이에 老長이 중의 根機를 살피더니 느닷없이 「더벅머리에 귀가 우뚝한 것이니라」는 解毒注射針을 정수리에다 꽂았다。 「더벅머리에 귀가 우뚝한 것이니라」는 處方은 實로 드물게 듣는 處方이다。 흥! 놔라서 이 줄없는 거문고의 소리를 못 듣겠는가。 이왕이면 그 가락의 主人公이나 보여주지그래! 중이 또 묻되 「학인은 알지 못하오니 비옵건데 다시 방편을 내려 주십시오」 하였다。 道를 구하려면 生命도 아끼지 않느니라。 선사는 또 이르되 「大圓覺으로 나의 가람을 삼느니라」 꼭 같은 내답이다。 藥方文에 변동이 없다。 自信이 서는 모양이다。 그 중이 이르되 「오늘부터 다시는 의심치 않겠읍니다」 하였다。 죽음에서 삶을 찾았다。

선사는 또다시 夏安居를 빌어서 一生의 處方을 내어놓았다。 「九十日의 여름을 돌이켜서 萬年에 통하면 萬年이 곧 九十日일 것이요、 萬年의 여름을 돌이켜서 九十日에 통하면 九十日이 곧 萬年일 것이요、 긴 것으로써 짧은 것으로 바꾸고 짧은 것으로써 긴 것으로 바꾸면 수량에 떨어지지 않을 것이니、 수량에 떨어지지 않는 것이 있는 줄을 아는가」 하였다。 一念이 萬里風光이로다。 여기에 어찌 二邊三際가 成立되겠는가。 이 도리를 分明히 알면 大覺圓으로 가람을 삼아 十方의 聖賢들과 함께 安居를 하겠지만 모른다면 無繩自縛을 免치 못할 것이다。

註 一、大圓覺…훠영청한 깨침。
二、伽藍…공부를 짓는 곳 혹은 절。
三、牀座…자릿상 혹은 걸터앉는 자리。

第四九、不 見

〔本文〕 楞嚴經에 世尊 謂阿難曰 吾不見時엔 何不見吾不見之處오。 若見不見이면 自然非彼不見之相이요 若不見吾不見之地하면 自然非物이니 云何非汝리오。

〔번역〕 능엄경에서 세존이 아난에게 일러 가라사내 「내가 보지 않을 때엔 어째서 내가 보지 않는 곳을 보지 못하는가。 만약 보지 않는 것을 본다면 자연히 그 보지 않는 모습은 아닐 것이요、 만약 내가 보지 않는 곳을 보지 못한다면 자연히 물건이 아닐 터이니 어찌 네가 아니라고 이르랴」 하시다。

〔강론〕 世尊이 阿難에게 이르신 말씀이다。 세존이 이르시되 「내가 보지 않을 때엔 어째서 내가 보지 않는 곳을 못 보는가」 하셨다。 다시 말하자면 「내가 한 여김을 일으켜서 너를 보지 않을 때에라도 나는 항상 의젓하거늘、 너는 어째서 내가 보지 않는 그 의젓한 곳을 못 보느냐」시는 뜻의 말씀이다。 그렇다。 부처님이 아난을 위하여 한 여김을 일으키지 않더라도 常住不滅인 法性身이심을 아난은 아는가、 모르는가。 만약

이 도리를 저버렸다면 부처님과 아난이 色相身分으로는 둘이나 法性身分으로는 하나라는 事實도 모른다고 보아야 할까。

이어 이르시되「만약 보지 않는 곳을 본다면 自然 그 보지 않는 모습은 아닐 것이요、만약 내가 보지 않는 자리를 보지 못한다면 自然 물건이 아닐 터이니 어찌 네가 아니라고 이르랴」하셨다。이러기에 만약 의젓한 곳을 안다면 이것은 모습으로서는 아닐 터이요、이에 따라 만약 내가 보지 않는 자리를 네가 보지 못한다면 이것은 물건이 아니니 어찌 빈듯한 네가 아니고 무엇이냐는 말씀이다。實로 事理가 分明한 말씀이다。

이즈버야、모습이 있어서 그 모습을 보는 것은 도대체가 누구이며、모습이 없기 때문에 그 모습을 보지 못하는 것은 도대체가 누구이며、모습이 없으므로 하여서 아무것도 없는 그 자리를 환히 보는것은 도대체가 누구라는 말인가。이럴진댄 나아가 보고 보이는 것도 둘이면서 둘이 아니라는 사실도 알게 되지 않겠는가。

能見不見全身來
無見不見退天外

능히 보지 못하는 것을 볼진댄 온몸으로 오너라。
보지 못하는 것을 봄이 없으면 하늘 밖으로 물러가라。

〔1〕**本文** 雪竇顯 頌하되

全象全牛翳不殊라　從來作者共名模로다。
如今要見黃頭老댄　刹刹塵塵在半途로다。

번역 설두현이 송하되

*一
완진한 코끼리와 완전한 소라도 가리운 것임에는 다름 없나니
원래부터 작자는 똑같은 이름을 본뜬다。
이제 누런머리 늙은이를 뵙고자 하는가。
세계마다 티끌마다 중도에 있느니。

강론 완진한 코끼리요 완전한 소라 해도 그대로의 사실을 속속들이 보지도 못할 뿐 아니라 붓으로 그려낼 수도 없으며 또한 말로 드러낼 수도 없는 것이니 항차 보지 않는 자리를 보지 못함이겠는가。 이러기에 한 문제를 드는 데도 方便을 꾸미면서 手段을 가로세로 굴리는 것이니 作者는 같은 이름도 붙이게 마련이다。 알겠는가! 事理가 이렇진댄 한 번 뛰어서 누런둥이 늙은이를 뵙고자 하는가! 그렇다면 달밤 갈대밭에서 조는 해오라기에게 물어보라。

〔2〕 本文 白雲端 頌하되

堂前露柱久懷胎요 長下孩兒頗俊哉라。
未解語言先作賦하여 一操便取狀元來로다。

번역 백운단이 송하되

법당 앞의 돌기둥이 오랫동안 애길 뱄더니
어른답게 태어난 아기 자못 똑똑하네。
말을 배우기도 전에 시를 지으니
붓 한 번 잡으면 장원을 하리라。

강론 法堂 앞의 돌기둥이 오랜 歲月을 통하여 法兒를 밴지 그 몇 해련고。 어른답게 태어난 아기는 걸음마도 배우기 전에 자못 三界를 뒤흔드니、아서라、分別과 是非를 놓으면 모두가 다 나의 일인걸。

〔3〕 本文 天童覺 頌하되

滄海瀝乾이요 大虛充滿이라
衲僧鼻孔長이요 古佛舌頭短이로다。

珠絲度九曲이요 玉機纔一轉이로다。

直下相逢誰識渠오。 始信斯人不合伴이로다。

번역 친동각이 송하되

넓은 바다를 걸러 말리고 허공을 가득 채우니
납승의 콧구멍은 길고
옛 부처님의 혀는 짧다。
염주끈은 아홉 구비를 지났으나
둥근 구슬은 한 번만 돈다。
당장에 만난들 누가 그를 믿으랴。
그 사람이 짝이 맞지 않음을 비로소 안다。

강론 바다를 걸러 말리고 허공을 가득 채울 수 있는 才幹이라면 콧구멍도 銀河와 같을 것이다。 이럴진댄 옛 부처의 혓바닥인들 어찌 감당 못하랴。 이즈버야、구슬실로 大關嶺의 九十九 고개를 수놓음은 옥기틀을 한 번 굴리기 위함일세。 당장에 뉘라 있어서 無邊法身인 나와 더불어 짝하지 못함을 알까 보냐。

〔4〕**本文** 湛堂準 頌하되

不見 202

老胡徹底老婆心이라 爲阿難陀意轉深이로다。
韓幹馬嘶靑草渡하고 戴嵩牛臥綠楊陰이로다。

번역 담당준이 송하되
늙은 첨지는 철저한 노파심이어서
아난을 위하는 뜻 더욱 깊었네。
*二 한간의 말울음은 푸른 들판을 지나고
*三 대숭의 소는 연푸른 버들 그늘에 누웠다。

강론 세존이 아난을 위하여 너무나 친절하셨던 것은 事理를 따지더라도 그렇다。八萬藏經은 아난의 귀를 통하지 않음이 없었음을 보아도 그렇지 않겠는가。 예를 들어 부처님은 누리의 지도리(樞)를 그대로 드러내 보였으나、아난은 푸른 풀밭을 건너는 말을 韓幹이 그린 그림폭에서 보는 데 지나지 않았고 수양버들 밑에 누워있는 소를 戴嵩이 그린 그림폭에서 소를 보는데 지나지 않았다는 湛堂準의 이야기다。 그렇다。 그 당시에는 그림의 말을 보았고 그림의 소를 보는 데 지나지 아니했다。 그러나 老長의 판단 중에는 한 마디 빠진 곳이 있다。 무엇이냐면 아난尊者는 절마당에 꽂힌 깃대를 거꾸러뜨린 뒤에 참 말과 참 소를 봤다는 事實이 빠졌으니 그 허물을 묻지 않을 수 없고 만약 답을 못하면 二十棒은 면하지 못하리라。

〔5〕**本文** 大慧杲 頌하되

荒田無人耕이니 耕着有人爭하니라。
風吹荷葉動하니 決定有魚行이니라。

번역 대혜고가 송하되

거칠은 밭은 가는 이가 없고
갈아 젖혀 놓으니 사람의 다툼이 있네。
바람이 연잎을 불어 흔드니
분명 물고기가 있구나。

강론

무슨 공부를 한답시고 멀쩡히 앉아 비방드 받더니
장원급제하여 놓으니 칭송이 대단구나。
휘늘어진 버들가지에 꾀꼬리없다 말라。
봄바람에 휘날리는 그 소리가 뉘 소리냐。

주 一、全象…뭇 소경이 코끼리를 더듬으며 완전한 코끼리를 보지 못하고、요리의 名人이 소를 잡는데 완전한 소를 보지 못했다 하는데 지금 완전한 코끼리와 완전한 소라 하니、비록 그렇게 말한다 해도 잘못 본 것에는 차이가 없다는 뜻。

二、韓 幹…말을 잘 그렸던 사람。

三、戴 嵩…소를 잘 그렸던 사람。故事에 나오는 말임。

第五〇、見 見

〔本文〕楞嚴經 云하되 見見之時는 見非是見이다。 見猶離見이라 見不能及이니라。

〔번역〕 능엄경에 이르시되 「볼 때의 봄은 봄이 이 봄 아니다。 봄은 오히려 봄까지도 여읨이라 봄으로도 미치지 못하느니라」 하다。

〔강론〕 봄은 오히려 봄까지도 여의라 하셨으니 사실이라 하겠다。 간단한 비유를 들자。 여기에서 저기만치 한 송이의 빨간 꽃이 있다고 치자。 그렇다면 나의 마음이 빨강기 때문에 되돌아 한 송이의 꽃도 빨간 것이 아니겠는가。 무슨 까닭으로써이냐。 나의 마음이 빨갛지 않고 어떻게 그 빨간 꽃을 인증하겠는가。 이렇듯이 모든 事物의 빛깔을 본다는 그 事實 自體로는 보는 것이 아니고、 그대로 빨간 여김을 일으켜서 되돌아 앎을 뜻하는 것이니 본다는 말마디를 앎의 代名詞로 보아도 異論이 없지 않겠는가。 하물며 有情·無情物이 다 나의 가없는 法性身의 나툼이라면 더 말할 나위도 없을 것이다。 그러기에 눈으로써 눈을 삼지 말고 보는 것으로 눈을 삼으란 것이 아닌가。 알간!

見見本非見
一向知其然

봄을 봄은 본래 봄이 아니러니
한결같이 그런 것으로 알지니라。

〔1〕 本文 海印信 頌하되

見不及處에 江山滿目이요
不覩纖毫나 花紅柳綠이로다。
君不見가。
白雲出沒本無心이요 江海滔滔豈盈縮이리오。

번역 해인신이 송하되

봄이 미치지 못하는 곳에 강산이 눈에 가득하고
털끝도 보지 못하나 꽃은 붉고 버들은 연푸르다。
그대 보지 못했는가。
흰 구름이 들고 나는 것 본래 무심하지만

강물이 넘쳐 흐르는 것 어찌 줄고 넘침이 있으랴.

강론 봄(見)이 미치지 못한 곳에 江山이 눈앞에 가득하다니 江山이 눈앞에 가득한 것을 뉘가 알며, 티끝도 보지 못하나 꽃은 붉고 버들은 언푸르다니 꽃은 붉고 버들이 언푸른 것은 뉘가 아는가.

알았으니 그대로 알고, 그대로 아니 그대로 보고, 그대로 보니 그대로 말하는 것이 아닌가. 때문에 그 아는 자리는 흰 구름이 들고 나는데 無心하고, 강물이 넘쳐 흐르는 것은 줄지도 차지도 않는 것처럼 항상 봄이 없이 보니 이 봄이냐, 이 안봄이냐. 한 마디 던저보라.

〔2〕 本文 崇勝珙 頌하되

眼裡須彌重業岌이요　　耳中大海疊波瀾이라.
無言童子未開口하여　　門外雷聲早戰寒이로다.

번역 숭승공이 송하되

눈안에 수미산의 봉우리가 우뚝하고
귓속에는 바닷물의 파도가 드높다.

말없는 동자는 입을 열지 않거늘
문밖의 우렛소리에 벌써부터 떨리네。

강론

눈속에 수미산 봉우리가 우뚝하니
그 마음의 수미산 봉우리가 우뚝하구나。
귓속에 바닷물의 파도가 드높다니
그 마음에 바닷물의 파도가 드높고나。
말없는 동자는 입을 열지 않거늘
발가숭인 본래로 요술쟁인가。
문밖의 우렛소리에 벌써부터 떨리니
사립문 제쳐놓고 눈망울만 굴려내네。

〔3〕 **本文** 大慧杲 頌하되

春至自花開하고　秋來還落葉이라。
黃面老瞿曇이여　休搖三寸舌하라。

번역 대혜고가 송하되

봄이 오니 꽃이 지절로 피고
가을이 오니 다시 잎이 진다。
누렁둥이 구담이여!
세치의 혀를 날름거리지 말라。

강론

봄이 강산에 이르니 꽃이 인덕에 지절로 핌이여!
봄도 강산도 꽃도 인덕도 하나러니。
가을바람이 가지를 흔들새、가랑잎이 큰 밍에 구름이여!
가을도 가지도 흔듬도 가랑잎도 하나의 경계이구려。
누렁둥이 구담이여!
더우면 더운 대로 살고、추우면 추운 대로 살 일이지
공인스러 세 치 혓바닥은 하늘과 땅으로 나눠 놓구나。

〈4〉 本文 竹庵珪 頌하되

拄杖頭邊無孔竅여　　大千沙界猶嫌小로다。
毗婆尸佛早留心하여　　直至而今不得妙로다。

번역 죽암규가 송하되

주장자 끝에 구멍이 없으나
대천세계도 오히려 작다 섭섭하네。
비바시 부처님때부터 마음 두어 왔지만
아직껏 묘한 도리 얻지 못했네。

강론 「비바시 부처님때부터 마음 두어 왔지만 아직껏 묘한 도리를 얻지 못했네」 하였기에 망정이지 도리를 얻음이 있었다고 말했더라면 아침에 열 방망이、낮에 열 방망이、저녁에 열 방망이를 면하지 못했을테니 참으로 잘된 일이외다。 왜냐면 大千沙界도 돈짝만하기 때문이외다。

〔5〕 本文 悅齋居士 頌하되

月色和雲白이요 松聲帶露寒이로다。
非玆聞見者는 一切是邪觀이니라。

번역 열재거사가 송하되

달빛은 구름에 섞여 희고
솔바람은 이슬을 띠고 차도다。

이렇게 보거나 듣지 않는 이는
온가지가 사뭇 관법이네。

강론

달빛이 구름에 섞였기에
구름은 흰 것이 아니겠는가。
솔바람은 이슬을 띠었기에
차가운 기미는 넘치는 것이 아니겠는가。
이렇게 볼 줄을 모르는 눈에는 모래가 채워져 있음을 알아야 하고
이렇게 들을 줄을 모르는 귀는 납덩이로 막힌 줄을 알아야 한다。

〔6〕**本文** 黃龍心 上堂擧此話云하되 還有轉身處也無아。 若能轉得하면 目前에 無闍梨요 座上에 無老僧이어니와 若也轉不得인댄 莫將閑學解하여 埋沒祖師心이어다。

번역 황룡심이 상당하여 이 이야기를 들고 이르되 「몸을 굴릴 곳이 있는가, 없는가。굴릴 수 있다면 눈앞에는 아사리도[*二] 없고 법상 위에는 늙은 중도 없겠지만, 만약 몸

을 굴리지 못한다 해서 부질없는 학식따위를 가지고 조사의 마음을 묻히게 하지 말라」 하다。

강론 學人으로 轉身處가 있다면 굳굳한 지혜兒로서 눈앞에는 이떠한 規範의 얽매임이 있을 수 없고、 법상 위에는 어떤 老僧의 가르침을 받을 일도 없겠지마는、 그렇다고 만약 몸을 굴리지 못한다 해서 부질없는 知解따위를 가지고 祖師님네의 마음을 비기롭게 하여서는 안된다。 왜냐면 그 허물은 용서를 받을 곳이 없기 때문이다。

〔7〕 本文 保寧勇 上堂擧此話하고 卓拄杖一下云하되 還見麼아。 落霞는 與孤鶩齊飛하고 秋水는 共長天一色이로다。

번역 보녕용이 상당하여 이 이야기를 들고는 주장자를 들었다가 내리치면서 이르되 「보았는가! 저녁 노을은 외로운 따오기와 가지런히 날고、 가을물은 긴 하늘과 한 빛이구나」 하다。

강론 보라! 하늘가에 떠도는 한 점 구름의 나툼도 神秘의 나툼인데 저녁 노을이 외로운 따오기와 가지런히 나는 風光은 어찌 神秘의 나툼이 아니며、 맑은 못에 비치는 한 폭 그림의 나툼도 天機의 나툼인데 가을물이 긴 하늘과 한 빛으로 이울리는 景

概가 어찌 天機의 나툼이 아니랴。알겠는가。神秘와 天機의 알소식은 무엇이지! 말해보라! 그래도 모르면 주먹으로 가슴이나 처라。에잇!

〔8〕 **本文** 竹庵珪 上堂擧此話云하되 落花有意隨流水하고 流水無情送落花로다。諸可還者는 自然非汝어니와 不汝還者는 非汝而誰오。長恨春歸無覓處러니 不知轉入此中來로다。喝一喝云 三十年後에 莫道能仁이 敎壞人家男女하라。

번역 죽암규가 상당하여 이 이야기를 들고는 이르되「떨어지는 꽃은 뜻이 있는 듯이 흐르는 물을 따르거늘、흐르는 물은 정이 없음인양 떨어지는 꽃을 보낸다。모두 좋이 돌려 보낼수 있는 것은 자연히 네가 아니거니와、네가 보낼수 없는 것은 네가 아니고 누구이겠는가。봄이 왔다 해도 찾을 길 없어 오래도록 한탄했더니 여기까지 스며들 줄은 알지 못했구나」하고는 한 번 할을 한 뒤에 이르되「三十年 뒤에 부처님이 남녀를 무너뜨렸다고 말하지 말라」하다。

강론 떨어지는 꽃은 뜻이 있는듯 흐르는 물을 따르나、흐르는 물은 정이 없음인양 떨어진 꽃을 보내도다。자! 알겠는가。버리고 버리는 것은 네가 아니려니와 버려도 바리지 못하는 것은 네가 아니고 뉘겠는가。 살펴보라! 大道가 있다 해도 찾을 길이 없고 믿어지지도 않더니 時節이 바뀌고 景概가 굴리어지는 그대로인 줄을 몰랐구나。 이즈버야、 青山이 저만치 있고 綠水가 이만치 있어서 허공을 수놓고 여기에다 수컷과 암컷을 두어서 삶을 엮으며 가는데、 뉘라 있어서 뒷세상에 부처님이 男女를 무너뜨렸다고 이를까 보냐。

〔9〕**本文** 妙智廓 上堂擧此話云하되 大衆아 釋迦老子가 和身放倒了也로다。 即今莫有人扶起麼아。 如無댄 育王이 不惜性命하고 爲出一隻手하리라。 遂竪起拄杖云 還見麼아。 眼生八角하고 頭梢五岳이로다。

번역 묘지곽이 상당하여 이 이야기를 들고는 이르되 「대중이여、 석가늙은이가 몸뚱이채로 쓰러졌는데 이제 누군가가 붙들어 일으키지 못하겠는가。 없다면 육왕이 성명을 아끼지 않고 한 짝 손을 써보리라」 하고 주장자를 드디어 일으켜 세우며 이르되 「돌이켜 보느냐。 눈에는 여덟 뿔이 났고 머리에는 다섯 뫼뿌리가 가파로우니라」 하다。

강론 妙智廓의 上堂說法이다。 釋迦老子가 몸뚱이채로 쓰러졌는데 이제 뉘가 붙들어 일으킬 사람은 없느냐는 말이다。 佛法이 바로 나타나지 못하고 있으니 누군가가 바로잡을 사람은 없느냐는 뜻도 된다。 어지러운 데서 또렷한 것이 오뚝하듯이 邪道와 外道가 득실거리는 中에도 正道가 의젓하거늘 어째서 몸뚱이채로 쓰러졌다는 말인가。

育王은 이어 이르되 「석가늙은이를 붙들어 일으키지 아니하면 育王이 性命을 아끼지 않고 나서리라」 하고는 拄杖子를 일으켜 세우면서 또 외치되 「돌이켜 보느냐。 눈에는 여덟 뿔이 났고、 머리에는 다섯 뫼뿌리가 가파로우니라」 하였다。 다시 말하자면 이拄杖子의 눈에는 여덟 뿔이 났다니 八方을 一時에 살필 것이요、 머리에는 다섯 뫼뿌리가 가파롭다니 푸른 하늘을 꿰뚫을 것이다。 이러므로 하여서 아무리 邪道와 外道가 득실거려도 한 번 머리를 들고 눈을 치키면 감히 모습놀이판에 놀아나는 小人輩들의 감당할 바가 못된다는 것이다。 그렇다。 해가 뜨면 별빛은 자취를 감추느니、 아무리 어지러운 세상이라 이를지라도 석가늙은이께서 어찌 몸뚱이채로 쓰러지랴。 다만 後學을 기르기 위한 方便話에 不過한 것이다。

註 一、阿闍梨…敎授·軌範·正行이라 번역。 제자의 行爲를 교정하며 그의 사범이 되어 지도하는 큰 스님。

第五一、知見

〔本文〕楞嚴經 云하되 知見에 立知하면 即無明本이요 知見에 無見하면 斯即涅槃이니라。

〔번역〕 능엄경에 이르시되「[*一]지견에 [*二]앎을 세우면 안밝음의 근본이요、지견에 [*三]봄이 없으면 그것은 열반이니라」하다。

〔강론〕 능엄經의 말씀이다。 知見에 앎을 세우면 이 놈이 꼬리에다 꼬리를 물어서 가는 곳을 모르게 마련이니 그대로 안밝음의 뿌리가 저절로 이루어지지마는、知見에다 봄이 없으면 그 知見은 해말쑥한 知見이니 그대로가 스스럼없는 涅槃의 境地니라。 그러니 무엇을 疑心하고 무엇을 헤아리랴。

無見見兮菩提路
一切聖賢從此來

봄이 없이 봄이여、보리로일세。

온갖 성현이 일로 좇아 오느니。

〔1〕**本文** 崇勝拱 頌하되

知見立知兮여 頭上安頭요
即無明本兮여 張網垂鈎로다。
知見無見兮여 棄金拾鍮요
斯即涅槃兮여 繫柱獼猴로다。

번역 숭승공이 송하되

지견에 앎을 세움이여! 머리 위에 머리를 붙임이로다。
곧 안밝음의 근본이여! 그물을 치고 갈고리를 드리움이로다。
지견에 봄이 없음이여! 금을 버리고 놋쇠를 주움이로다。
이 곧 열반이여! 기둥에 묶인 원숭이로다。

강론 知見에 앎을 세움이여! 머리 위에다 머리를 붙임이다。 그렇다。 知見은 곧 앎이러니 앎에다 또다시 어떻게 앎을 세우겠는가。 크게 어리석은 짓이다。

곧 안밝음의 근본이여! 그물을 치고 갈고리를 드리움이 아니겠는가。 그렇다。 그물을 쳤으면 그만이지 거기다가 낚시도 아닌 갈고리를 드리웠으니 또한 어리석음도 지나친 어리석음이 아니겠는가。

知見에 봄이 없음이여! 금을 버리고 놋쇠를 주움이라 하였다。 그렇다。 知見에다 봄이 없으면 바로 금이니 놋쇠니의 판가름도 사그라지는 자리니 어찌 自性위의 참 공덕이 아니겠는가。

이 곧 열반이여! 기둥에 묶인 원숭이가 아니겠는가。 그렇다。 열반의 소식은 앎도 모름도 거룩도 무릇도 여읜 자리다。 이런에도 꺼리지 않고 열반이란 여김에 얽히면 기둥에 묶인 원숭이가 아니고 무엇이겠는가。 또한 제 꾀에 제가 넘어가서 지 스스로가 울부짖을 뿐이라 하겠다。

〔2〕 本文 智海逸 上堂擧此話云하되 敢問諸賢하노니 每日見天見地하며 見山見水하며 見僧見俗하며 見明見暗하며 知飢知渴하며 知寒知熱하며 知鹹知淡하며 知好知醜라 作麼生說知見立知며 又如何說知見無見底道理며 那箇是涅槃이며 何者是無明고。 良久云 不見道아。 無明이 念念滅하고 高下執情除라 觀心如不間하면 何嘗至無餘리요。 還會麼아。 金鷄抱子歸霄漢이요 玉兎懷胎入紫微로다。

번역 저네일이 상당하여 이 이야기를 들고는 이르되 「여러분께 감히 묻노니 나날이 하늘을 보고 땅을 보며, 산을 보고 물을 보며, 중(僧)을 보고 속(俗)을 보며, 밝음을 보고 어둠을 보며, 주림을 알고 목마름을 알며, 차움을 알고 더움을 알며, 깝을 알고 싱거움을 알며, 고움을 알고 추함을 아는데 어느 것이 지견에 앎을 세우는 것이며 또 어느 것이 지견에 봄이 없는 도리인가. 어느 것이 이 열반이며 어느 것이 이 안밝음인가」 하고는 양구했다가 이르되 「그대들은 「안밝음이 생각 생각에 사그라지면 높고 낮은 집착이 제헤자고, 마음을 살피는 데 끊임없이 하면 어찌 무四여열반에 이를 뿐이리오」 한 것을 보지 못했는가. 알겠는가, 금닭이 병아리를 품고 은하수에 오르고, 옥토끼가 새끼를 배어 자미성에 드는구나」 하다。

강론 사람은 나날이 하늘과 땅을 보며, 산과 물을 보며, 중과 속을 보며, 밝음과 어둠을 보며, 주림과 목마름을 알며, 차움과 뜨거움을 알며, 짬과 싱거움을 알며, 고움과 추함을 아는데 어느것이 知見에 앎을 세움인가。 모르겠는가。 거기에 들어앉아서 저의 분수대로 分別함이다。

또는 어느 것이 知見에 봄이 없는 도리인가。 모르겠는가。 눈으로 보고 귀로 듣되 보고 듣는 데에 머물지 않음이다。 어느 것이 열반이며 어느 것이 안밝음인가。 눈으로 보고 귀로 듣는 데 머물지 않으나 그 사실을 알아넘기는 휘영청한 자리가 열반이요,

눈으로 보고 귀로 듣는 그 사실이 어디서 생기고 어디에서 사그라진다는 것을 모르고 그만 휘둘리는 것이 안밝음이다。

이렇듯이 日常生活에 있어서 안밝음(無明)이 사그라지고 善惡이니 凡聖에도 머물지 말고 法性身 그 自体에 따로 성품이 없다는 도리를 알아서 어디에도 집착하지 않고 항상 적적하면서 비추고 비추면서 적적하면 열반이 어찌 남의 열반이라 하겠는가。알겠는가。이미 이 境地에 다달은 바에야 金鷄가 새끼를 품고 銀河水로 가든 銀河水가 오든 무슨 상관이 있겠으며、玉兎가 새끼를 배고 紫微星으로 가든 紫微星이 오든 무슨 상관이 있겠는가。금빛깔의 닭과 옥빛깔의 토끼는 기나긴 歲月을 두고 변함이 없음을 뜻함이다。

〔3〕 **本文** 淨因岳 擧此話云하되 山僧은 即不然하리라。今日要與釋迦老子로 爭鋒하여 別爲諸人하여 通箇消息하리라。復擧此話云 若道雲月이 是同인댄 如來禪은 即許師兄會어니와 若道溪山이 各異라하면 祖師禪은 未夢見在로다。

번역 정인악이 이 이야기를 들고는 이르되「산승은 그렇지 않아서 오늘 석가늙은이와 칼날을 겨루고 따로 여러분께 소식을 전하리라」하다。

다시 이 이야기를 들고는 이르되 「구름과 달이 같다고 한다면 여래선은[五] 사형께서[六] 알아챘다고 인정하겠지만 만약 개울과 산이 각각 다르다고 한다면 조사선은[七] 꿈에도 보지 못함이로다」 하다。

강론 楞嚴經에 이르신 말씀이다。「知見에 앎을 세우면 곧 안밝음의 근본이요 知見에 봄이 없으면 이 곧 열반이니라」시는 말씀에 대하여 淨因岳은 이르되 「山僧은 곧 그렇지 않으리라。 오늘 석가늙은이로 더불어 칼날을 겨루고 따로 여러분께 소식을 전하리라」 하였다。 석가늙은이와 칼날을 겨룬다니 무엇을 놓고 겨루며 또한 앞으로 어떻게 한다는 말인가。 여기에 눈망울이 돋친 방망이가 있으니 그 代案을 내어놓으라。

다시 이야기를 들고 이르되 「구름과 달이 같다고 한다면 如來禪은 師兄께서 알아챘다 하겠지마는、만약 개울과 산이 각기 다르다 말하면 祖師禪은 꿈에도 보지 못하리라」 하였다。 부처님과 칼날을 겨루겠다고 큰 소리를 외친 것이 이것인가。 달과 구름이 마찬가지인 허공性으로서 서로가 사무친 한 폭의 景槪이니 같다고 하자。 그러나 산이 높으니 개울이 깊고 개울이 깊은 것은 산이 높음을 뜻함인데 어찌 常識 안의 뻔한 이 도리를 새삼 祖師禪이라 하는가。 祖師禪은 如來禪 위에서 활개를 치고 如來禪은 祖師禪으로 인하여 세워진다는 사실을 알아야 한다。 만약 이 도리를 모르고 祖師禪과 如來禪이란 名字에만 얽붙어서 따로 놓아나면 斷然 二十棒이다。 알간!

〔4〕**本文** 黃龍心 拈하되 盡乾坤大地가 皆是上座眼睛이라 更無纖毫隔礙니라。只如今에 見但見하며 聞但聞하고 行但行하며 坐但坐라 揔不動着이니 你若動着하면 我則朝到西天하고 暮歸東土하리라。

번역 황룡심이 염하되「건곤과 온 누리 모두가 상좌들의 눈동자여서 털끝만한 걸림도 없다。지금에라도 보려면 다만 보고、들으려면 다만 듣고、거닐려면 다만 거닐고、앉으려면 다만 앉아서 전혀 움직이지 않는다。그대들이 만약 움직인다면 나는 아침에 서천에 이르렀다가 저녁엔 동토로 돌아오리라」하다。

강론 나는 누리로 더불어 의젓하다。누리로 더불어 의젓하기 때문에 알고 모름이 끊어진 까마득한 자리요、가고 옴이 사그라진 뚜렷한 자리다。이렇듯이 앎과 모름이 끊어졌고 가고 옴이 사그라진 절대不動의 자리기에 실답지 않은 色相身을 통하여 볼려면 보고、들을려면 듣고、거닐려면 거닐고、앉을려면 앉으나 그 까마득하고 뚜렷한 자리는 머리카락 하나 까딱 않는다。까딱 않는 것이 아니라 까딱할 것이 없는 것이다。까닭에 만약 본래의 의젓한 자리가 빛깔이나 소리나 냄새가 있다면 한낱 보습이니、아침에는 西天에 저녁에는 東土로 돌아다닐수 있다는 이야기도 나오지 않겠는가。

주 一、知見…보고 풀이해서 아는 것。

223 知 見

二、知…안다는 견해。

三、見…보았다는 견해。

四、無餘涅槃…더 닦을 것이 없는 완전한 열반의 경지。

五、如來禪…祖師禪의 바탕으로서 의젓스런 자리를 뜻한다。

六、師 兄…同門의 제자로서 손윗사람을 가리키는 말이나 禪家에서는 보통 상대방을 부르는 호칭으로 쓰임。

七、祖師禪…如來禪을 바탕으로 活殺을 自在로이 굴림을 뜻한다。

第五二、水 因

〔本文〕楞嚴經에 跋陀婆羅幷其同伴十六開士가 於浴僧時에 隨例入室하여 忽悟水因하고 妙觸宣明에 成佛子住하니라。

〔번역〕능엄경에 말씀하시기를 「발타바라[*一]는 그 동료 十六 명의 개사[*二]와 함께 목욕하는 날 대중을 따라 욕실에 들어갔다가 홀연히 수인(水因)[*三]을 깨닫고 묘한 촉감이 밝아져서 불자의 머무름을 이뤘다」하다。

〔강론〕水因을 알면 火因도 알게 마련이요、火因을 알면 山河大地의 因도 알게 되는 것은 당연한 것이다。왜냐면 허공이 하나이니 지도리(樞)도 하나요、지도리가 하나니 목숨도 하나이기 때문이다。그러므로 허공中에 이뤄지는 森羅萬象이 다 空性임을 스스럼없이 알 때 一切萬法이 다 平等性智 위에 이뤄지는 妙法임을 알고도 남음이 있다。

水火相克其性同
寒暖雖殊從一歸

물과 불이 서로 엇갈리나 그 성품은 같은거이
차갑고 뜨거움이 비록 다르나 함께 하나로 돌아가네。

(一) **本文** 雪竇顯 頌하되

了事衲僧消一箇하고　長連床上展脚臥로다。
夢中曾說悟圓通하니　香水洗來驀面唾하리라。

번역 설두현이 송하되

일을 끝낸 납승은 [*四]하나만이 쓰이니
자릿상 위에 다리 뻗고 누웠구나。
꿈속에서 일찍 뚜렷하게 깨쳤다고는 하나
향수를 뿌리다가 낯에 침을 뱉는 꼴이 되었다네。

강론

산도 놓고 물도 놓자。
山水간에 나도 놓자。
놓고 놓고 놓다보니 안 놓이는 놈 하나 있네。
이 한 놈이 무엇인가、바로 내가 틀림없다。

어즈버야、이만하면 장부살림 충분쿠나。
뉘라 일찍 깨쳤다고 큰 소리를 탕탕치는가。
말만 앞선 知見풀이는 남와 毒만 남기느니
깨쳤다는 진당물에 빠진 몸에다 향수 뿌리는 꼴이로다。

貴고 깨칠 것이 없다。허공 중에 이루어진 온갖 모습 그대로가 다 眞理 곧 지도리의 나툼일진댄 따로 무엇을 다시 구하며 찾겠는가。

〔2〕**本文** 又 拈하되 諸禪德아 作麼生會오。他道妙觸宣明에 成佛子住오。也須七穿八穴이라사 始得하다。

번역 또 염하되 『여러 선덕들이여、어떻게 알아내겠는가。그 경에 말하기를 「묘한 닿질림에 밝아져야 불자의 머무름을 이룬다」하니 일곱 번 뚫어지고 여덟 번 구멍이 나야 비로소 얻나니라』하다。

강론 또 拈하되 「묘한 닿질림에 밝아져야 佛子의 머무름을 이룬다」하셨다。그렇다。닿질리는 境界를 실답게 보고 거기에서 일어나는 妄想과 分別을 참으로 아는 게 衆生이다。그러나 이와는 반대로 실답지 않은 境界를 봄이 없이 보고 새김을 닿지 않음이 「묘한 닿질림」이라 하겠으니 이 도리는 七穿八穴의 難行을 능히 감당한 뒤에야 얻어진다는 말씀에는 異論이 있을 수 없다。

〔3〕 **本文** 天童覺 上堂擧此話云하되 心不見心이나 機前具眼이요 水不洗水나 直下通身이니 所以道하되 性水眞空이요 性空眞水라 淸淨本然하여 周徧法界니 只如妙觸宣明處를 作麽生體悉고。 莫聽別人澆惡水하고 要須冷暖을 自家知니다。

번역 천동각이 상당하여 이 이야기를 들고 이르되 『마음이 마음을 보지 못하나 기틀 앞에 눈망울이 갖추어졌고、 물로 물을 씻어내지 못하나 당장 온 몸에 두루한다。 그러기에 말하기를 「성품인 물이 진공이요、 성품인 공이 진수이니 조촐하고 본인해서 법계에 두루했다」 하였는데 묘한 닿질림이 밝아졌다는 곳이야 어떻게 알아챌까 보냐。 다른 사람이 더러운 물 뿌리기를 기다리지 말고 차고 더움을 자기가 알아야 한다』 하다。

강론

마음이 마음을 보지 못하나
기틀 앞에 눈망울이 갖추어졌고
물로 물을 씻지 못하나
당장 온 몸에 두루한다。

자! 이 무슨 도리인고。

萬古로 이 道理를 뉘라 먼저 알았던고。

조촐한 本然은 法界를 두루했으나

묘한 당질림이 밝아졌다는 소식이야

이 쉽고도 어려운 곳을 알겠는가。

억지 夻香은 말끝에 살았지마는

차갑고 뜨거운 것은 스스로 마셔 보아야 바야흐로 아느니라。

〔4〕 本文 育王諶 拈하되 以强凌弱하고 臨危悚人이라 雪竇가 不能無過니 要且矢在絃上이로다。而今에 莫有眨上眉毛者麽아。伊麽見得하면 非唯跋陀婆羅一人이라 盡大地가 摠被雪竇唾了로다。若未委悉인댄 各請歸堂하여 向巾單下摸索而看하라。

번역 육왕심이 염하되 「굳셈으로써 약함을 업신여기고 위태한 때에 다달아 사람을 두렵게 한다。설두도 능히 허물을 없애지 못하니 화살은 시위에 있어야 한다。이제까지도 눈썹만 깜짝거리고 있느냐。이러히 알아본다면 발타바라 한 사람뿐 아니라 온 누리의 사람 모두가 설두의 가래침을 맞으리라。만일 자세히 모르겠거든 제각기 방으로 돌아가서 횃대 밑에 앉아 얼굴을 쓰다듬어 보라」 하다。

강론 育王諶이 拈하되 「굳셈으로써 약함을 업신여기고 위태로움에 다달아 사람을 두렵게 한다」는 말을 前提로 하고、설두가 이른 「하나만이 쓸모가 있으니 자릿상(침대) 위에 다리 뻗고 누웠네」라고 한 이야기로도 능히 허물을 없애지는 못하였다고 한다。무슨 까닭이냐。요컨대 화살은 시위에 얹혀야 되겠는데 이제까지도 눈썹만 깜빡거리면서 깊은 空想에 잠겨 있으니 말이다。

그러나 만약 이런 도리를 알아챈다면 발타바라뿐 아니라 온 누리의 사람 모두가 雪竇의 가래침을 받는다 하여도 어쩔 수 없는 것이라고 育王諶은 잘라서 말한다。발타바라尊者의 妙觸宣明도 어떠한 그림자가 일렁거린다는 뜻인가 모르겠다。알면 한마디 일러보라!

주 一、跋陀婆羅…禪院에서 목욕실에 안치한 尊像。목욕을 하다가 문득 水因을 깨닫고 無所有를 얻음。

二、開　士…보살。

三、水　因…물이 무엇에 의해 생겼는가 하는 원인。

四、消一箇…「나」라는 그것마저 두지 않고 되돌아 휘영청한 큰 生命의 자리에서 한 가닥 여김을 일으켜서 삶을 굴려가자는 뜻으로 받아들이자。

第五三、可 還

〔本文〕楞嚴經 云하되 諸可還者는 自然非汝어니와 不汝還者는 非汝而誰오。

〔번역〕능엄경에 이르되 「돌려보낼수 있는 모든 것은 자연히 네가 아니지만 돌려보내지 못하는 것은 네가 아니고 무엇이랴」 하다。

〔강론〕楞嚴經에 이르시되 「돌려보내지는 모든 것은 자연히 네가 아니지마는 네가 돌려보내지 못하는 것은 네가 아니고 무엇이랴」 하셨다。 다시 말하자면 돌려보낼수 있는 所見의 客體는 네가 아니거니와 보낼수 없는 所見의 主體는 네가 아니고 뉘라는 뜻이다。 예를 들어서 돌려보내려고도 않는데 靑春이 제멋대로 간다。 내것이 확실히 아니다。 부모도 형제도 아내도 돌려보내려고도 하지 않았는데 저절로 갔다。 안 갔으면 내것인데 갔으니 내것은 틀림없이 아니다。 명예도 지위도 희망도 제멋대로다。 그러니 내것은 아니다。 이제도 가고 있고 앞으로 다 갈 것이다。 무엇이 남는가。 가는 줄 아는 그놈이 남을 뿐이다。 이놈은 갈래야 갈 것도 없는 「나」다。 나도 이제부터 갈 것이 없

는 그놈을 찾아서 짝하리라。 그렇구말구! 누구를 믿고 살겠나。 나를 믿고 살지! 알간!

遣之遣之又遣之
畢竟未遣是本我

보내고 보내고 또 보내나
마침내 보내지 못하는 것이 나로구나。

231 可還

〔1〕 **本文** 端師子 頌하되

八還之教垂來久하니 自古宗師各分剖라。
直饒還得不還時라도 也是蝦跳不出斗니라。

번역 단사자가 송하되

팔환*二의 교법이 드리운 지 오랜데
옛부터 종사들은 제각기 분석하네。
보낼 수 없는 것을 보냈다 하더라도
개구리는 다리미를 벗어나지 못하네。

강론 부처님이 여덟 가지의 所見인 客體를 돌이키는데 대하여 그 敎法을 내리신 지 오래전마는 예로부터 宗師들은 나름대로의 풀이를 세워서 옥신각신한 것은 사실이다。 그러나 아무리 所見의 客體는 여의었다고 여기더라도 主體가 있으면 客體는 있게 마련이니 어찌 客體인 개구리가 主體인 다리미를 뛰쳐나겠는가。 奇緣은 奇緣대로 멀찌감치 굴리면서 구경이나 잔 하렵!

〔2〕 本文 心聞賁 頌하되

日暖風和景更奇하니 花花草草露全機라。
除醾一陣香風起하니 引得游蜂到處飛로다。

번역 심문분이 송하되

날 따뜻하고 바람 고르고 경치마저 기이하니
꽃송이 풀잎마다 참 모습 드러내네。
*註 도미주의 한 떨기 향기바람 일어나서
꿀벌을 불러들여 어지러이 날게 하네。

강론 보낼 걸 다보내니 모든것이 내것이네。

233 可還

봄바람에 꽃이피니 잎새마다 기미로다。
막걸리 한잔속에 달과해가 떨어지니
千里밖에 꿀벌들도 다투어서 오는구나。

주 一、可還…楞嚴經에서 見의 本體를 들추어 내기 위한 방법으로서 見에 대해 客體가 될 수 있는 것은 돌려보낼 수 있으나 見의 본체는 돌려보낼 수 없다는 뜻。

二、八還…돌려보낼 수 있는 見의 객체가 여덟 가지 있다는 말。

三、酴醾…술 밑천이니 먼저 빚은 술이 다 된 뒤에 다시 죽을 끓여 붓는데 도미는 그 밑천을 말함。

第五四、敷 座

〔本文〕金剛經 云하되 世尊이 飯食訖하시고 收衣鉢하시고 洗足已하시고 敷座而坐하시다。

〔번역〕 금강경에 이르시되 「세존께서 진지를 드신 뒤에 의발을 거두시고 발을 씻으시고 자리를 펴서 앉으셨다」 하다。

〔강론〕 예오라지 부처님이 法衣를 입으심은 참으로 입으심일까。 그러나 법의를 입으시지 않음도 아니며、 바리를 드심은 참으로 드심일까。 그러나 바리를 드시지 않음도 아니며、 사위의 큰 성으로 들어가심은 참으로 들어가심일까。 그러나 성안으로 들어가시지 않음도 아니며、 밥을 비심은 참으로 비심일까。 그러나 밥을 비시지 않음도 아니며、 본 곳으로 돌아오심은 참으로 돌아오심일까。 그러나 본 곳으로 돌아오시지 않음도 아니며、 진지를 마치심은 참으로 마치심일까。 그러나 진지를 마치시지 않음도 아니며 의발을 거두심은 참으로 거두심일까。 그러나 의발을 거두시지 않음도 아니며 발을 씻으심은 참으로 씻으심일까。 그러나 발을 씻으시지 않음도 아니로다。 이 무슨 소식일까。 動靜一如하니 去來가 本寂한지라 어디에다 思議를 걸어보랴。

若無空中月
安得千江月

만약 허공에 달이 없으면
어디에서 일천 강의 달을 얻으리오。

[1] **本文** 淨嚴邃 頌하되

四溟風息月當天하니　不動波瀾駕鐵船이로다。
賴得空生重漏泄하여　免同良馬暗窺鞭이로다。

번역 정엄수가 송하되

사면 바다에 바람 쉬고 달은 밝은데
물결이 일지 않으니 무쇠배를 띄웠네。
다행히도 공생이*一 거듭*二 누설했기에
좋은 말이 채찍을 슬금슬금 엿보는 꼴 면했네。

강론 네 바다에 모진 바람이 쉬었으니 비롯도 없고 마침도 없는 쇠배를 띄웠구나。煩惱風이 간 곳 없으니 般若船이 떴다는 소식이다。이 소식은 다행스리 空生으로 하여금 거든 漏洩이 되었기에 이제와서는 세삼 良馬는 슬금슬금 채찍을 엿보지 않게 되었으니 고마운지고, 반가운지고, 기쁜지고。이 고마움은 부처님만의 고마움도 아니며, 이 반가움은 보살만의 반가움도 아니며, 이 기쁨은 중생만의 기쁨도 아니라 하겠다。아해야, 老長이 부처님을 모시고 오니 차 준비나 하여라。

〔2〕 **本文** 川老 着語云하되 惺惺着이로다。頌曰

飯食訖兮洗足已하시고　　敷座坐來誰共委오。
向下文長知不知아。　　看看平地波濤起이니라。

번역 천로가 착어[※三]하되「또렷또렷함이로다」그리고는 송하되

진지를 드셨음이여, 발을 씻으시고
자리를 펴고 앉으니, 누구와 함께 하려는고。
밑을 향해서 글이 기니 아는가, 모르는가。
보라, 보라。평지에 물결이 인다。

강론 또렷또렷함이로다。 진지를 드심이여、 법이 굴리어짐이네。 발을 씻으심이여、 티끌이 맑혀짐이네。 어즈버야、 세존은 자리를 펴고 앉으셨는데 天下를 돌아봐도 사람이 없으니 뉘와 함께 하려는고。 밑을 향해서 글이 기니 알겠는가、 모르겠는가。

보라、 보라。

空生은 간 곳 없고 「드무십니다」라는 말마디만이 허공을 흔들구나。 本源天眞이 당신이외까、 相好嚴身이 당신이외까。 예로부터 알뜰하나 모습없는 첨지련만、 때를 둘새 혀를 내어 옳그름을 따지네。 알겠는가。 알아도 平地에 물결을 일으킨다。 모르겠는가。 몰라도 平地에 물결을 일으킨다。 자! 이 물결을 가라앉힐 이가 있으면 나오너라。 한마디 던져라。

〔3〕 **本文** 雪峰眞歇 擧하되 世尊이 入舍衛大城하사 乞食飯食訖하시고 收衣鉢敷座而坐하시니 須菩提出衆作禮曰 希有世尊이시여 하니 師云 釋迦老子가 幸自可憐生이로다。 被須菩提出來道箇希有하여 當下에 氷消瓦解로다。

번역 설봉진헐이 들되『세존께서 사위 큰 성에 드셔서 밥을 비시고 돌아와서 진지를 잡수시고 의발을 거두시고 자리를 펴서 앉으시니 수보리가 나서서 절을 하며 가로되「드무시옵니다。 세존이시여」 하였다』를 들고 선사 이르되 『석가노자는 딱하기도 하구나。 수보리가 나서서 「드무십니다」라는 말을 하자마자 [*四]당장에 빙소와해했구나』 하다。

강론 세존이 의발을 거두시고 寶座에 오르셨다。 그대로 三昧에 드셨다。 上堂하셨으니 說法의 시작이요、 三昧에 드셨으니 說法의 途中이다。 세존께서는 一擧一動이 三昧 아님이 없으시지만 이 경우로서인 이야기다。 그런데 부처님께서 아무 말씀도 계시기 전에 「드무십니다」 하고 感嘆하였으니 도대체가 어찌된 일인가。 分別相으로서인 尊貴相일까、 아니다。 圓滿体로서인 智慧相일까、 아니다。 이럴진데 장판방에 구르는 진주알에 지나지 않는다。

그렇다면 그 法이 圓寂하여서 昭昭하고 그 道가 靈通하여서 玄玄하기 때문이 아닐까。 아니다。 이럴진댄 바로 불속에서 얼음을 구함이요、 뭍등에서 고기를 낚음이로다。 그렇다면 비롯도 마침도 없으면서 환하나 方位도 內外도 大小도 數量마저도 일찍 없으면서 되돌아 다함이 없이 法輪이 굴리어지는 不可思議 世界속에서 頓悟無生인 人生놀이가 굴리어지기 때문에 「드무십니다」라는 감탄사가 뛰쳐나온 것이 아닐까。 그렇다。 이 감탄사에서 一切萬法이 氷消瓦解가 되었다고 하여도 틀린 말이 아니다。

〔4〕 **本文** 雲門杲 擧此話에 連擧眞歇語하고 師云하되 好타。 大衆아

釋迦老子가 未曾說一字어늘 須菩提見箇甚麼관대 便道希有오。諸人은 要會麼아。但向眞歇氷消瓦解處看하여 忽然看得破하면 一生參學事畢하리라。

번역 운문고가 이 이야기에 이어 진헐의 말한 것을 들고는 이르되 『좋구나 대중이여、석가노자는 아직 한 글자도 말하지 않았거늘 수보리는 무슨 도리를 보았건대 선뜻 「드무십니다」 하였는가。여러분은 알고자 하는가。다만 진헐의 빙소와해란 곳을 향하여 살피라。홀연히 그 뜻을 깨치면 일생동안의 참선 공부는 끝이 났다 하리라』 하다。

강론 세존께서 한 마디의 말씀도 계시기 전에 그 뜻을 드셨으니 그 경계를 알아채셨네。한 마디의 말귀로 「드무십니다」 하니 바로 天機를 漏洩함이로다。天機를 漏洩함이여、구름은 가다가 멈추지 않고 그대로 가며、달은 뜨다가 멈추지 않고 그대로 뜨며、물은 흐르다가 멈추지 않고 그대로 흐르며、꽃은 피다가 멈추자 않고 그대로 피니、의젓하여 안 움직임이여! 비추어서 항상 적적하고、우뚝스리 빛을 돌림이여! 적적해서 항상 비춤이로다。허허! 한 개 뿔난 토끼가 물속 달을 건짐이로다。

주 一、空 生…금강경에서 많은 불제자를 대신하여 부치님과 대화를 한 사람。수보리존자를 말함。

二、重漏洩…세존께서 이미 진지 잡수시고 자리를 펴고 앉은 것이 벌써 진리를 누설했는데 공생이 「드무십니다」 하였으니 거듭 누설한 것이란 뜻。

三、着語…법문 끝에 간단히 붙이는 평론。

四、氷消瓦解…모든 일이 해소되었음을 말함。

第五五、非　相

〔本文〕 金剛經 云하시되 若見諸相非相이면 即見如來하리라。法眼云하되 若見諸相非相이면 即不見如來니라。

〔번역〕 금강경에 이르시되 「만약 모든 모습을 아닌 모습으로 보면 곧 여래를 보리라」 하셨는데, 법안은 이르되 「만약 모든 모습을 아닌 모습으로 보면 곧 여래를 보지 못하리라」 하다。

〔강론〕 부처님은 金剛經에서 「만약 모든 모습을 아닌 모습으로 보면 곧 如來를 보리라」 하셨다。다시 말하자면 三十二相 八十種好는 어디까지라도 변하면서 가는 모습이니 실다운 如來가 아니라는 말씀이다。실다운 如來는 無垢淸淨한 法身이기 때문이다。그러나 이 三十二相 八十種好를 여의며는 無垢淸淨한 法身은 건어잡을 길이 없기 때문에 모든 모습을 그대로 인정하면서 그 모습을 아닌 모습으로 보라시는 뜻이다。여기에서 만약 理解를 잘못하여 모습이 없는 것으로 錯覺하면 안 된다。無相이 아니라 非相이다。非相은 우리 말로 아닌 모습이다。아닌 모습이니 어쨌든 모습은 모습이 아니겠는가。

그런데 法眼은 이르되「만약 모든 모습을 아닌 모습으로 보면 곧 여래를 뵙지 못한다」하였다。 물론 學人들을 接하는 데의 手段이요 方便語겠지마는 부처님이 말씀하신 아닌 모습 곧 非相을 없는 모습 곧 無相으로 여기는 데 기울어졌기 때문에 이런 말을 한 것이 아닌가 여겨진다。 어쨌든 平地의 風波임에 틀림이 없다。 天下의 老和尙이 學人들을 위한 慈悲心에서 하신 이야기이겠지마는 風波를 일으킨 허물로 三十棒은 免하지 못할 것이다。

若見如來尊嚴相
直入地獄似箭矢

만약 어래의 존엄상을 뵈었다민
바로 지옥에 들기 화살이니라

〔1〕 本文 蔣山泉 頌하되

蓮目一瞬時에　四方無等匹이로다。
須彌絶纖毫요　大海無涓滴이로다。
無涓滴兮여　落石潺潺이요。

絕纖毫兮여 排空岌岌이로다。
結茄於亂山之下하고 種田於寒澗之側이로다。
困有床兮可伸足以臥요 飢有飯兮可開口而喫이로다。
釋迦文이여 識가 不識가。
門外西風急이로다。

번역 *一 장산천이 송하되

연잎같은 눈이 한 번 껌뻑일 때
사방에 겨룰 이가 없으니
수미산엔 터럭 하나 없고
넓은 바다에는 물방울이 말랐네。
물방울이 마름이여! 돌에 떨어져 잠잠이로다。
터럭 하나 없음이여! 하늘 높이 치솟음이로다。
험악한 산 밑에 떼집을 얽고
차가운 산골짜기에 씨를 심음이로다。
곤할 때엔 자릿상이 있으니 다리를 뻗어 눕는 게 좋고

非 相 244

주릴 매엔 밥이 있으니 입을 열어 먹는 게 좋다네。
석가모니여! 아는가、모르는가。
문밖에는 갈바람이 급함이로다。

강론

연잎같은 눈매 한 번 껌뻑이실 매
四方이 平等하여 겨를 이 없구나。
수미와 같은 몸뚱이에 티끌 한 점 없고
마음의 바다에는 물방울도 말랐구나。
그래도 그래도
우리 부처님의 거동을 보소。
갈베옷 잠방이에다 수건 하나 어깨에 걸치고
초막집 뜰앞을 서성대네。
석가늙은이를 뵈오려는가。
바람 타고 오너라。
늙다리 구담을 뵈오려는가。
별빛 밟고 오너라。

오다가 오다가 지치거든
갈바람 부는 원각산에 쉬었다 오너라。

〔2〕 **本文** 法眞一 頌하되

諸相非相孰能諳고。 見與不見要須叅이니라。
兩處負門如透徹이면 此時方得覩瞿曇이니라。

번역 법진일이 송하되

모든 모습이 아닌 모습이란 말을 누가 알꼬。
보면서 보지 않음을 자세히 따져야 하니라。
두 관의 엇갈린 곳 꿰뚫어 사무치면
이럴 때에 바야흐로 구담을 뵈오리。

강론 모든 모습이 모습 아니란 말로 표현하는 것이 보통이다。 물론 틀린 번역은 아니다。 그러나 그 모습이 그림자와 같아서 거짓이라 치더라도 모습임에는 틀림이 없다。 때문에 「모습이 아니다」라는 말귀보다는 「아닌 모습이다」라는 말마디가 우리 말에 알맞는 말이라 하겠다。 보면서 보지 않음이란 모든 경계가 나의 눈동자에 비치더라도 그 경계에 머물지 않음을 뜻한다。 만약 그렇지 않고 눈동자에 비치는 대로 좋다 나

쁘다는 새김〔想〕에 들어앉으면, 이것은 보면서 보는 것이니 고향길을 잃은 나그네의 身世를 면하지 못하는 것이다。

이러므로 하여서 슬기를 發動시키되 諸相非相門과 見與不見門을 자세히 따지고 따져서 兩處로 엇갈린 負門을 꿰뚫어 사무치면, 이때에 바야흐로 구담늙은이를 몸소 뵙게 되리라。

〔3〕 **本文** 崇勝珙 頌하되

從來有相不相干이어늘 虛妄還招罪若山이로다。
諸相非相饒君見인댄 如來面目作何顏고。

번역 숭승공이 송하되

종래로 모습이 있내도 간여치 않음이어늘
허망하다면 도리어 산과 같은 죄를 불러낸다네。
모든 모습이 아닌 모습임을 그대가 보았음인댄
여래의 면목은 어떤 얼굴이던고。

강론 從來로 모습이 있다 하여서 상관할 것은 없다。 왜냐면 빛깔도 소리도 냄새도 없을지언정 靈通하면서 常住不滅인 如來의 眞身에서 分數대로인 거짓色身을 나투고 삶을 엮어가게 마련이기 때문이다。 이러므로 하여서 如來의 三十二相 八十種好도 假相이기는 하나 이 假相이 없으면 如來의 眞相도 얻어내지 못하기 때문에 되돌아 이 假相을 眞相과 같이 여기고 如來를 親見하는 것이다。 事理가 이와 같이 整然하거늘 혹은 사람이 있어서 假相을 虛妄不實한 存在라 하여서 無視를 한다면 그 罪 어찌 적다고 이르겠는가。 그러나 如來의 참面目도 바로 假相을 통하여 찾아뵙는다는 것은 너무나 當然한 일이 아니겠는가。

〔4〕 本文 心聞賁 頌하되

映林映日一般紅이요　吹落吹開摠是風이라。
可惜擷芳人不見하니　一時分付與遊蜂이라。

번역 심문분이 송하되

숲이 비치건 해가 비치건 모두가 분홍이요
꽃을 떨어뜨리건 꽃을 피우건 다 바람일레。
아깝구나。 꽃 꺾는 것을 사람이 보지 못하니
한꺼번에 벌따위에게 내어주는구나。

강론 헤가 비치니 새가 지지귀고
숲이 짙으니 물도 맑더구나。
꽃이 피고 꽃이 지는 것은 바람의 탓이라 하지마는
사람은 이 경계를 모르니
아깝구나、벌 나비에게만 맡겨버렸네。

〔5〕 **本文** 川老 舉至 即見如來하여 着語云하되 山是山水是水라 佛在甚麼處오。頌하되

有相有求俱是妄이요 無形無見墮偏枯로다。
堂堂密密何曾間고。 一道寒光爍太虛로다。

번역 천로가 이 이야기에서 「곧 여래를 보는 것이라」한 곳까지를 들고는 착어하되 「산은 산이요 물은 물인데 부처님은 어디에 계시는가」하고 다음과 같이 송하다。

모습이 있거나 구함이 있으면 모두가 이 망념이요、

꼴도 없고 봄도 없으면 치우침에 떨어진다。
굳굳하고 빽빽하여 어찌 일찍 틈인들 있으랴。
한 가닥 차가운 빛 허공에 빛나네。

강론 川老는 이 이야기에서 「곧 여래를 뵙는 것이니라」는 곳까지를 들고는 이어 말하되 「산은 이 산이요 물은 이 물인데 부처는 어느 곳에 계신고」 하였다。좋은 말이다。온갖 소리가 한 소리로 좇아오고、온갖 냄새가 한 냄새로 좇아오고、온갖 빛깔이 한 빛깔로 좇아온다。이 한 빛깔이요、한 냄새요、한 소리는 모두가 다 法性身인 如來의 나투신 바 光影이니 산을 여의고 어디에서 如來를 뵈오며 물을 여의고 어디에서 如來를 뵙겠는가。참으로 드높은 고개로다。

老長의 頌이다。「모습이 있거나 구함이 있으면 이 망념이요、꼴도 없고 봄도 없으면 치우침에 떨어진다」 하였다。그렇다。名相이 있다 하여 구함이 있으면 이것은 妄念의 장난이지마는、形段이 없다 하여 봄이 없음은 이것도 또한 偏枯에 떨어짐이라 바로 病中의 大患이요 患中의 大病이라 하겠다。

이어 이르되 「굳굳하고 빽빽하여 어찌 일찍 틈인들 있으랴。한 가닥의 차가운 빛깔은 허공에 빛난다」 하였다。그렇다。물고기가 물의 빽빽함을 모르고 새가 허공의 빽빽함을 모르듯이 사람의 기미인 성품도 본래가 끝이 없고 다함이 없는 허공으로 더불어 굳굳하고 빽빽하여 바늘귀만큼의 틈도 없는 것이 事實이다。 이에 따라 한 가닥의 차가운 智光이 누리에 가득한 것이 아니라 그 누리 自體가 바로 이 智光이라는 도리를 아는가、 모르는가。 이 또한 드높은 고개가 아닐 수 없다。 이러기에 無相身이요、 이러기에 無邊法身이 아닌가。 이러기에 부처님께서도 「만약 모든 모습을 아닌 모습으로 볼 줄 알면 여래를 뵙느니라」신 것이다。

〔6〕 **本文** 瑯琊覺 上堂云하되 釋尊道하시기를 若見諸相非相이면 即見如來라 하니 遂拈拄杖云하되 山僧은 喚者箇作拄杖子어니와 阿那箇是相고。 良久云하되 向下文長하니 付在來日하노라。 以拄杖卓一下하다。

번역 낭야각이 상당하여 이르되 『석존이 말씀하시기를 「모든 모습을 아닌 모습으로 보면 곧 여래를 보느니라」 하셨느니라』 하고는 드디어 주장자를 들면서 이르되 「나는 이것을 주장자라 부르거니와 어느 것이 모습인고」 하고는 양구했다가 이르되 「다음 글이 기니 내일로 미루노라」 하고는 주장자를 한 번 들었다 놓다。

강론 瑯琊覺의 이야기다。 『釋尊께서는 말씀하시기를 「모든 모습을 아닌 모습으로 보면 곧 여래를 보느니라」 하셨느니라』 하고는 주장자를 번쩍 들고 이르되 「나는 이 것을 주장자라 부르거니와 어느 것이 모습인가」 하였다。 주장자는 주장자나 모습이 아니라는 말이다。 모든 모습을 아닌 모습으로 보라는 부처님 말씀과 같다。 알맞은 時節에 알맞은 手段이요 方便이다。 實로 그렇다。 돌도 나무도 산도 물도 사람도 짐승도 어느 것 하나 실다운 것이 있던가。 해도 달도 이 땅덩이도 다 변하는 모습으로서인 虛妄物인데 어찌 老長의 손아귀에 있는 주장자라 하여서 실다운 모습이겠는가。

〔7〕 **本文** 天衣懷 上堂擧此話云하되 諸仁者여 得即得이나 要且只知瞻前이요 不知顧後로다。 山僧은 即不然하리라。 若見諸相非相인댄 眼在什麽處오。 此語가 有兩負門하니 若人이 點檢得出하면 許你具擇法眼하리라。 [註二] 叅。

번역 천의회가 상당하여 이 이야기를 들고는 이르되 『여러분이여! 얻기는 곧 얻었으나 앞만 처다볼 줄 알고 뒤는 돌아다 볼 줄은 모르는구나。 나는 곧 그렇지 않으리라。 「만약 모든 모습을 아닌 모습으로 봄인댄 눈망울은 어디에 있는가」 하리라。 이 말에는 두 개의 꺾임문〔負門〕이 있으니 만약 누군가가 찾아내면 그는 법을 고를 줄 아는 눈망울이 갖춰졌다고 허락하리라』 하고는 「흥」 하다。

[강론] 天衣懷가 上堂하여 「모든 모습이 아닌 모습이라」는 말을 들고는 이르되 「여러분은 얻기는 곧 얻었으나 앞만 쳐다볼 줄은 알아도 뒤를 돌아다 볼 줄은 모르는구나」 하였다。 이 무슨 꿈속같은 말인가。 얻었다면 그 얻음은 얻음이 아닌 얻음이겠거늘 어디에 앞뒤가 있어서 쳐다보고 돌아보고 할 나위가 있겠는가。

이어 이르되 「모든 모습을 아닌 모습으로 봄인댄 눈망울은 어느 곳에 있는가」 하였다。 어허! 눈망울이 눈망울이 아니고 보는 것으로써 눈망울을 삼을 줄을 모르고 함부로 입을 여는가。 또 이어 이르되 「이 이야기에 두 개의 꺾임門이 있으니 누군가가 찾아내면 그는 법을 고를 줄 아는 눈망울을 갖췄다 허락하리라」 하고는 「홍」 하였다。 도대체 여기에 두 개의 꺾임문 곧 負門이 있다 하니 무엇인가。 아닌 모습으로써 모습을 삼는다 하여서 꺾임門이며、 보는 것으로써 눈망울을 삼는다 하여서 꺾임門인가。 말하여 보라。 그러나 이 말에 있어서 두 개의 꺾임門이 있다는 것은 먼저 허공을 향하여 쐐기를 박은 것만은 사실이나 實은 後來 學人을 위한 쐐기로 알라。

〔8〕 [本文] 保寧秀 擧敎中에 道하되 若見諸相非相이면 即見如來라 하고는 師云 直饒盡大地普請成佛去라드 也未夢見山僧脚跟在로다。 法眼이 云하되 若見諸相非相이면 即不見如來라 하니 師云 雖然如此나 未免墚根이로다。 先師道하되 若見諸相非相인댄 眼在什麼處오。

此語가 有兩負門하니 若點檢得出하면 許你具擇法眼이라 하니 師云 會麼아。前面은 是千尋古澗이요 後面은 是萬仞高山이니라。若也不見인댄 爲諸人重新注破하리라。良久云 竹瘦有高節이요 雲閑無定心이니라。 參。

번역 보녕수가 말하되『교에 말씀하시기를「만약 모든 모습을 아닌 모습으로 보면 곧 여래를 보는 것이라」하셨다』하고는 이이 말하되『설사 온 누리의 사람이 몽땅 부처를 이루었다 하더라도 꿈에라도 내 발꿈치조차 보지 못했다 하리라。법안은 이르되「만약 모든 모습을 아닌 모습으로 보면 여래를 보지 못한다」하였다니 비록 이와 같으나 역시 살반이터는 면치 못했다。선사가 말씀하시기를「만약 모든 모습을 아닌 모습으로 보면 눈망울이 어디에 있는가。이 말에는 두 개의 꺾임문이 있으니 만약 찾아내면 그는 법을 고를 줄 아는 눈망울을 가졌다고 허락하리라」하였다』선사가 이르되「알겠는가。앞쪽은 천 길의 묵은 개울이요、뒤쪽은 만 길의 가파른 산이로다。만약 보지 못했다면 여러분을 위해 기둥 주석을 내리리라」하고는 양구했다가 이르되「대는 여위어도 높은 절개가 있고 구름은 한가하여도 가라앉은 마음이 없다」하고「홍」하다。

강론 保寧秀의 이야기다。『敎에 말씀하시기를 「만약 모든 모습을 아닌 모습으로 보면 곧 여래를 보느니라」 하셨다』 하고는 이어 이르되 「설사 온 세상 사람이 몽땅 부처를 이룬다 하더라도 꿈에도 내 발꿈치를 보지 못하리라」 하였다。 무슨 까닭이냐。 敎의 말씀이 지극히 옳은 말씀이기는 하다。 그러나、 상대性인 山河大地를 걷어잡지 않고 어떻게 절대性인 그 알맹이를 몸소 보겠느냐는 이야기가 아닐까。

法眼이 이르되 「만약 모든 모습이 모습 아닌 줄 알면 여래를 뵙지 못하니라」 하였으나 이 또한 살반이터는 면치 못하였다는 것이다。 이 또한 버선 위로 발등을 긁음인 모양이나。 이번에는 天衣懷가 이른 「만약 모든 모습을 아닌 모습으로 봄인낸 눈망울이 어디에 있는가。 이 말귀에는 두 개의 꺾임門이 있으니 만약 그 잘못을 찾아내면、 그는 法을 고를 줄 아는 눈망울을 가졌다 인증하리라」라는 말귀를 인용하였다。 눈속에서 竹筍을 찾음이니 어디 時節이 그렇던가。 이것도 그렇고 저것도 그러하니 이것과 저것의 중간도 그럴 수밖에 더 있겠는가。 그러기에 모든 모습을 아닌 모습으로 볼 매 비로소 이 문제는 풀릴 것이다。

그러나 老長은 무슨 속셈이 있는지 「알겠느냐」 하고 외쳐 이르되 「앞쪽은 천 길의 묵은 개울이요、 뒷쪽은 만 길의 가파른 산이로다。 만약 보지 못한다면 여러분을 위해 설파하리라」 하고는 「대는 여위어도 높은 절개가 있고 구름은 한가해도 가라앉은 마음이 없다」 하고는 「흥!」 하였다。 實로 色身分으로는 「모든 모습이 아닌 모습」이란 字

句에 우선 천 길의 골짜기로 만 길의 벼랑으로 느낄 것이다。하지만 萬法을 굴리는 法性身分으로 觀察한다면 문제는 크게 달라질 것이다。

〔9〕**本文** 天童覺 上堂擧此話云하되 作麼生行履하여 得十成去오。功業에 力爭英雄은 劉項時將이요 太平에 坐享朴懋는 羲軒世人이니라。

번역 천동각이 상당하여 이 이야기를 들고는 이르되「어떻게 행동하여야 十분 이뤄지겠는가。공덕을 위하여 힘으로 자웅을 겨룸은 유방 항우 때의 장수요、태평시절에 앉아서 [*三]평화를 누림은 [*四]희헌 때 사람이더라」하다。

강론 人身을 받음이란 지극히 어려운 것이란다。지극히 어렵기 때문에 人身을 받은 이 기회를 놓치지 않고 절대의 所願인 十成을 이뤄야 하지 않겠는가。十成이란 十分成就한다는 뜻인데 過去 現在 未來에 각각 三世를 세우고 다시 이미 세워진 九世를 껴안는 一世를 더하여 十世라 한다。다시 말하자면 끊임없는 功德藏이 이뤄짐을 뜻하는 것이니 중생의 分數로는 어렵다고만 느껴지는 것도 무리는 아니다。

老長은 중생의 分數를 잘 안다。알기 때문에 十分成就에 대하여 支那의 楚漢時를 例

로 들었다。 그 當時 劉邦이나 項羽의 手下 兵將들은 生命을 내어걸고 싸웠다。 이 공부를 지음도 이와 같은 것이다。 永遠한 人生문제의 解決에 있어서 어찌 마음을 아끼고 몸을 아껴서 來日의 大成을 期할까 보냐。

그러나 前生부터 智慧와 福德의 씨가 심기이진 義軒같은 사람은 또한 공부를 짓는데 있어서도 그 因緣이 순조롭게 따르고 그 時節이 어렵지 않게 닿으니 努力은 적으나마 成果는 큰 수도 있다。 그러니 오직 들뜬 마음을 가라앉히고 애오라지 온갖 모습을 아닌 모습으로 보면 分別과 是非는 자연히 사그라질 것이다。

〔10〕**本文** 又拈하되 世尊은 說如來禪이요 法眼은 說祖師禪이로다。 會得甚奇特이요 不會也相許니라。

번역 또 염하되 「세존은 여래선을 말씀하셨고 법안은 조사선을 말했다。 알아챈다면 매우 기특한 일이요、 알아채지 못한다 해도 그렇다고 허락하리라」 하다。

강론 如來禪이 없는 祖師禪이 어디에서 나오며、 祖師禪없이 如來禪의 살림이 이찌 꾸려지겠는가。 까닭에 如來禪속의 祖師禪이요、 祖師禪위의 如來禪이라 하여 두되、 쥐면 주먹이요 펴면 손바닥이지만、 쓰는 데 따라 手段과 方便이 千萬 갈래로 나눠지기 때문에 이에 따라 如來禪과 祖師禪이란 말귀도 나오리라。

[11] **本文** 崑山元 上堂擧凡所有相으로 皆即見如來라 하야 師召大衆云 且道하라。見如來아 不見如來아。若言不見인댄 爭奈世尊이 道即見如來며 若言見이면 又向什麽處見고。或云 見即不見이요 不見即見이라 하면 又是目語相違라 當什麽時하여 如何即是오。師乃拈起拄杖云하되 釋迦老子가 放光動地하여 說法紜紜이로다。諸仁者여 還聞麽아。若也聞得하면 方能荷擔如來하고 弘持大事니라。其未聞者댄 下文稍長하니 付在來日하노라。

번역 곤산원이 상당하여 「무릇 모습 있는 것」으로부터 「곧 여래를 보는 것이라」한 곳까지를 들고는 선사가 대중을 불러 이르되 『말해보라。 여래를 보았는가、 여래를 보지 못했는가。 만약 보지 못했다면 어찌하여서 세존이 말씀하시기를 「곧 여래를 보리라」 하셨으며、 만약 보았다 말하면 또한 어느 곳에서 보았단 말인가。 혹 이르되 「본 것이 곧 보지 않은 것이요、 보지 않은 것이 곧 본 것이라」 한다면 또 이는 스스로 말한 것이 서로 어긋남인지라 이럴 때에 어찌하여야 옳겠는가』 하고 주장자를 들어 올리면서 이르되 「석가늙은이가 광명을 놓아 천지를 진동하고 법을 설하여 떠들썩하구나。 여러분은 들었는가。 만일 들었다면 여래를 두 어깨에 메고 큰 일을 감당하겠지만 만약 듣지 못했다면 다음 글이 약간 지루하니 내일로 미루노라」 하다。

강론 崑山元이 上堂하여 「무릇 모습 있는 것」으로부터 「곧 여래를 보는 것이다」 한 곳까지를 들고는 대중을 부르면서 이르되 『말해보라。 여래를 뵈었는가。 여래를 뵈옵지 못했는가。 만약 뵙지 못했다 이름일진댄 세존이 말씀하시기를 「곧 여래를 보리라」 하신 것은 어찌하며、 만약 뵈었다고 말함인댄 또한 어디로 향하여 뵈옵겠는가』 하였다。 한 마디 일러보라。 여래의 三十二相 八十種好도 중생의 色相身으로 더불어 마찬가지로 한갓 幻化空身에 지나지 않는 것이니 幻化空身을 어떻게 여래의 眞身이라 하겠는가。 여래의 眞身은 빛깔도 소리도 냄새도 없는 法性身이다。 살눈(肉眼)만이 모두인양 모습만을 끌어잡는 것밖에 모르는 사람으로서야 어찌 꿈속에선들 이 소식에 접하겠는가。

혹은 이르되 「본 것이 곧 보지 않은 것이요、 보지 않은 것이 곧 본 것이라」 한다면 이것은 어떻게 되겠는가。 스스로가 한 말을 스스로가 이그러뜨림이다。 예를 들면 「우리 어머니는 아기를 낳지 못하는 女子다」 말하는 것과 무엇이 다르겠는가。 이 마당에 다다라서 어떻게 하겠는가。 다른 도리가 없다。 여기에서 되돌아 幻化空身을 걷어잡고 해말쑥한 法身으로 보라。 그러기에 모습을 아닌 모습으로 보는 것이 아닌가。 없는 모습이 아니라 아닌 모습으로 봐야 한다는 말이다。

老長은 주장자를 들어 올리면서 또다시 이르되 「석가늙은이가 光明을 놓아 땅을 흔들고 法을 말하여 떠들썩하구나。 여러분들은 듣는가。 만약 들었다면 여래를 어깨에 메고 큰 일을 감당하리라」 하였다。 옳은 말이다。 만약 떠들썩한 이 說法소리를 알아들으면 갈베옷을 걸치고 장바닥에서 모개덩이를 서너 개 놓고 하루종일 헤아리는 늙은이도 알아볼 것이며、 괭이를 메고 논두렁에서 벼포기를 들여다 보며 해가 높도록 서성거리는 첨지도 알아 보리라。 어허! 여래님이 오신다。 저기저기 여래님이 허연 수염을 휘날리며 어정어정 걸어오신다。 아해야 방 치우고 차를 마련해라。

〔12〕 **本文** 長蘆賾이 擧凡所有相으로 至即見如來하고 師云 如今에 緣槐與翠栢이 交陰하고 脩竹共庭花가 並列하며 夜夜明星이 出現하고 朝朝紅日이 西沈이라。 時人이 盡道我見來也라 하나니 且道하라。 釋迦老子가 在什麼處오。 直饒倜儻分明이라도 敢保老兄未在라 하노니 何也오。 不許將軍見太平이니라。

번역 장로색이 「무릇 모습 있는 것」으로부터 「곧 여래를 보는 것이니라」 한 곳까지를 들고는 이르되 『지금 연푸른 느티나무와 새파란 잣나무가 엉크러졌고、 우거진 대와 뜰앞의 꽃이 늘어섰으며、 저녁마다 샛별이 나타나고 아침마다 붉은 해는 서켠으로 지느니라。 사람들은 다 말하기를 「내가 보아왔다」 하니、 말해보라。 석가늙은이는 어디에 계시는가。 설사 막힘없이 분명하게 할지라도 노형은 틀렸다고 감히 단언하노니 왜 그렇겠는가。 장군은 태평세계 누리기를 허락치 않기 때문이니라』 하다。

[강론] 노장이 「무릇 모습있는 것」으로부터 「곧 여래를 보는 것이라」 한 곳까지를 들고는 이르되 『이제 연푸른 느티나무와 새파란 잣나무가 엉크러졌고 우거진 대와 뜰앞의 꽃이 늘어섰고 밤마다의 별과 아침마다의 해가 돋고 지는데 사람들은 모두가 말하되 「내가 보아온 지 오래다」 하나니 말해보라。 석가늙은이는 어디에 계신가』 하였다。 그렇다。 사람들은 절대의 生命體인 法性身이 상대적인 法性土를 허공중에다 곳곳에 나투고 되돌아 온갖 法을 스스럼없이 굴린다는 그 사실을 모른다。 물거품이 물을 無視하는 것과 마찬가지다。 알고 보면 지극히 어리석은 일이 아니겠는가。

살펴보라。 누리는 나의 自性體이면서 여래의 法性體다。 이럴진댄 나의 自性體 위에 이루어진 연푸른 느티나무와 새파란 잣나무가 어찌 남의 일이며 뜨는 해와 지는 달이 어찌 남의 일이겠는가。 이렇기에 모습만을 좇아서 싸움터로만 달리는 將軍은 太平世界 누리기를 허락하지 않는다는 이유가 여기에 있다。 알겠는가。 이럴진댄 如來는 어디에 계신가、 말해 보라。 에잇!

〔13〕 [本文] 上方益 擧凡所有相으로 至即見如來라 하여 云하되 佛殿僧堂이 是相이요 露柱燈籠도 是相이요 萬像森羅도 是相이요 拄杖子

도 是相이니 如何說得箇非相底道理오。設使盡大地人이 一時普請成佛이라도 也未夢見衲僧脚跟이로다。且道하라。衲僧脚跟이 有何長處오。良久云 踏翻大海水하고 趯倒須彌盧라 只知胡鬚赤이라 誰識赤鬚胡리오。

번역 상방익이 「무릇 모습있는 것」으로부터 「곧 여래를 보는 것이니라」 한 곳까지를 들고는 이르되 「불전과 승당이 모습이요、노주와 등롱도 모습이요、삼라만상도 모습이요、주장자도 모습인데、어떻게 아닌 모습의 도리를 말하겠는가。설사 온 누리의 사람이 한 때에 힘을 모아 부처가 될지라도 납승의 발꿈치조차 꿈에서도 보지 못한다。말해보라、납승의 발꿈치가 어떤 잘난 곳이 있는가」 하고는 양구했다가 이르되 「바닷물을 걷어차서 뒤집고、수미산을 떠밀어서 쓰러뜨린다。되놈의 수염이 붉은 줄만 알았더니 붉은 수염의 되놈을 누가 알았으랴!」 하였다。

강론 上方益이 「무릇 모습있는 것」으로부터 「곧 여래를 보느니라」 한 곳까지를 들고는 이르되 「佛殿과 僧堂이 이 모습이요、露柱와 燈籠도 이 모습이요、萬像森羅도 이 모습이니 어찌하여야 아닌 모습의 道理를 말하겠는가」 하였다。이야기의 內容이 조금 어렵다는 식으로 나오는 것 같은데、事實을 事實대로 보지 못하는 데서 어렵다는 認識을 가지게 되는 것이 아닐까。

돌아보건댄 해도 달도 망덩이도 별도 사람도 돌도 나무도 다 허공 中의 假變에 지나지 못하는 것이다。 허공 중의 假變이기 때문에 실답지 않은 것이요、 실답지 않기 때문에 非相 곧 아닌 모습이라 이르는 것이 아니겠는가。 짐작이 가는가。 그러나 이 非相을 우리나라 말로 「모습 아님」이라고 읽는 수가 많은 것 같으나 어디엔가 어울리지 않는 점이 있기로 「아닌 모습」이라는 語句를 쓰기로 했다。

또 이르되 「설사 온 누리의 사람들이 한데 힘을 모아 成佛할지라도 납승의 발꿈치조차 꿈에서도 보지 못한다」 하였다。 좋다 좋아! 내가 없는데 부처는 어디에 있으며 범부는 어디에 있으랴。 하늘은 어디에 있으며 땅은 어디에 있으랴。 上方益의 말뿐 아니라 나도 또한 그렇다。 잘나나 못나나 내가 있기 때문에 三界가 存立되고 불보살도 제 자리에 앉게 되는 것이니 어찌 꿈속에서 꿈을 보듯 하랴。 이럴진댄 바닷물을 걷어차서 뒤집고 수미산을 떠밀어서 쓰러뜨리는 것이 무엇이 그리 장하랴。 왜냐면 오랑캐의 수염이 붉은 줄 알았고 붉은 수염의 오랑캐인 줄도 잘 알았기 때문이다。 이러히 알았으니 이러히 믿고、 이러히 믿으니 이러히 거닐(行) 뿐이다。

(주) 一、 蓮 目…부처님의 눈이 연꽃잎 같다 하여 하는 말。

二、 叅…설법 끝에 외치는 소리로서 미묘한 법을 참구하라는 뜻。 할(喝)과도 같음。

263 非 相

三、朴 懋…朴은 순박함이요、懋는 아름답고 성대함이니 평화로운 모습이므로 평화라 번역함。

四、羲 軒…복희씨와 황제 한헌씨이니 아주 성스러운 신화속의 왕。

五、自語相違…예를 들어 楚나라의 창과 방패 장수가「이 창으로는 뚫지 못하는 방패가 없고 이 방패로는 막지 못하는 창이 없다」고 했던 矛盾의 由來처럼、자기가 한 말의 결과가 스스로 틀리게 되는 경우。

第五六、差 別

〔本文〕金剛經에 云 一切賢聖이 皆以無爲法으로 而有差別이니라。

〔번역〕금강경에 이르시되 「온갖 현성들이 다 하염없는 법으로써 차별이 있느니라」 하다。

〔강론〕절대性은 無爲法이요 상대性은 有爲法이다。無爲法은 平等本體요 有爲法은 差別現象이다。平等本體를 體性面이라면 差別現象은 用相面이라 하겠다。이러기에 善惡따위의 온갖 法은 절대性인 無爲法의 굴림새로서 바로 상대性인 有爲法의 나툼이라면、온갖 賢聖이 다 無爲法을 바탕으로 하는 有爲法의 나툼이 아니고 무엇이겠는가。

古人도 이르되 「一味 無爲法이 聲聞에 있은즉 四諦요、緣覺에 있은즉 因緣이요、菩薩에 있은즉 六度이니、六度 因緣 四諦는 낱낱이 가지지도 못하고 말하지도 못한다」 하였다。또 이르되 「無爲法은 머무름이 없다」 하였으니 이렇듯이 蕩然하면서 空寂하고 浩然하면서 照用이 平等한 無爲法이 바탕됨으로 말미암아 差別現象을 나투는 것이니、凡聖이 이를 떠나 어디로 좇아오겠는가。

凡聖從此心性來
有爲無爲共相徹

무릇과 거룩이 이 심성으로 좇아오니
하염있음과 하염없음이 한가지로 사무쳤네。

〔1〕 **本文** 保寧勇 頌하되

仁者見之謂之仁이요 智者見之謂之智라。
寒時向火熱承凉이요 健則經行困打睡로다。
困打睡여、
仰面看天하고 開口取氣로다。

번역 보녕용이 송하되

어진이가 보면 어질다 하고
지혜로운이가 보면 지혜롭다 하네。
추울 때는 불을 향하고 더움에는 서늘함을 좇는다。

건강할 때는 거닐고 곤할 때는 존다。
곤함에 잠듬이여!
얼굴은 하늘을 우러르고
입은 벌려 숨을 쉬네。

[강론]
좋은 것이 나쁜 것 될 수 없고
나쁜 것이 좋은 것 될 수 없다。
인연따라 구르고 구르는 것은
빚을 갚고 빚을 받음이니
배고프면 물 마시고
잠이 오면 앉아서 졸아라。
그래도 입을 벌려 숨은 쉰다더라。

〔2〕 [本文] 川老 着語하되 毫釐有差면 天地懸隔이니라。頌하되

正人說邪法하면 邪法悉歸正이요

邪人說正法하면 正法悉皆邪로다。
江北成枳江南橘이여、春來都放一般花로다。

번역 천로가 착어하되 「털끝만치의 차이가 있으면 하늘 땅이 멀어지느니라」 송하되

바른 사람이 사된 법을 말하면 사된 법이 다 바름으로 돌아가고
사된 사람이 바른 법을 말하면 바른 법이 다 사법으로 돌아간다。
강북에서는 탱주가 되고 강남에서는 귤이 되지만
봄이 오면 모두가 똑같이 꽃을 피우네。

강론 法은 自體性이 없다。自體性이 없기 때문에、正人이 邪法을 말하면 그 邪法이 正法으로 돌아가고、邪人이 正法을 말하면 그 正法은 邪法으로 돌아가는 것이 아니겠는가。이러기에 大道를 향하여 가는 데는 머리털만치의 차이가 있어도 마침내엔 하늘과 땅으로 나눠지는 이유가 여기에 있다。

어즈버야、꼭 같은 씨요 꼭 같은 나무인데 무슨 까닭으로 江北에는 탱주가 되고 江南에는 귤이 되는가。살피고 살펴라。이 도리를 모르면 人生을 헛되이 보내는 것이니 어찌 이 일을 남의 일로 알아 넘기겠는가、살피고도 살필 일이다。

〔3〕**本文** 雲門偃 擧此話云하되 拄杖子不是無爲法이요 一切不是無爲法이니라。

번역 운문언이 이 이야기를 들고 이르되 「주장자가 하염없는 법이 아니요, 일체도 하염없는 법이 아니니라」 하다。

강론 주장자가 하염없는 法이 아니기 때문에 하염있는 法이 아니요, 일체도 하염없는 法이 아니기 때문에 하염있는 法도 아니다。 무슨 까닭으로써이냐。 無爲法이 있음으로 하여금 有爲法이 이뤄지고 有爲法이 이뤄짐으로 말미암아 無爲法의 살림살이가 굴리어지는 것이니 여기에서 어찌 有爲法을 탓하며 無爲法을 탓하랴。 그러기에 모든 모습은 주장자뿐 아니라 一切를 다하여서 아닌 모습으로 보면 여래를 뵙는다고 이르신 것이니 이 대목에서도 無爲와 有爲는 둘이 아닌 하나요, 하나가 아닌 둘로 보아야 한다。

〔4〕**本文** 明招 擧此話問雙岩하되 一切賢聖이 皆以無爲法으로 爲極則이어늘 憑何而有差別고。 祇如差別은 是過底語아 不是過底語아。 若是過댄 一切賢聖이 悉皆是過요 若不是過댄 決定喚甚麼作差別고。 岩이 無語어늘 師云 噫라 雪峰道底니라。

번역 명초가 이 이야기를 들어 쌍암에게 묻되 「일체 성현이 다 하염없는 법으로써 마룻대로 삼거늘 어째서 차별이 있는가。 그러니 그와 같은 차별은 허물의 말인가、허물의 말이 아닌가。 만약 허물인진댄 일체 성현이 모두가 다 허물이어야 하고 만약 허물이 아닐진댄 결정코 무엇을 차별이라 부르겠는가」 하니 쌍암이 대답이 없거늘 선사가 말하되 「아! 설봉이*一 말한 것이니라」 하다。

강론 明招가 이 이야기를 들고는 雙岩에게 묻되 「부처와 성현이 다 하염없는 법으로써 마룻대를 삼거늘 어째서 차별이 있는가。 그러니 그 차별이란 말은 허물이란 말인가、허물이 아니란 말인가」 하였다。 一切 聖賢이 無爲法으로 마룻대〔極則〕를 삼음은 옳다。 왜냐면 無爲法을 바탕으로 하여서 有爲法인 差別現象이 벌어지기 때문이다。 말하자면 有爲法인 差別現象은 無爲法인 平等相面의 그림새이기 때문에 온갖 聖賢이 모두가 無爲法으로 마룻대〔極則〕를 삼는 것이다。

이럴진댄 그 差別이란 言句는 平等이란 句節의 그림새로서인 光影이니 어찌 差別을 위한 差別이겠으며、 또한 어디에 허물이 있겠는가。 만약 그와 같은 差別이 허물일진댄 聖賢 모두가 허물일 것이요、 만약 허물이 아닐진댄 무엇으로써 差別이라 부르겠는가하고 물으니、雙岩은 答이 없었다는 것이다。 答이 없는 雙岩을 향하여 老長은 이르되 「아! 설봉이 말한 것이니라」 하였다。 무슨 말인가、雪峯은 大衆에게 이르되 「땅덩이가 내게로 들이 닥치는데 쌀알만하다。 코앞까지 닥쳐와도 칠통같은 무리들은 알지 못한다」라고 한 이야기다。 다시 말하자면 캄캄하여서 어리석기 때문에 平等의 그림자인 差別을 참으로 보는 데서 오는 認識不足의 所致라는 뜻이라 이르겠다。

〔5〕**本文** 慈明 擧此話云하되 前是案山이요 後是主山이라 那箇是無爲法고。 良久云 向下文長하니 付在來日하노라。

번역 자명이 이 이야기를 들어 이르되 「앞의 것은 안산이요、뒤의 것은 주산인데 어느 것이 무위의 법인가」 하고 양구했다가 이르되 「다음의 글이 장황하니 내일로 미루리라」 하다。

강론 집을 둘러앉혀라。 그러면 主山이 案山되고 案山이 主山되느니라。 그러기에 無爲法을 마룻대〔極則〕로 삼는 것이 아니겠는가。 잔소리가 너무 많으면 혓바닥에서 털이 나기 때문에 그만 둔다。

주 一、雪峰道底〔설봉이 말한 것〕…벽암록 제 七칙에 설봉이 대중에게 말하되 「땅덩이가 내게로 들이 닥치는데 쌀알만하다。 코앞까지 닥쳐와도 漆桶같은 무리는 알지 못한다」 했는데、 여기서 漆桶〔캄캄한 것〕만을 떼어서 어리석은 사람을 꾸짖을 때 쓰는 말。

第五七、第一波羅密

〔本文〕金剛經에 云하시되 如來說第一波羅密이 卽非第一波羅密이니 是名第一波羅密이니라。

〔번역〕 금강경에 이르시되 「여래가 말씀하신 제一바라밀은 곧 제一바라밀이 아니니 이 이름이 제一바라밀이니라」 하다。

〔강론〕 바라밀은 저 언덕 곧 彼岸인 理想의 境界에 이르고저 하는 보살修行을 뜻함이다。六바라밀 또는 十바라밀이라고도 부르며 혹은 六度 혹은 十度라고도 일컫는데 첫째 바라밀이라 題目을 붙인 것은 바라밀의 重要性을 再強調하는 것으로 보아두자。

實로 이 바라밀은 無定法이다。無定法이기에 온갖 물건마다에 응하여서 千번 변하고 萬번 변하나 변하면서 가지 않고、千번 변하고 萬번 변하나 변하면서 오지 않는다。

이 바라밀은 文字性까지도 빈 無爲淸淨한 금강體이며 不生不滅인 금강智인지라、이 슬기와 총명으로 하여금 衆生이 愚痴心인 生滅想을 쓸어내고 虛徹靈通한 胸中에 一法도 얻음이 없으면서 三身佛을 눈앞에 나투는 것이니、이것이 바로 저 언덕에 이른다는 福音處의 소식으로 이를 일러 第一바라밀이라 하겠다。

我本第一波羅密
應機接物變不去

나에게 제一바라밀이 있으니
기틀에 응하고 물건마다 접하나 변하면서 가지 않네。

〔1〕**本文** 川老着語 猶較些子로다。 頌하되

一手擡一手搦이요 左邊吹右邊拍이로다。
無絃彈出無生樂하니 不屬宮商格調新이라
知音知後徒名邈로다。

번역 천로가[一] 착어하되「아직 조그만치 어긋났다」하고 다음과 같이 송했다。

한 손은 들고 한 손은 내리니
왼편에 불고 오른편에 손뼉친다。
줄없는 거문고로 낳고[二] 죽음이 없는 가락을 타니
궁상에[三] 속하지 않고도 가락이 새로우리라。
지음은[四] 뒤에 아는 것인걸 한낱 이름만이 퍼짐이로다。

[강론] 川老는 조그만치 어긋나 있다면서 한 마디 던진다。

한 손은 들고 한 손은 내리니 이 하늘 땅을 가리킴이로다。

오른켠에 불고 왼켠에 손뼉치니 十方을 굴림이로다。

줄없는 거문고로 낳고 죽음이 없는 가락을 타니 낳고 죽음을 씀이로다。

소리탕에 속하지 않고도 가락이 새로우니 하염있음에서 하염없음을 세움이로다。

소식은 뒤에 아는 것인걸 한갖 이름만이 퍼짐이니 지도리〔樞〕에 앞뒤가 없음이로다。

〔2〕 [本文] 悅齋居士 頌하되

東嶺雲歸處요 西江月落時라。
箇中端的旨는 不犯一思惟니라。

[번역] 열재거사가 송하되

동켠 재는 구름이 돌아갈 곳이요
서켠 강은 달이 질 때라。
그 속의 분명한 뜻은
한 생각도 범하지 않음이네。

강론

동천 재에는 구름이 돌아갈 곳이니 뉘가 감히 이것을 막으며
서천 강에는 달이 비칠 때이니 뉘가 새삼 이것을 물리치랴。
어즈버야、이 가운데 하나의 소식이 의젓하니
불보살인들 어떻게 무슨 수로 범할까 보냐。

주 一、川 老…治父 道川선사의 別名。

二、無生樂…生滅이 없는 경지에서 울려 나오는 가락。

三、宮 商…宮商角徵羽의 五音階。소리탕의 개념은 音階로 나타낼 수 있는 소리뿐만 아니라 現象的으로 존재할 수 있는 모든 소리로 정의함。

四、知 音…노래가락을 잘 알아 들음。

第五八、輕 賤

〔本文〕 金剛經 云하되 若爲人輕賤하면 是人이 先世罪業으로 應墮惡道어늘 以今世人輕賤故로 先世罪業이 即爲消滅이니라。

〔번역〕 금강경에 이르시되 「만약 사람으로부터 업신여김을 받으면 이 사람은 선세의 죄업으로 응당 악한데 떨어지건마는 이젯세상 사람이 업신여기는 까닭으로 선세의 죄업이 곧 소멸하느니라」 하시다。

〔강론〕 이 대목은 우선 글자풀이부터가 까다로운 느낌이 짙다。「若爲人輕賤」곧 「만약 사람으로부터 업신여김을 받으면」으로 새기면 이는 有我人觀으로 보아야 옳다。 왜냐면 色身을 眞身으로 妄心을 眞心으로 보기 때문에 不生不滅인 절대의 法性身이 저절로 업신여김을 당할 것은 사실이다。 이렇듯이 뒤바뀐 여김은 온갖 모습놀이 판에 휘둘리는 有我人觀이 세워지는 데 따라 罪業은 다투어 일어나고 보리道는 가리워짐으로 말미암아 先世의 罪業으로 응당 惡處에 떨어질 것이다。

다음 「以今世人輕賤」곧 「이제의 사람이 업신여기는 까닭으로써」로 새기면 이는 無

我人觀으로 보아야 옳다。왜냐면 色身을 幻身으로 妄心을 識心으로 보기 때문에 幻身과 識心은 저절로 업신여기어질 것은 사실이다。이렇듯이 無我人觀이 굳히어지는 데따라 罪業은 한가로이 녹여지고 보리道는 스스럼없이 밝히어짐으로 하여금 先世의 罪業이 곧 사그라지고 마땅히 아뇩보리道를 얻어내는 것이 아니겠는가。

또한 理的인 面에서 論하더라도 先世는 곧 이 前念인 妄心이요 今世는 곧 이 後念인 覺心이니、後念인 覺心으로 말미암아 前念인 妄心을 업신여겨서 그 妄心으로 하여금 능히 머물지 못하게 하면 先世罪業은 소멸될 것이요、妄念이 이미 사그라지면 罪根은 다시 심기어지지 않을 것이니 곧 보리道는 당당히 이루어지지 않겠는가。實로 그렇다。我人觀을 끊이내어서 無我理에 통하면 罪業이 녹아나고 罪業이 녹아나면 功德行이 쌓이어지고 功德行이 쌓이어지면 아뇩보리道는 스스럼없이 自性 위에 세워지는 것이니 이찌 마음 밖을 향하여서 罪業이 녹기를 기다리랴。

罪福一向平等性
幻人觸境論是非

죄와 복이 한결같이 평등한 성품이련마는
꼭두사람 경계에 닿질러서 옳그름을 따지네。

〔1〕本文 清凉益 頌하되

寶劍不失이요 虛舟不刻이로다。
不失不刻이어늘 彼子爲得하여
倚待不堪이어늘 孤然仍則이로다。
鳥跡虛空이여 有無彌忘이니라。
思之하라。

번역 청량익이[*一] 송하되

[*二]보배칼을 잃지 않았고、
빈 배에 새기지도 않는다。
잃지도 않고 새기지도 않았는데、
저 사람은 얻으려고 하나
기다려서 될 수 없거늘
우뚝 서서 그대로 꼼짝 않는구나。
허공에 남긴 새의 발자취여、
있건 없건 간에 더욱 어리둥절할 뿐이다。 생각하라。

강론 淸凉益은 法眼禪師의 號다。어떤 사람이 배를 타고 江을 건너다가 江中에 보배칼을 빠뜨렸는데 빠뜨린 그 뱃전을 다른 칼로 깎아 표하여 두고、배가 물에 닿자 표로 깎인 뱃전 밑에서 어리석게도 보배칼을 찾으려 했다는 古事를 引用한 것이다。

본래의 보검을 강中에 빠뜨리지 않으면 빠뜨린 곳을 표하기 위하여 뱃전을 깎는 어리석음도 犯하지 않을 것이다。우습고야、본래로 휘영청하여서 十方에 펴고、본래로 영특스러워서 三界를 꿰뚫고、본래로 고요적적하여서 二邊을 여의면서 되돌아 一切萬法을 굴리는 것은 누구인데 뱃전에 표를 깎는가。새가 날아간 자리에 자취가 없듯이 해말쑥한 자리를 스스로가 간직하고 날로 쓰면서도 이 엄연한 사실을 모르고 몸 밖을 향하여 찾는 판이니 어찌 하겠는가。

〔2〕本文 雪竇顯 頌하되

明珠在掌하니　有功者賞어니와
胡漢不來하니　全無伎倆이로다。
伎倆既無하니　波旬失途로다。
瞿曇瞿曇이여　識我也無아。
復云勘破了也로다。

번역 설두현이 송하되

밝은 구슬이 손바닥에 있으니
공력이 있는 이는 상을 주겠지만
오랑캐도 한족도 오지 않으니
아무런 재주도 못 부리네。
재주가 이미 없으니
파순이는 길을 잃었구나。
구담이여、구담이여!
나를 알아채겠는가、아닌가。
다시 이르되 「알아 마쳤구나」 하다。

강론 雪竇顯의 이야기다。

「밝은 구슬이 손바닥에 있으니 功이 있는 이는 구경하겠지만」 한다。
實로 참 구슬은 사람마다 다 갖추어져 있다。 갖추어져 있는 것이 아니라 본래의 구슬 자리에서 代辯者로 色身을 나투었을 뿐이다。 그러기에 이 色身을 그림자요 메아리라 일컫지 않는가 말이다。

「오랑캐도 한노(漢奴)도 오지 않으니 아무 재주도 못 부리네」 하였다。
胡人도 漢奴도 둘째 門의 일이다。 內門 단속을 단단히 하고 큰방에 높이 앉았는데 뉘라서 그 앞에 얼씬하겠는가。

「재주가 하나도 없으니 파순이도 엳을 길 없구나」 하였다。

음침하고 어두컴컴한 데서 도깨비는 나느니라。 휘영청히 밝은 날에 파순인들 어디에다 발을 붙이겠는가。

「구담이여、 구담이여、 나를 알겠는가」 하고는 다시 이르되 「알아 마쳤구나」 하였다。

노장이 구담을 모르는데 구담이 어찌 노장을 알겠는가。 안다면 지옥 가기 화살이며 모른다 하여도 지옥 가기 화살이니 어이 할랑고、 어이 할랑고!

〔3〕 本文 天童覺 頌하되

綴綴功過에 　　膠膠因果로다。

鏡外狂奔演若多요 　　杖頭擊着破竈墮로다。

竈墮破來相賀하고 　　却道從前辜負我로다。

번역 천동각이 송하되

끊임없는 공과에 잇따른 인과로다。

거울 밖으로 미쳐 날뛴 자는 연야달다요。*三

지팡이 끝으로 때린 이는 파조타일세。*四

부엌이 깨진 뒤에 치하하러 와서는
도리어 종전에 나를 저버렸다 하네。

[강론] 여기서는 우선 破竈墮和尙부터 이야기 하자。 파조타가 사는 近處의 山頂에는 한개의 竈王壇이 있었다。 그 안에는 부뚜막 하나만 있었지만 매우 靈驗하다 여기고 사람들이 짐승을 죽여 가지고 와서 삶는 일이 많이 있었던 모양이다。 하루는 和尙이 그 竈王壇에 들어가 지팡이로 부뚜막을 쿡쿡 쥐어지르며 이르되 「너는 본래 진흙을 구워서 만든 것인데 영험이 어디에서 왔느냐」 외쳤더니 竈王壇이 저절로 무너지고 말았다는 것이다。 正人 앞에 邪神이 어찌하겠는가。 조금있자 문득 푸른 옷에 높은 冠을 쓴 사나이가 나타나서 이르되 「나는 이 조왕단의 부뚜막神인데 오랫동안 業報를 받아 오다가 오늘에야 스님의 無生法門을 듣고 이곳에서 벗어나 하늘에 나게 되었사온데 고맙습니다」 하고 致賀했다。 화상은 이르되 「이것은 네가 본래로 지니고 있는 성품이지 내가 억지로 하는 것이 아니니라」 하였다。 이 和尙은 성도 이름도 말하지 않았으므로 사람들은 이런 事緣을 들어 부뚜막을 부쉈다 하여서 破竈墮화상이란 別名으로 통한다。

天童覺은 이와같은 故事를 이용하여 頌하기를 「끊임없는 功過에 잇따른 因果로다。 스스로의 성품인 거울 밖으로 달린 자는 하늘에 빌어서 났다는 연야달다요、 지팡이 끝으로 쥐어지른 이는 부뚜막을 부순 파조타이네」 하고 노래불렀다。 人生이란 끊임없는 功過에서 잇따른 因果에 굴리이는 꼭두가 아니냐는 말이다。끝으로 이른 것은 破竈墮화상에게 致賀를 하러 온 부뚜막神은「나에게 본래로부터 있는 성품인데 당신은 나를 업신여기고 제법 거룩한 척 법문을 하는구나」할 것을 잘못 말했다는 뜻이니、이 또한 人生을 건지는 데의 方便話라 하겠다。

〔4〕**本文** 川老 着語云하되 不因一事하면 不長一智니라。頌하되

讚不及毁不及이요　若了一萬事畢이니라。
無欠無餘若大虛하니　爲君題作波羅密이로다。

번역 천로가 착어하되「하나의 일로 인〔因〕하지 않으면 하나의 칠〔智〕이 자라지 못한다」하고 송하되

기리어도 미치지 못하고 헐뜯어도 미치지 못하나
만약 하나를 마치면 만 가지 일이 끝나느니라。
모자람도 없고 남음도 없이 허공과 같으니
그대를 위해 바라밀이라 써 주노라。

강론 一事를 인하지 아니하면 一智는 자라지 못하느니라。금쪽같은 一句를 토해내

고 頌을 달았다。

기리어도 미치지 못하고 헐뜯어도 미치지 못한다니、그렇다면 설 곳은 어디메며 앉을 곳은 어디메인가。

만약 하나를 마치면 만 가지 일이 끝난다니、그 하나는 무엇인가。말해보라。

모자람도 없고 남음도 없이 허공과 같다니、허공은 나의 허공인데 뉘라 있어서 나의 허공을 건드리는가。

그대를 위해 바라밀이라 써 주노니、내가 써놓았다가 잊어버린 바라밀이나 빨리빨리 갖다 주소。

〔5〕本文 無盡居士 頌하되

四序炎涼去復還하니　　聖凡只在刹那間이라。

前人罪業今人賤하니　　倒却前人罪業山이로다。

번역 무진거사가 송하되

네 계절의 덥고 서늘함이 갔다간 다시 오니

범부와 성인이 찰나에 달려 있네。

앞사람의 죄업을 이젯사람이 업신여기니

앞사람의 산더미 죄업이 무너지누나。

강론

炎涼은 네 때를 두어서 오락가락하건마는
人生은 凡聖을 두었으나 풀잎 끝에 이슬이런가。
어즈버야、前生의 罪業이 그 當處가 비었음을 이제야 알았을새
알겠더라。須彌山같은 業障山이 눈 깜박할 사이에 무너지니、이 무슨 일이던가。
모든 것을 몽땅 놓고 홑몸으로 앞만 보고 뛰어라。

〔6〕本文 僧 問雲居膺하되 承教有言 是人이 先世罪業으로 應墮惡道어늘 以今世人輕賤이라니 此意云何니까。師云 動則應墮惡道요 靜則爲人輕賤이니라。又問 崇壽稠하니 答云 心外有法이면 應墮惡道요 守住自己하면 爲人輕賤이니라。

번역 어떤 중이 운거응에게 묻되 『듣건대 교에 말하기를 「이 사람이 전세의 죄업으로 응당 악도에 떨어져야 할 것이어늘 지금 세상사람들이 업신여긴다」 하니 이 뜻이 무엇입니까』 하니 선사가 이르되 「움직인즉 응당 악도에 떨어지고 고요한즉 사람을 업신여긴다」 하였다。

또 숭수조에게 물으니 답하여 이르되 「마음 밖에 법이 있으면 응당 악도에 떨어질

것이요、저를 꼭 지키면 사람을 업신여김이니라」 하다。

강론 어떤 중이 雲居膺에게 묻되 『듣건댄 敎에 말씀있기를 「이 사람이 先世罪業으로 惡道에 떨어질 것이어늘 今世人이 업신여김이라」 하니 이 뜻이 무엇입니까』 했다。이렇다。先世에 있어서 알고 모르는 사이에 저지른 妄念의 罪業은 지어지게 마련이다。때문에 今世人이 覺心으로 하여금 妄心인 罪業의 當處가 비었다는 事實을 알고 업신여기면 실답지 않은 罪業은 붙을 자리조차 없는 것이 아니겠는가。

이러기에 선사도 이르되 「움직인즉 응당 惡道에 떨어질 것이요、고요한즉 사람을 업신여길 것이라」 하였으니、我相을 나투이서 까불어대면 惡道에 떨어질 것은 뻔하지만 我相을 업신여겨서 法身자리에 앉으면 惡道가 얼씬인들 하겠는가。알겠는가! 까닭에 崇壽稠도 이르되 마음 밖에 法이 있으면 응당 惡道에 떨어질 것이나 자기의 分數를 지키되 我人相을 업신여기고 自身을 幻化空身으로 보느니라는 뜻을 밝힌 것이니 人生으로서 나아갈 길을 밝힘이 아니겠는가。

주 一、清凉益…法眼禪師

二、寶劍 이하 云云…배를 타고 가다가 물에다 칼을 빠뜨린 사람이 뱃전에다 칼 잃은 곳임을 새겨 표해 두었다가 강가에 배가 닿자 그 표시한 밑을 찾았으나 칼을 찾을 수 없었다는 옛 일에서 따온 말이니 어리석은 짓이란 뜻이다。

三、연야달다…인도사람에게 흔한 이름。祠授라 번역。하늘께 기도하여 낳은 아들이란 뜻。

四、破竈墮…파조타화상이 사는 근처 마루턱에 조왕단 하나가 있어 매우 영검하다고 알려졌는데 그로 인해 많은 사람들이 많은 살생물을 가지고 와서 법석였다。이에 선사가 조왕단을 쥐어지르면서 말하되「너는 본래 진흙을 구워서 만든 것인데 영검이 어디서 왔느냐」하니 조왕단이 부서졌다。조금 있다가 푸른 옷에 높은 관을 쓴 사나이가 나타나서 말하되「나는 아까까지 있던 조왕단의 신인데 화상의 법문을 듣고 해탈을 얻게 되어 치하하러 왔읍니다」하였다。이에 선사가 말하되「이는 네게 본래 있던 것이요、내가 억지로 한 것이 아니니라」하였다。이 고사를 천동각 화상이 확대해서 송하되「조왕단신은 마땅히 선사에게 말하기를 나에게 본래 있는 것인데 당신은 나를 무시하고 거룩한 체 법문을 했다」고 덧붙여야 했을 것이라는 뜻。

第五九、如　是

〔本文〕金剛經에 云하되 應如是知하며 如是見하며 如是信解하면 不生法相이니라。

〔번역〕금강경에 이르시기를 「응당 이러히 알고、이러히 보고、이러히 믿어 알면 법모습이 생기지 않느니라」 하다。

〔강론〕금강경에 이르시되 「응당 이러히 알고、이러히 보고、이러히 믿어 알면 법모습이 생기지 않느니라」 하셨다。그렇다。읽기도 쉽고 알기도 쉽고 말하기도 쉽다。그러기에 하늘도 이렇고 땅도 이렇고 나도 이러니、이러히로 더불어서 이러히 가리라。어찌하면 이러히 가는가。그것을 알고저 하거든 이러히에게 물어보라。나는 이러히 좇기나 하리라。

如是如是是如是
如是外別無如是

289 如 是

世人不知是如是
左往右往覓如是

이러히 이러히니 이것이 이러히네。
이러히 밖에따로 이러힌 없는거이
사람은 모른고야 이것이 이러힘을
이저곳 헤매이며 이러힐 찾는고야。

〔1〕**本文** 淨嚴遂 頌하되

如是知見信解가 一切現成買賣로다。
任從海變桑田이언정 未見虛空爛壞로다。

번역 정임수가 송하되

이러히 알고、보고、믿어 풀이한다니
일체 것이 이루어저서 사고 팔게 되었네。
바다가 뽕밭으로 변하게 될지언정
허공이 무너지는 것 보지 못했다。

강론 이러히 알고、보고、믿어 풀어가는 데서 萬法이 隆盛하는 것이니 설혹 三界가 뒤바뀌어서 北極星이 南녘에서 떠돌고 南極星이 北녘에서 떠돌기로서니 허공은 그대로다。한 문제를 들어보자。나는 망덩이를 의지하여 있고 망덩이는 허공을 의지하여 있는데、허공은 어드메에 의지하고 있는가。한마디 일러보라!

〔2〕 本文 雲門呆 擧此話하고 擧起拂子 云하되 這箇는 是溼山拂子라 喚甚麼作法相고。法相을 旣不可得인댄 又知箇甚麼며 見箇甚麼며 信箇甚麼며 解箇甚麼오。復擧起 云 這箇는 是法相이라 却喚甚麼作拂子오。拂子를 旣不可得인댄 如是知如是見如是信解가 又有甚麼過리오。正當伊麼時하여 轉身一句를 作麼生道오。

千重百匝無回互하니 大家靜處薩婆若로다。

번역 운문고가 이 이야기를 들고는 [*一]총채를 세우면서 이르되 「이것은 [*二]경산의 총채라 무엇을 [*三]법모습이라 부르겠는가。법모습을 이미 얻어내지 못함인댄 또 안다는 것은 무엇이며、본다는 것은 무엇이며、믿는다는 것은 무엇이며、풀이한다는 것은 무엇인가」하고는 다시 총채를 세우며 이르되 「이것은 이 법모습이라、무엇을 총채라 부르겠는가。총채를 이미 언어내지 못함인댄、이러히 알고 이러히 보고 이러히 믿어 풀이한들 또 무슨 허물이 있겠는가。 바로 이 때를 당하여 몸을 굴릴 한 귀절을 어떻게 말하겠는가。

천 겁 만 겁이라도 엇바꿀 수가 없으니 온 누리의 고요한 매가 *四 살바야니라」 하다。

강론 雲門杲가 이 이야기를 들고 총채를 세우며 이르되 「이것은 徑山의 총채이다。무엇을 法相이라 부르겠는가。法相을 이미 언어내지 못함일진댄 다시 안다는 것은 무엇이며、본다는 것은 무엇이며、믿는다는 것은 무엇이며、풀이한다는 것은 무엇인가」 하였다。徑山은 雲門杲의 別名이다。이에 먼저 무엇을 법모습 곧 法相이라 하는가를 간단히 말해 보자。法門의 分齊 곧 分位의 차별적인 義理를 論할 매 彼此間의 前後와 區別을 세워서 가리키는 것을 내개는 法相이라고 이른다。그러니 물건과 느낌을 法이라 이르면 그 물건과 그 느낌의 탯거리가 바로 모습 곧 相이니 총채와 앎、봄、믿음、풀이 따위인 법모습을 어찌 둘로 보겠는가。

다시 총채를 들고 이르되 「이것은 법모습이다。무엇을 총채라 부르겠는가。총채를 이미 언어내지 못함일진댄、이러히 알고 이러히 보고 이러히 믿어 헤아림인들 또는 무슨 허물이 있겠는가」 하였다。그렇다。一家事內의 風光인데 이러하면 어떠하며 저러하면 어떠하랴。자! 轉身一句를 일러보라。이때를 당하여 무엇이라 말하겠는가。徑

山은 頌하되 「천 겁 백 겁이나 엇바꿀 수 없으니 온 누리가 고요할 때 一切智니라」 하였다。 나도 「마음이 몽땅 가라앉을 때 薩婆若로다」 하리라。 알간!

주 一、拂 子…말총같은 것으로 만든 먼지털개인데 뒷날 禪師들이 裝身具 비슷하게 쓴다。

二、徑 山…雲門杲가 살던 地方名。

三、法 相…법의 텟거리。

四、薩婆若…一切智。

第六〇、二　見

〔本文〕 諸佛要集經에 云하시되 天王如來 因文殊師利忽起佛見法見하여 貶向二鐵圍山하다。

〔번역〕 제불요집경에 이르시기를 「천왕여래께서、문수사리가 홀연히 불견*一(佛見)과 법견(法見)을 일으키므로、두*二 칠위산 사이에 빠뜨렸다」 하다。

〔강론〕 佛見을 두민 法見은 반드시 세워지고、法見이 세워지민 知見은 으레 두게 마련이다。 본래로 휘영청한 자리에 一念을 일으키는 것은 좋다。 그러나 일으킨 그 一念에 되돌아 들어앉기 때문에、스스럼없는 知見이 세워지면서 佛見과 法見은 제 나름대로 굴리이진다。 이것은 하나인 허공을 조각내는 結果밖에 무엇이 되겠는가。 이러기에 七佛의 스승이신 文殊라 할지라도 佛見과 法見으로 하여서 두 鐵圍山의 中門인 뇌롬터〔苦惱處〕에 빠졌다는 비유의 말씀이니 이 法이 얼마나 明明白白한가를 알 수 있다。

293　二　見

佛見法見一念裡

何事渡頭論是非

부처를 보고 법을 보는 것은 한 여김속인데
무삼 일로 나루터엔 옳다 그르다 법석인가。

〔1〕 **本文** 雪竇顯 垂語云하되 文殊起佛見法見하여 貶向二鐵圍山하고 衲僧이 起佛見法見하여 列在五條椽下어니와 翠峯이 起佛見法見하면 誰敢覷着고。代云秤尺이 在手니라。

번역 설두현이 수어하되*三 「문수는 불견과 법견을 일으켜서 두 철위산 사이에 떨어졌고、납승은 불견과 법견을 일으켜서 다섯개의*四 서까래 밑에 늘어앉았거니와 취봉이*五 불견과 법견을 일으키면 누가 눈치를 채겠는가」 하고는 대신 말하되 「저울과 잣대가 손에 있느니라」 하다。

강론 雪竇顯의 이야기다。 산이 높으면 개울은 깊다。 문수보살은 鐵圍山과 같은 佛見과 法見을 마음속에 새기고 있으니 가는 곳은 鐵圍山의 中門인 지옥밖에 더 있겠는가。 그러나、그곳에는 문수보살의 숨소리가 봄바람으로 화하면 우담바라꽃이 필 것이다。

또는 납승이 佛見과 法見을 일으키니、올망졸망 다섯 개의 서까래 밑에서 千里 밖의 뱃속 꿈을 끌어들이려는가。 두고보자! 翠峰이 佛見과 法見을 일으켜도 일으킴이 없이 일으키니 모든 불보살도 엿보지 못할 것이다。 왜냐면 저울과 자는 老長이 지니고 있기 때문이다。 살펴보라。 말 가운데 뼈가 있고 뼈 가운데 골수가 있느니라。 알겠는가!

〔2〕**本文** 五雲 拈하되 什麼處是二鐵圍山고。 還會麼아。 如今에 若有人이 起佛見法見하면 五雲이 與烹茶兩甌하리니 且道하라。 是賞伊아 罰伊아。 同教意아 不同教意아。

번역 오운이 염하되 「이디가 두 철위산 사이인고。 알아채겠는가。 이제 어떤 사람이 불견과 법견을 일으키면 오운이 그에게 차 두 잔을 끓여주겠는데 말해보라。 이는 상인가、 벌인가。 교의 뜻과 같은가、 교의 뜻과 같지 않은가」 하다。

강론 五雲의 이야기다。 두 鐵圍山은 이디에 있는가。 보면서도 못 보는 그 속에 있느니라。「만약 뉘가 있어서 佛見과 法見을 일으키면 五雲이 그에게 차 두 잔을 끓여주겠노라」 하였다。 무슨 까닭이냐。 賞과 罰을 같이 줌이로다。 賞이 賞 아니니 罰이 어찌

罰이며、罰이 罰 아니니 敎意가 어찌 敎意겠는가。그렇다。無佛見處와 無法見處에 이르려면 佛見과 法見의 고개를 넘어서야 바야흐로 얻게 되기 때문이다。

〔3〕**本文** 智海逸 上堂擧此話云하되 凡夫가 起佛見法見하면 人間天上에 永受輪廻오。衲僧이 起佛見法見이면 天南天北에 走如渴鹿이니라。乃拈起拄杖云하되 拄杖子가 若起佛見法見하면 釋迦達摩가 廻避無門이요 臨濟德山이 藏竄無地하리라。良久云 吽吽 不信道아 遂擊繩床하다。

번역 지혜일이 상당하여 이 이야기를 들고는 이르되 「범부가 불견과 법견을 일으키면 인간과 하늘 세상에서 영원히 윤회하고 납승이 불견과 법견을 일으키면 남켠과 북켠으로 목마른 사슴처럼 헤매리라」 하다。그리고는 주장자를 세우고 이르되 「주장자가 불견과 법견을 일으키면 석가와 달마가 회피할 문틈이 없고 임제와 덕산이 숨을 곳이 없으리라」 하고 양구했다가 「훔훔」*六 하고는 다시 이르되 「내 말을 믿지 못하겠는가」 하고는 드디어 승상을 「탁」*七 치다。

강론 智海逸의 이야기다。「凡夫가 佛見과 法見을 일으키면 人間과 天上에서 길이 윤회한다」 하였다。 왜 그런가。 佛見도 法見도 하나의 새김(想)놀이기 때문이다。 이러히 三惡報만큼은 어쩌다가 避할 수 있다손 치더라도 어찌 生死의 뿌리를 캐어들고 人生을 멋지게 굴릴까 보냐。

이어 「衲僧이 佛見과 法見을 일으키면 南권과 北권을 목마른 사슴처럼 헤매느니라」 하였다。 이 또한 모습놀이로서 목마른 사슴이 불을 물로 알고 뛰어가듯 이 마음 밖을 향하여 달린 꼴이니 어찌 生死문제가 풀려나가겠는가。 그러나 그 中에는 他生에 공부를 지을 因은 심기어질 것이다。

또 이어 이르되 「주장자가 만약 佛見과 法見을 일으키면 석가와 달마가 피할 문틈이 없고 임제와 덕산이 숨을 곳이 없으리라」 하있다。 주장자는 누리의 한개 지도리(樞)다。 지도리는 영특스런 하나의 生命體다。 이 生命體를 하나의 人格으로 昇化한 부처가 어찌 佛見과 法見을 따로 일으켜 거기에 들어앉겠는가。 만약 들어앉는다면 석가와 달마뿐 아니라 임제와 덕산인들 어떻게 할 것인가。 말도 안되는 이야기다。

註 一、佛見과 法見…부처라는 所見과 法이라는 所見。

二、철위산 사이… 지옥。

三、垂 語…이야기를 한다는 뜻。

四、五條椽下…한 사람이 차지하고 앉은 자리의 넓이가 서까래 다섯개 걸릴 정

도이므로 한 자리를 이르는 말로 쓰임。

五、翠 峰…설두 자신의 별호。

六、咄 咄…귀신을 쫓는 진언이니 여기서는 휘! 휘! 하며 온갖 잡념을 털어
버리는 뜻。

七、繩 床…노끈을 엮어서 만든 평상 비슷한 자리。

第六一、不 入

〔本文〕文殊菩薩所說般若經에 云하되 淸淨行者不入涅槃이요 破戒比丘不入地獄이니라。

〔번역〕문수보살소설반야경에 이르시되 「청정행자는 열반에 들지 아니하고 파계한 비구는 지옥에 들지 않는다」하다。

〔강론〕淸淨行者이면 이미 열반의 風光인데 열반의 風光에서 어찌 열반을 바라며、계를 범한 비구면 벌써 지옥의 境界인데 지옥의 境界에서 어찌 다시 지옥을 더듬겠는가。

淸淨世界無凡聖
天堂地獄沒蹤時

해맑숙한 세계에 거룩과 무릇이 없으니
천당 지옥이 종적을 없앤 때이어라。

〔1〕 **本文** 海印信 頌하되

虛空撲落旱地䬍雷로다。 珊瑚結菓鐵樹花開로다。
寒山拾得呵呵笑하니 鍾馗昨夜舞三臺로다。

번역 해인신이 송하되

허공이 와르르 무너지고、
가물은 땅에 홀연히 우뢰가 인다。
산호 가지에 열매가 열고、 무쇠나무에 꽃이 핀다。
한산과 습득이 하하 웃으니
종규[*一]도 지난 밤에 삼대[*二]춤을 추었네。

강론

金城銀闕이 와르르 무너지니
벽력소리가 三界를 흔들구나。
불속에 연꽃이 피니
소뿔에는 열매가 맺었더냐。
한산과 습득이 무삼 일로 웃었던가。

종규도 덩달아 삼대춤을 추었네。

〔2〕 本文 保寧勇 頌하되

生平踈逸無拘檢이니 酒肆茶坊信意遊로다。
漢地不收秦不管하니 又騎驢子過揚州로다。

번역 보녕용이 송하되

평생에 소탈하여 거리낌이 없을새
술집이나 찻집을 뜻대로 쏘다니네。
한나라도 거둬주지 않고 진나라도 모른 체하니
다시 나귀나 타고 양주를 지난다。

강론

나툼도 내뜻이요 없앰도 내뜻인데
술집인들 못가며 찻집인들 못가랴。
가다가 날저물어 거둬줄 집없으면
나귀나 불러타고 關東八景 찾아가지。

〔3〕 本文 雲門杲 頌하되

壁上安燈盞하고 堂前置酒臺로다。
悶來打三盞하니 何處得愁來리오。

번역 운문고가 송하되

벽위에 등잔을 걸고
대청 앞에 술판을 놓았네。
허전할 때 석잔을 마셨더니
근심인들 어디에서 오랴。

강론

뒤에는 青山이요 앞은 綠水로다。
샘속에 달아맨 술 냄새부터 풍기니
안 마실 수 있으랴。서너잔 들었더니
하늘 땅이 하나라 나도 간 곳 없네。

〔4〕 本文 竹庵珪 頌하되

鵠白烏本玄이요 松直棗自曲이로다。
淸淨比丘僧이여 却須入地獄이로다。

번역 죽암규가 송하되

고니는 희고 까마귀는 본래 검고
솔은 곧고 대추나무는 저절로 굽네。
청정한 비구여
도리어 지옥에 들게 되리。

강론

고니〔白鳥〕는 희고 까마귀는 검은 것이 당연하고
솔은 곧고 대추나무는 굽은 것이 옳은 것이어늘
청정한 비구는 청정한 네 도로 묶이어 꼼짝을 못하니
애오라지 청정한 지옥이 아니던가。

303 不入

〔5〕**本文** 寒岩升 頌하되

分開一半筭不足이요 取出三分秤又偏이로다。
幸得龐翁幞頭在하여 有時說到普通年이로다。

번역 한암승이 송하되

하나를 반으로 나누니 모자라고
세몫으로 나누이도 고르지 못하네。
다행히 [三]방거사의 복두건이 있어서
매로 이야기가 [四]보통년에 이르렀네。

강론 갈라도 가름이 아니고 안 갈라도 안 가름이 아닌 것이 무엇인가。한 마디 일러라。어허! 眞諦門中에 俗諦가 뚜렷하고 俗諦門中에 眞諦가 의젓한 것이다。더구나 龐翁의 복두건이 있어서 흔들어대니 第一義諦는 十方界로 더불어 모자람도 없고 넘치지도 않고 그대로임을 알겠구나。

주 一、鍾馗…唐의 明皇이 병상에 누웠던 어느날 꿈을 꾸니 남색 도포를 입은 귀신이 나타나서 말하기를 「나는 終南山 도사 종규인데 천하 사람의 재앙을 물리친다」하였다。꿈을 깬 명황은 畵家인 吳道子에게 명하여 꿈에 본 귀신을 그려 文武三府에 하사했는데、이 그림이 寒山과 拾得의 웃음소리에 맞춰 춤을 추었다 함。

二、三臺…춤의 이름이니 상하의 차별없이 어울리는 심세한 춤거리 장단。

三、龐居士의 복두건…방거사가 속인의 복장으로 세속에서 진리를 편 것을 뜻함。

四、普通年…달마가 支那에 온 해가 梁나라 보통一년(서기五二〇)으로 여기서는 달마가 중국에서 제一義諦의 진리를 말하니 세속과 제一義諦가 구족하다는 뜻。

西天應化賢聖

第六二、維摩默然

〔本文〕 維摩會上 三十二菩薩이 各說不二法門이러니 末後에 文殊云하되 我於一切法에 無言無說하고 無示無識하여 離諸問答이 是爲菩薩入不二法門이라 하고 却問 維摩詰하되 我等은 各自說已어니와 仁者는 當說何等이 是菩薩入不二法門고。 時에 維摩詰이 默然이어늘 文殊歎云하되 乃至無有語言文字가 是菩薩眞入不二法門이로다。

〔번역〕 유마회상의 三十二보살이 제각기[*一] 불이법문을 이야기하는데 마지막에 문수가 이르되 「나는 일체 법에 대하여 말도 이야기도 없고、 보일 수도 알 수도 없어서 일체 문답을 여읜 것이 보살이 불이법문에 드는 것으로 압니다」 하고、 이어 유마힐에게 묻되 「우리들은 이미 제각기 말했거니와 어진 이께서는 무엇을 보살이 불이법문에 드는 것이라 여깁니까」 하다。 때에 유마힐이 잠자코 있으니、 문수가 찬탄하여 이르되 「언어

와 문자까지도 없는 것이 보살이 참으로 불이법문에 드는 것이군요」 하다。

〔강론〕 不二法門을 나투는 데 있어서 文殊는 이르되 「내 뜻 같아서는 一切法에 말할 것도 없고、이를 것도 없고、보일 것도 없고、알릴 것도 없어、모든 問答을 여읨이 이것이 둘 아닌 법문에 듦이니라」 하였다。좋은 말이다。그러나 心緣相으로 말미암은 言說相은 어찌하며 文字相은 어찌하랴。그러나 維摩居士는 그만 默然無言으로 法性體를 드셨으니 이야말로 휘영청한 지도리〔樞〕의 一大 活句處라 하겠다。

어허! 泰山이 어정어정 걸어오니 綠水는 굼실굼실 기어가는구나。

默然無言口不開
石人擊鼓劫外歌

다물어서 말없으니 입을 열지 않음이여!
돌사람이 북을 치니 겁 밖의 소리일러라。

〔1〕 本文 雪竇顯 頌하되

咄這維摩老가　悲生空懊惱로다。

臥疾毗耶離하니 全身大枯槁로다。
七佛祖師來하니 一室且頻掃로다。
請問不二門하니 當時便靠倒로다。
不靠倒여、 金毛師子無處討니라。

번역 선두현이 송하되
애닯다、저 유마 늙은이여。
중생을 가없이 여기노라 공연히 걱정하네。
비야리성에 병들어 누웠으니
온몸이 바싹 말랐네。
七불의 조사께서 찾아오시니
한 방을 깨끗이 치워 놓았네。
둘 아닌 법문을 청해 물었으나
당장에 곤두박질을 했네。
곤두박질을 않음이여。
*二 금털 사자를 찾을 길 없네。

강론 애닯다 저 유마늙은이、 중생을 가없이 여기어 공연히 뇌로워 하시네。 뉘 때문의 뇌롬이시던가。 만약 중생을 가없이 여기는 데서의 뇌로움이라면 이것은 마땅히 중생의 責任이니 이 責任을 어떻게 하어야 되겠는가。 不二法門에 들어가서 이야기하자。

비야리 성에 병들어 누웠으니 온 몸이 바싹 말랐네。
중생의 病은 도맡아 앓는데 어찌 몸인들 바싹 마르지 않겠는가。
七佛祖師께서 오시는데 一室을 깨끗이 비워 놓으셨네。
天下가 다 비었는데 이 방인들 비지 말라는 法이 있었던가。
不二法을 청하여 물었으나 당장에 곤두박질을 했네。
물음은 답에 있고 답은 물음에 있으니 어찌 곤두박질을 않겠는가。
곤두박질은 않음이어、 금털사자를 찾을 길 없네。
龍虎가 서로 어울렸으나 마침내엔 종적마저도 찾을 길이 없구나。

〔2〕 本文 大洪恩 頌하되

毗耶城裡競頭走하고 謾謂南星眞北斗로다。
還如蚌鷸兩相持하여 須臾盡落漁人手로다。

번역 대홍운이 송하되

비야리 성에서 앞을 다투어 달리더니
남극성을 가리켜 북두라 속이네。
마치 조개와 황새가 맞문 것 같더라니
잠깐 사이에 어부에게 몽망 잡혔네。

강론 비야리 성에서 서로가 다투어서 天機를 들내더니 南極星인들 어찌 그 자리에 있겠으며 北極星인들 어찌 그 자리에 있으랴。 뱀과 두꺼비가 안개를 피우는 바람에、 땅꾼의 망태속으로 몽땅 들어가네。

[3] **本文** 萬福逸頌하되

毗耶城裡維摩詰이여、 知他畢竟徹不徹이로다。
金毛獅子未到時에 一羣夫除先漏洩이로다。
及乎細問不二門하여 推出一團無孔鐵이로다。
剛被文殊下一楔하여 千年萬載成凹凸이로다。

311 維摩默然

번역 천복일이 송하되

비야리성의 유마힐이여。
그는 봉했으나 봉함마저도 아니구나。
금털사자가 이르기 전에
방안은 비운 것이 비밀을 누설했네。
둘 아닌 법문 무어냐는 물음을 받자
한 덩어리 구멍없는 철퇴를 내놓았네。
바야흐로 문수가 한번 망치를 두드리니
천년만년 온복삼복하더라。

강론

비야리성의 肉身보살이신 유마힐이여。
그는 깨침도 없으니 안 깨침도 없구나。
금털사자가 이르기 전에
무삼 일로 방을 비워 天機를 드러냈는고。
不二法門을 되려 물었으니
구멍없는 철퇴밖에 더 있겠는가。

문수는 날쌔게 쐐기를 내려쳤으니
千古萬古로 울퉁불퉁 않겠는가。

〔4〕

本文 雲居元 頌하되

文殊白維摩黑이라 捉賊從來須是賊이니라。
可憐八萬四千人이 直至如今尋不得이로다。

번역 운거원이 송하되

문수는 희고 유마는 검으니
도적을 잡는 자는 본래부터 도적일세。
가없어라。八만四천 인이여、
지금에 이르도록 찾지 못했네。

강론

문수는 흰 모자를 쓴 날도적이요 유마는 검은 모자를 쓴 날도적이니、
서로가 서로를 잡아봤든 무엇이 다르랴。
슯프구나。八萬하고 四千의 끝없는 무리들이여。

오늘에 이르도록 오고 가는 자리조차 모르니 이찌하려노。
부는 바람 나뭇가지를 흔드니 거기에나 물어보라。

〔5〕 **本文** 天童覺 頌하되

曼殊問疾老維摩하니 不二門開看作家라。
珉表粹中誰賞鑑고。 忘前失後莫咨嗟어다。
區區抱璞兮여 楚庭刖士요
璨璨報珠兮여 隋城斷蛇로다。
休點破絕瑕疵라 俗氣渾無却較些로다。

번역 천동각이 송하되

문수가 유마늙은이를 문병했더니
불이법문에서 알찬 이를 기다리네。
옥돌 속의 순수한 것을 뉘라 감상하랴。
앞을 잊고 뒤를 잃었다고 한숨짓지 말려무나。
성큼성큼 옥덩이를 안고 감이여、
＊四 초왕의 궁정에서 발이 잘린 사나이요。

반짝이는 구슬로 은혜를 갚음이여、
[十五]수성에서 상처입은 뱀이었네。
점검하려 하지 말라、티가 없느니라。
속된 새김이 없어져야 비슷하리라。

강론 문수가 부처님의 뜻을 받들고 유마늙은이의 문병을 갔더니
유마는 不二法門을 열어제치고 알찬 이를 기다리는 참이었네。
옥돌 중의 옥돌을 뉘라 쉽사리 살펴서 알아차리랴。
있는 때와 없음인양 앞을 잊고、없는 때를 있음인양 뒤를 잃었다고 한숨짓지 말라。
성큼성큼 옥덩이를 안았으나 時節을 못만났으니 발이 잘리고
반짝이는 구슬로 은혜를 받음은 수성에서 상처입은 뱀을 구해낸 因緣이네。
구하지 않고 붙이지 말라。
속세의 새김 다 놓아버리면 그만인걸。

〔6〕 **本文** 承天懷 頌하되
辯才無礙老維摩여 五竺三賢不奈何로다。
一見曼殊甘杜口하니 平生器宇頓銷磨로다。

呵呵呵어

棋逢敵手難饒行이요　琴會知音調轉高로다。

번역 승천회가 송하되

말재주가 걸림없는 유마늙은이여
五천축의 성현들도 어쩔 수 없네。
문수를 한번 보자 입을 막으니
평생의 솜매가 무던 듯하네。
하 하 하!
바둑은 적수를 만나서 지나치기 어렵고
거문고가 지음을 만나니 가락은 더욱 높나。

강론

말재주에 걸림이 없는 유마늙은이여
西天의 聖賢도 발붙일 곳 없구나。
문수를 봄이 없이 보고 입을 다무니
아는가 모르는가、유마조차도 없어졌네。
어허! 우습고야。

장군멍군에 세월이 흐르니
거문고 가락 드높을새 어머니의 胎를 향하여 달리네。

〔7〕 本文 長靈卓 頌하되

洞門常啓客來稀하니 碧草叢邊野蕨肥라。
可笑流年空老大하여 慚無一德報恩知로다。

번역 장령탁이 송하되

큰 문이 항상 열렸건만 오는 손님 드무나、
우거진 풀밭곁에 고사리가 살찌누나。
우습고야、속절없이 세월보낸 저 늙은이여、
은혜 갚은 공덕 없음이 부끄러운 줄 알겠는가。

강론

바다가 넓으니 배는 제멋대로 떠돌아 다닐 수 있고
땅이 두터우니 풀나무는 제자리에서도 살찌누구나。
우습고야、사람은 늙을수록 자지러지니
큰 은혜 갚는 걸 모르기 때문이네。

〔8〕本文 介庵朋 擧維摩默然하고 着語云하되 錯이로다。文殊讚善에 着語云하되 錯이로다。因成頌하되

是錯何曾錯고。 大哉良不惡로다。
鐵牛半夜關重開하니 驚起麒麟折雙角이로다。
錯錯이여
門曇正令이요 夫子木鐸이로다。

번역 개암붕이 유마거사의 묵연한 일을 듣고는 착어하되 「틀렸다」하고、문수가 찬탄한 일에도 착어하되 「틀렸다」하고 이어서 다음과 같이 송했다。

이 잘못됨이 어찌 일찍 잘못됨이리오。
크도다、좋이서 밉지 않음이로다。
무쇠소가 밤중에 겹관문을 열어제치니
기린이 놀라 일어나다 두 뿔이 부러졌네。
잘못되고 잘못됨이여、
구담의 바른 법령이요、공자의 목탁이로다。

강론 介庵朋이 유마의 默然無言한 일을 듣고는 이어 말 붙이되 「틀렸다」하고、 문수가 讚嘆한 데도 말 붙이되 「틀렸다」 하였으니、 두 잘못의 끝을 注視하자。 아마 쳐놓은 그물을 뚫고 큰 용이 뛰쳐나와서 수미산을 부숴버릴 것 같구나。

「이 잘못됨이 어찌 잘못됨이랴。 크도다、 어질어서 악하지 않구나」 하였다。

푸른 바다 한복판이 번개지면서 산등같은 붉은 잉어가 꼬리를 치니、 바다는 두 쪽으로 갈라지네。

「무쇠소가 밤중에 겹관문을 뛰쳐나니 기린이 놀라 일어나다 두 뿔을 부러뜨렸구나」 하였다。

갓난 아기가 수염이 석자나 길었기에 九十 老人이 큰걸음 하다가 紗帽가 떨어져서 뿔을 몽땅 부러뜨렸네。

「잘못되고 잘못됨이여、 瞿曇의 바른 法令이요 孔子의 木鐸이로다」 하였다。

바른 法令이 내렸던가。 山河大地 부수어서 뭉쳐내니 한 덩인걸 난데없는 파랑새가 납죽 주워먹더구나。

木鐸소리가 들리네。 八十歲의 寡婦가 七寶丹粧에 꽃상여 타고 시집은 가는 건같이 더라。

〔9〕 本文 知非子 頌하되

不問有言無言하니　世尊開我迷雲이로다。
舉手揚鞭影現하니　良馬千里駿奔이로다。
毘耶顯玄拂跡하니　眞入不二法門이로다。

번역 지비자가 송하되

말있음과 말없음을 묻지 않았거늘
세존께서 나의 미혹한 구름을 걷어주셨네。
손을 들어 번득이어 채찍 그림자가 나타나니
좋은 말은 천리를 단숨에 달린다。
비야리노인이 현묘함을 드러내어 자취를 쓸어버리니
참으로 불이법문에 들었네。

강론

有言은 有言이 아니요 無言은 無言이 아니니
世尊의 말씀의 兩極이 몽땅 사그라짐이로다。
채찍 그림자만 보아도 千里를 뛰듯이、비야리 늙은이가 玄妙함을 드러내어 거추장스러운 자취를 쓸어내니
바로 不二法門의 소식이 아니고 무엇이랴。

〔10〕 **本文** 保福展 拈하되 文殊는 也似掩耳偸鈴이라 力盡烏江이요 維摩一默은 未出化門이로다。 又云 大小維摩가 被文殊一坐하여 直至如今에 起不得이로다。

번역 보복전이 염하되 「문수는 마치 귀를 가리고 방울을 훔치는 격이라 오강*六에 힘이 다했고 유마의 다묾은 교화의 문턱을 벗어나지 못하였네」 하였다。 또 이르되 「점잖은 유마가 문수에 의해 한 번 주저앉게 된 뒤로는 이제까지 일어나지 못하는구나」 하였다。

강론 保福展의 이야기다。 문수는 不二法門에 드는 手段으로 無言無說이요 無示無識이라 말하였으니、 좋기는 좋으나 言路가 確然하기 때문에 귀를 가리고 방울을 훔치는 셈이라 항우가 烏江에서 힘이 다함과 같음이요、 유마가 默然無言으로 言路를 坐斷했으니 옳기는 옳으나 敎化의 문턱을 뛰치지 못했다는 것이다。 保福展이여! 無言無說과 無示無識이 三界를 뒤흔들고 默然無言이 十方을 뒤집어 놓은 大說法임을 모르는가。

또 이르되 「점잖은 유마거사가 문수보살에 의해 한번 주저앉게 된 뒤로는 지금까지 일어나지 못하는구나」 하였다。 공연히 문수보살이 날아와서 無言無說이요 無示無識이란 말마디를 던지는 바람에 유마거사도 행여나 뒤질세라 默然無言의 탯거리를 보였으니、이에 대하여 極讚을 보낸 것은 도리어 極讚의 쇠사슬로 유마를 꽁꽁 묶어놓은 거나 마찬가지라、이 책임은 문수가 져야 한다는 뜻이다。흥! 묶이고 묶음이 어디에 따로 있겠는가。다 兩老漢의 法놀이에 지나지 않는다。알겠는가。알았거든 한잔 하고 萬歲나 불러라。

〔11〕**本文** 雪竇顯 拈하되 維摩道什麽오。復云勘破了也로다。又僧이 問如何是維摩一默이니꼬。師云 寒山이 訪拾得이니라。僧云 伊麼則入不二之門也이니다。師云 噓 復成頌云하되

維摩大士去何從고。 千古令人望莫窮이로다。
不二法門休更問하라。 夜來明月上高峰이로다。

번역 설두현이 염하되「유마가 무엇이라 했던고」하고 다시 이르되「알아 마쳤다」하다。또 중이 묻되「어떤 것이 유마가 한 번 다뭄이니까」하니 선사가 대답하되「한산이 습득을 방문했느니라」하다。중이 묻되「그런즉 불이법문에 들었읍니다」하니 선사가 이르되「히」하고는 다시 송하되

유마거사는 어디로 갔는가

천고를 두고 사람들을 어리둥절케 하네。
물 아닌 법문을 다시 묻지 말라。
밤이 되니 밝은 달은 높은 봉우리위로 떠오르니라。

강론 雪竇頌이 拈하되 「유마가 무어라 했던고」 하고는 다시 이르되 「알아 마쳤도다」 하였다。 말해보라。 유마가 뭐라 했는가。 흥! 혓바닥을 굴리지 않고 「이러니라」 하였다。 이 「이러니라」는 과연 무엇인가。 말해보라。 누리의 지도리(樞)를 그대로 드러내는 默然無言의 手段이다。 言路도 意路도 빌지 않고 心緣相마저 여읜 一大 活句處다。

또 중이 묻되 「어떤 것이 유마가 한 번 다묾이니까」 하였다。 멍텅구리로다。 寒山이 拾得을 찾아가는 것은 그만두고라도 우선에 눈으로 묻고 귀로 납하는 줄도 모르겠는가。

중이 또 묻되 「그러하온즉 不二法門에 듦이니까」 하였다。 천치로다。 不二法門은 不二法門이나、不二法門이 아니기 때문에 不二法門인 줄도 모르나。

老長은 이어 「허!」 하고는 頌하되 「유마大士는 어디로 갔는고。 千古를 두고 사람으로 하여금 어리둥절케 하였네」 하였다。 가고 옴이 없는데 가기는 어디로 가겠는가。 千古萬古로 같이 있으면서 또렷또렷하고도 영특스런 소식을 한가지로 쓰는데、 무엇이 어리둥절함인가。

이어 「불이법문을 묻지 말라。밤이 되니 밝은 달은 높은 봉우리 위로 떠오르니라。」 하였다。不二法門이니 不一法門이요、不一法門이니 不二法門이니라。밤에 밝은 달이 높은 봉우리위에 솟는 것을 눈으로 보며 즐기고 슬퍼할 줄을 아는 그 놈은、도대체 누구인가。이것부터 알아야 유마거사의 行方을 알게 되리라。알겠는가! 이 도리를 알면 千古의 기쁨이요、모르면 萬古의 슬픔이니라。

〔12〕 **本文** 瑯琊覺 拈하되 文殊伊麼讚嘆은 也是杓卜聽虛聲이요 維摩默然은 你等諸人이 切不得鑽龜打瓦어다。

번역 낭야각이 염하되 「문수가 그렇게 찬탄한 것이 표주박 자루에서 헛소리를 듣는 격이로다。유마가 잠자코 있는 것을 그대들은 함부로 점치려 말라」 하다。

강론 낭야각은 들되 「문수가 그렇게 찬탄한 것은 표주박 자루에서 헛소리를 듣는 격이로다。유마의 다뭄을 그대들은 함부로 점치려 하지 말라」 하였다。

문수가 不二法門에 대하여 無言無說하며 無示無識이라고 이른 반면에 유마는 默然無言을 하였다。문수의 찬탄은 이만저만이 아니다。그러나 낭야각은 문수가 讚嘆한 대목을 들어서 이르되 마치 「표주박을 끓는 물에 담그고 그 소리에 따라 점치는 헛소리를 들음이나 마찬가지」라고 하였다。알고도 모를 일이요、모르고도 알 일이다。어찌 老長은 표주박 소리만 붙들고 이야기하는가。그 소리가 그 소리인 줄은 모르시나。

그러나 낭야각의 속셈은 또한 다른 데가 있다。왜냐면 유마거사의 默然無言과 문수의 讃嘆과 老長의 표주박소리와는 一脈相通한 点이 있다。무엇 때문이냐。「그대들은 함부로 점치려 말라」한 소식이다。

默然無言의 當處는 말마디나 글귀로서 들낼 수도 없을 뿐 아니라、설혹 드러냈다손 치더라도 그것은 心緣相 놀이로서 本來의 義趣와는 달라질 뿐이니、東을 향해서 西를 부름이나 마찬가지다。

〔13〕 **本文** 圜悟勤擧하되 文殊가 問 維摩云하기를 我等은 各自說已어니와 云何是仁者所說不二法門고。師云 這一轉語를 叢林話會不少하니 有道하되 默然이라 하며 有道하되 良久라 하며 有道하되 據坐라 하며 有道하되 不對라 하나 要且摸索不着이로다。直得其聲이 如雷하여 普驚群動이라 自古及今에 前聖後聖所說法門이 只向維摩片時之間하여 一時顯現이니라。且道하라。正當伊麼時하여 作箇什麼하여야 得見維摩오。

번역 원오근은 문수가 유마에게 물은 「우리들은 이미 제각기 말했거니와 어떤 것이 어진 이께서 말씀하는 바 둘 아닌 법이니까」 한 것까지를 들고는 선사가 이르되 『이 한 토막의 이야기에 대해 총림의 말거리가 적지 아니하니、말하되 「다물었다」 하고、말하되 「양구했다」 하고、말하되 「자리에 기대앉았다」 하고 말하되 「대답치 않았다」 하나、요는 만져보지도 못함이로다。그 소리가 우뢰같아서 뭇 사람을 놀라게 한지라、옛부터 지금까지의 앞 성인과 뒷 성인들이 말씀하신 바의 법문이、다못 유마의 잠깐 사이를 향하여 한 때에 드러났다。말해보라。바야흐로 이 매를 당해서 어찌하여야 유마를 뵈올 수 있겠는가』 하다。

강론 원오근의 이야기다。문수보살이 유마거사에게 간곡히 물으셨다。서로가 法을 아끼고 무거이 여기기 때문이다。「우리들은 이미 不二法門에 드는 제각기의 見解를 이미 말했거니와 어진이께서는 어떤 것이 둘 아닌 법문에 듦이니까」 물었다。물을 수가 있기 때문에 문수보살이시다。無言無說이요、無示無識이면 그만인데 무엇을 또 묻겠는가。

그러나 물으셨다。누리를 대신하는 지혜가 없이 어떻게 묻겠는가。가도 가도 끝이 없는 목숨이요、가도 가도 끝이 없는 지혜요、가도 가도 끝이 없는 즐김이다。이 소식의 알맹이를 肉身보살인 유마거사는 默然無言으로 들내신 것이다。

이허! 휘영청한 자리에 눈이 없고, 또렷한 자리에 입이 없고, 의젓한 자리에 귀가 없구나。어즈버야, 눈이 없기에 눈을 두어서 보고, 입이 없기에 입을 두어서 지껄이고, 귀가 없기에 귀를 두어서 듣는구나。

알거든 오고 모르거든 가거라。가다가 알 것도 없고 모를 것도 없음을 알거든 돌아오라。자! 유마거사를 뵈오려 하는가。허공을 향하여 석자만 뛰어 올라라。거기에는 三十三尺의 수염을 휘날리는 거사가 빙긋이 웃고 계시리라。알겠는가! 보는가, 못 보는가。한마디 일러라。에잌!

註 一、不二法門…모든 차별 현상이 둘이 아니라는 법문。

二、金毛獅子…문수보살이 타던 사자。

三、蚌鷸相爭…입 벌린 조개를 황새가 쪼았는데 조개가 입을 다물어 서로 놓지 않으므로 서로가 꼼짝 못하다가 끝내는 어부에게 몽땅 잡혔다는 옛 이야기。

四、楚王宮운운…卞和가 형산에서 얻은 옥을 초왕에게 바쳤다가 발을 짤리는 벌을 받은 古事。

五、隋城의 상처난 뱀…隋의 원창이 齊나라에 사신으로 가다가 허리에 상처가 난 뱀을 보고 가엾이 여겨 물에 씻고 약을 발라 주었다。그후 어느날 밤에 이상한 광체가 자기집으로 들어오는 것을 보자 적인줄 알고 칼을 빼들고 기다

리니 전일의 그 뱀이 구슬을 물고 와서 두고 갔다는 고사。

六、烏 江…항우가 죽은 곳。

七、鑽龜托瓦…거북의 껍질을 태우거나 기왓쪽을 깨뜨려 금이 가는 꼴을 보아 점을 치는 일이니、이리저리 분별한다는 뜻。

第六三、外道六師

〔本文〕 維摩 因須菩提乞食하여 謂尊者曰 外道六師는 是汝之師니 因其出家하여 彼師所墮에 汝亦隨墮하여야 乃可取食이니라。

〔번역〕 유마거사가 수보리의 걸식하는 것을 인하여 존자에게 일러 가로되 「외도육사가 그대의 스승이라 그로 인해서 출가했으니、 그들이 떨어진 곳에 그대도 떨어져야 밥을 가히 받을 수 있느니라」 하다。

〔강론〕 유마거사가 수보리尊者의 乞食을 보시고 이르되 「外道 六師가 그대의 스승이라 그로 因하여 出家를 했으니 그들이 떨어진 곳에 그대도 떨어져야 좋이 밥을 받을 수 있느니라」 하였다。 그렇다。 만약 밥에 平等하면 법에도 平等하고、 만약 모든 법에 平等하면 밥에도 平等한 것이다。 매문에 平等心을 바탕으로 하여서 비록 위로는 모든 부처님과 같다 하여서 높이지 말고 아래로는 外道 六師라 하여서 낮추지 않는 것이니 무슨 까닭으로써이냐。 天地가 同根이요 尊卑가 一致하기 때문이다。 이렇듯이 부처님을 뵙지도 않고 法을 듣지도 않는 外道 六師라 할지라도 저를 스승으로 삼았으며 따라

저로 因하여 出家를 하였은즉, 저 스승이 外道에 떨어지더라도 같이 떨어져서 저 스승을 正道로 이끌 수 있어야 가히 밥을 取할 수 있다는 것이다。 다시 말하자면 本來智가 뚜렷한 平等性 中에서 어찌 正道와 邪道의 區別이 있겠느냐는 말이다。 實로 이만한 才幹이 갖춰져야 비로소 魔道에도 들 수 있는 無礙人으로서 天下를 가로세로 누빌 것이 아니겠는가。

本無功德私貪食
後日自落餓鬼窟

본래로 공덕없이 사사로이 먹이만을 탐하면
뒷날에는 스스로가 아귀굴에 떨어지네。

[1] **本文** 無盡居士 頌하되

邪見歸依外道師하니 與師同墮復何疑리오。
憑君滿鉢盛香飯하니 午日亭亭腹正飢로다。

번역 무진거사가 송하되

사된 소견으로 외도 스승께 귀의했으니

스승과 같은 곳에 떨어짐을 다시 어찌 의심하리오。
그대편에 향기로운 밥 가득히 담아 주노니
한나절 되면 배가 바로 고프기 때문이로다。

강론 正人이 方便을 굴려서 外道에 歸依한다 하자。外道는 正道로 옮겨지지 않겠는가。正道니 邪道니가 다 입에 발린 말이니 다른 걱정말고 그저 正念으로 가라。正念으로 가면 正念의 밥이 있고 邪念으로 가면 邪念의 밥이 있으니 가려가며 입맛대로 먹을 수 있어야 魔佛로 더불어 太平曲을 읊으리라。

〔2〕 本文 維摩座主 擧問 大珠和尚云하되 明爲解說하소서。珠云하되 迷循六根者를 號之爲六師요 心外求佛을 名爲外道니라。

번역 유마좌주가 이 이야기를 들고는 대주화상께 묻되「분명하게 설명해 주십시오」하니 대주가 이르되「미혹하여 六근을 따르면 六사라 하고 마음 밖에서 부처를 구하면 외도라 하느니라」하다。

강론 維摩經論을 講義하는 座主가 이 이야기를 들고는 大珠화상에게 묻되「분명하게 설명해 주십시오」하니、大珠화상이 이르되「미혹하여 六根을 따르면 六師요、

마음 밖에서 부처를 구하면 外道니라」 하였다。 좋은 말이다。 六根과 타협을 않으면 六師가 어디에 붙겠으며、 마음 밖에서 부처를 구하지 않으면 外道는 발 붙일 곳이 없으니 무엇 때문에 六師를 걱정하고 外道를 걱정하랴。 모두가 다 스스로의 마음씀이대로이니 다만 텅 트인 허공을 향하여 달려라。 六師는 六功德으로 바뀌고 外道는 嫡子가 되리라。

第六四、福 田

〔本文〕 維摩謂須菩提曰 其施汝者가 不名福田이니、 供養汝者가 墮三惡道니라。 謗於佛毁於法하고不入衆數하여 終不得滅度니 汝若如是하면 乃可取食이니라。 須菩提聞此하고 茫然不知答하니라。

〔번역〕 유마가 수보리에게 이르되 「그대에게 보시한 이를 복전*이라 하지 못하나니、 그대에게 공양한 이가 세 갈래 나쁜 길에 떨어지리라。 부처를 비방하고 법을 비방하면 대중 수효에 들지 못하며 끝내는 열반에 들지 못하리라。 그대가 이와 같이 한다면 비로소 밥을 받을 수 있으리라」 하니、 수보리가 이 말을 듣고 어리둥절하여 대답할 바를 몰랐다。

〔강론〕 유마거사가 수보리에게 이르되 「그대에게 보시한 이를 福田이라 하지 못하나니 그대에게 공양한 이는 三惡道에 빠진다」 하였다。 무슨 까닭이냐。 수보리는 富貴相에만 치우쳐 있다고 여겼던 탓일까。 유마거사는 수보리가 능히 佛地에는 들 수가 있을지언정 魔界에는 들지 못함으로 알았던 모양인지 이곳을 향하여 峻嚴한 言辭를 不辭

했다。 말하자면 너는 衆魔로 더불어 塵勞中에서도 同一 手段과 同一 方便으로 行爲를 勘當할 수 있어야 大衆의 怨心도 살 수 있을 것이며、布施를 하는 者는 福田이 될 수가 없을 것이요、더우기 供養하는 者는 三惡道에 떨어진다는 느낌마지 가지게 할 수 있는 自由自在의 才幹인 지혜兒가 되어야 비로소 한 술의 밥을 먹을 수 있다는 것이다。 산이 높으니 골짜기도 깊은 것이다。

부처를 구하지 않으니 부처에 붙이지 않고、부처에 붙이지 않으니 부처를 비방한다 이를 것이요、法에 붙이지 않으니 法을 헐뜯는다 이를 것이요、法을 헐뜯는다 이르니 僧에 붙이지 않는다 이를 것이요、僧에 붙이지 않는다 이르니 衆數에 들지 않는다 이르겠지마는 본래로 寂滅한 자리니 滅度를 따로 구할 이유가 어디에 있겠는가。 알겠구나。 이만한 才幹을 굴려야 비로소 한 술의 밥을 먹을 수 있다니 그렇다면 衆生은 공짜 밥만 먹음으로 하여서 빚쟁이만 되겠군요!

智人忽向三惡道
步步足下蓮花開

슬기로운 사람이 비록 삼악도에 향하더라도
자국자국 발밑에는 연꽃이 피더라。

〔1〕**本文** 保寧勇 頌하되

無邊無際休斟酌하라。 潮去潮來本自平이니라。
清濁淺深幷苦淡이 一般滋味逈分明이로다。

번역 보녕용이 송하되

끝도 갈피도 없으니 짐작을 쉬어라。
밀물이건 썰물이건 스스로 평등하다。
맑고 흐리고 깊고 얕고 짜고 싱거우나
한 가지 맛만은 유독 분명하구나。

강론 사리〔大潮〕면 어떠하며 조금〔小潮〕인들 어떠하랴。
밀물은 밀물대로 쓰고
썰물은 썰물대로 써도
한 가지 맛은 그대로 분명한 것을。
자! 하나 맛을 내어놓아 보라。 모르겠거든 바다를 향하여 뛰어들라。 그때엔 알게 되리라。

〔2〕 **本文** 大慧杲 頌하되

獨坐許誰知오。 青山對落暉로다。
花須連夜發이라 莫待曉風吹하라。

번역 대혜고가 송하되

홀로 앉았는데 뉘 알기를 허락하랴。
청산이 지는 해를 마주했네。
꽃은 밤을 새워 피는데
새벽 바람 불기를 기다리지 말라。

강론 모든 시름 놓였던가。 홀로 앉으니 뉘가 나를 알아보리。
푸른 산에 지는 해가 오늘도 내일도 다름이 있으랴。
가꾸고 가꾸어서 밤새워가며 피워 놓은 꽃이길래
새벽 바람일랑 불지 마라。 꽃잎이 떨어지면 오는 나비 어찌하리。

〔3〕 **本文** 竹庵珪 頌하되

入林不動草하고 入水不動波라。
鑊湯無冷處하고 合眼跳黃河로다。

번역 죽암규가 송하되

숲에 들어가도 풀이 움직이지 않고
물에 들어가도 파도가 일지 않는다。
끓는 가마솥에 서늘한 기운 없으니
눈을 감고 황하를 뛰이넘이라。

강론 숲에 들이도 의젓한 나의 風光이요
물에 들이도 빈듯한 나의 景概로다。
번뇌 망상이 들끓는 가마는 시원한 時節이 못되니
시새움 버리고 臨津江이나 튀워주자꾸나。

〔4〕本文 松源 上堂擧此話云하되 還見維摩心肝五臟麼아。 移花兼蝶至하고 買石得雲饒로다。

번역 송원이 상당하여 이 이야기를 들고는 이르되 「유마의 뱃속을 보았는가。 꽃을 옮기니 겸하여 나비가 이르고、 돌무더기를 샀더니 구름까지 시리이 넉넉하더구나」

강론 유마거사의 腹腸을 보았는가。 세 푼 밑천으로 千兩어치 장사를 할려는구나。 꽃을 옮길 때는 뭇 벌나비가 오기를 꾀하고、 돌무더기를 살 때에는 구름도 바람도 달도 얻을려는 속셈이니 南山골 許生員의 排布와도 크게 비슷한 모양이군。 그래 그리니 졸때기 身世타령은 그만 두기로 하세!

〔5〕 本文 維摩座主擧問 大珠和尙云하되 明爲解說하소서。 珠云 有物可施가 不名福田이요 生心受供이 墮三惡道라 汝若能謗於佛者는 是不着佛求요 毁於法者는 是不着法求요 不入衆數者는 是不着僧求요 終不得滅度者는 智用現前이니 若有如是解者면 便得法喜禪悅之食이니라。

번역 유마좌주가 이 이야기를 들고는 대주화상에게 물어 이르되 「또렷하게 해설해 주십시오」 하니 대주가 이르되 「보시할 물건이 있으면 복밭이 아니요、 마음을 내어 공양을 받으면 삼악도에 떨어진다。 그대가 만약 능히 부처를 비방한다면 부처에 붙이어서 구함이 아니요、법을 헐뜯으면 법에 붙이어서 구함이 아니요、뭇 수효에 들지 않음은 중에 붙이어서 구함이 아니요、끝내 멸도를 얻지 않음은 지혜의 작용이 안에 나타나는 것이다。만약 이와 같이 풀이함이 있다면 법의 즐거운〔法[*三]喜禪悅〕법을 받을 수 있나니라」하다。

강론 維摩座主가 이 이야기를 듣고는 大珠和尙에게 물어 이르되「또렷하게 해설하여 주십시오」하였다。대주화상은 이르되「보시할 물건이 있으면 복밭이 아니요、마음을 내어 공양을 받으면 三惡道에 떨어진다」하였다。

그렇다。참 복밭은 法의 씨알이 심기인 마음의 밭이다。心田의 啓發없이 어떻게 참된 복씨를 심으며、설혹 심기었다손 치더라도 어떻게 그 복씨가 꽃을 피우고 열매를 맺겠는가。色身을 眞身으로 하는 我相이 있으면 으레 貪·瞋·痴인 三毒은 있게 마련이다。차별現像의 人格을 斷然히 따져서 貪·瞋·痴의 뭉치라 하여도 異論이 있을 수 없다。때문에 戒定慧를 닦는 學人으로서는 그 供養을 인정은 할지언정 마음이 供養에 붙이어서 받는 법도 아닐뿐 아니라 그럴 必要조차도 없는 것이다。

부처를 비방함이란 부처가 부처에게 붙이어서 부처를 구하지 않음이요、법을 헐뜯음이란 법이 법에 붙이어서 법을 구하지 않음이요、뭇 수효에 들지 않음이란 중에 붙이어서 구하지 않음이요、끝내 멸도를 얻지 않음이란 본래로 寂滅한 열반자리에서 어찌 또 무슨 밀도를 찾겠는가。이와 같이 智用이 現前하민 스스림없는 일반땅을 이찌 다른 곳에서 찾겠는가。이와 같이 알아야 禪悅食을 받을 수가 있는 것이다。

[주] 一、福 田…복덕의 근원이란 뜻이니 공덕을 지을 수 있는 대상。

二、法喜禪悅…道를 닦음으로써 얻어지는 즐거움。

第六五、採 藥

〔本文〕文殊一日令善財採藥次云하되 不是藥者를 採將來하라。善財云 山中에 無不是藥者니다。文殊云 是藥者를 採將來하라。善財於地上 拾得一莖草하여 度與文殊한데 文殊接得示衆云하되 此藥이 亦能殺人하고 亦能活人이니라。

〔번역〕 문수가 어느날 선재에게 약을 캐오라고 시키면서 이르되 「약 아닌 것을 캐오너라」 하셨다。이에 선재가 이르되 「산중엔 약 아닌 것이 없읍니다」 하니、문수가 이르되 「약이 되는 것을 캐오너라」 하다。선재가 땅 위에서 한 줄기의 풀을 집어 올려 문수에게 주니 문수가 받아 들고는 대중에게 보이면서 이르되 「이 약은 사람을 죽이기도 하고 사람을 살리기도 하니라」 하다。

〔강론〕 文殊는 어느날 善財童子를 시켜 이르되 「약이 아닌 것을 캐오너라」 하셨다。흥! 나지 않음、곧 不生을 일컬음이구나。뉘라서 모를라구!

善財童子는 이르되 「山中에 약 아닌 것이 없읍니다」 하였다。흥! 죽지 않음、곧 不

死를 일컬음이로구나。 뉘라서 모를라구!

문수는 이르되「약이 되는 것을 캐오너라」하셨다。 문수보살은 처음에 不生을 드시니 선재동자는 不死로 대하셨다。 때문에 이번에는 不生 不死의 약을 캐오라시는 것이다。

선재동자는 땅 위에서 한 줄기의 풀잎을 집어 올려 문수보살께 드렸다。 이 한 줄기의 풀잎은 不生 不死의 도리를 象徵하는 것이다。 보살은 不生 不死를 象徵하는 한 줄기의 풀잎을 대중에게 들어 보이시고 이르되「이 약은 또한 능히 사람을 죽이고 또한 능히 사람을 살리기도 하느니라」하셨다。 흥! 不生 不死의 참 도리가 의젓하기 때문에 生과 死의 거짓 탯거리도 비것이 나투어서 人生살이를 엮으며 가는 줄을 뉘라서 모를라구!

山中無非藥
皆是活殺草

산중에는 약 아님이 없으니
다 이 살리고 죽이는 풀이로다。

1 [本文] 大覺璉 頌하되

欲採靈苗匝地生하니 吉祥拈起活人莖이로다。
當時若也翻塗毒이런들 直下三千震一聲하리라。

번역 내각련이 송하되

땅바닥에 가득한 영특스런[*一] 묘종을 캐렸더니
길상[*二]이 남 먼저 활인경(活人莖)을 집어올렸네。
당시에 독칠한 북을 뒤집었더라면
당장 삼천 세계에 한 소리 떨쳤으리。

강론

본래로 휘영청한 生命의 바탕이여、
갈기갈기 나뉘어서 풀나무도 되었네。
문수가 공연스레 사람살리는 풀이라 외치는 것도
그 뿌리가 둘 아닌 한 집안 일이었기 때문이네。
당시에 만약 딴 세상 물건이라 했던들
三千界는 붙일 곳도 못 찾고 도망을 쳤으리。

〔2〕 **本文** 大洪恩 頌하되

或是或非何草草요 能生能殺謾悠悠로다。
來年更有新條在하여 惱亂春風卒未休리라。
師驀拈起拄杖云하되 甚麽處去也오。

번역 대홍은이 송하되

혹 옳고 혹 그르다며 어찌 그리 분주한고。
능히 살리고 능히 죽임이 어디 끝이 있던가。
내년에 다시 새 가지가 돋혀도
뇌로운 봄바람에 쉽게 쉬지 못하리라。
선사는 이어 갑자기 주장자를 들어올리고 이르되 「어디로 가는고」 하다。

강론

옳은 건 무엇이며 그른 건 무엇인가。
생겼다 사그라졌다 하는 것은 묘한 도리의 나툼인 것을。
뒷세상에도 다시 새 가지를 두어서
뇌로운 봄바람에 흐느적거리기도 하지 않겠는가。
선사가 이어 갑자기 주장자를 들어올리고 이르되 「어디로 가는고」 하였다。 가기는 어다로 가겠는가。주장자 끝에 송이송이 판 것을 보는가、못보는가。한 마디 일러브라。

알겠는가!

〔3〕**本文** 薦福逸 頌하되

信手拈來草最靈하니　一枝能殺亦能生이다。

曼殊室利開金口하니　迄至如今藥道行이로다。

번역 천복일이 송하되

손 끝에 잡힌 풀이 가장 영특하니

한 줄기가 사람을 죽였다 살렸다 하는구나。

문수가 존귀한 입을 여시니

이제까지 약방문이 돌고 있다네。

강론 본래부터 가장 영특스런 풀잎새를 의심하랴。

한 어김의 굴림새로 사람을 죽였다 살렸다 하네。

문수는 금쪽같은 입을 열었지마는

하늘 땅이 생기기 전부터의 좋은 약방문인 줄은 몰랐던가.

〔4〕本文 保寧勇 頌하되

大地蒼生病似痲어늘 吉祥靈藥示無厓라。
其間殺活難分辨하니 又是重添眼裡花로다。

번역 보녕용이 송하되

온 누리에 병든 사람 삼대같이 많은데
길상의 신기한 약은 끝이 없나네。
그 사이에 죽고 삶을 나누기 어려우니
이 또한 눈속의 꽃 거듭 더함이네。

강론

大地의 蒼生이 병들 수 있기에 망정이지
그렇지도 않다면 항상 그것이 그것이라 돌멩이던가。
이렇게 되었어야 눈주 약방문에 날개가 돋히지。
죽어 보이고 살아도 보이니 얼마나 멋진가。
눈속의 꽃을 거듭함이나 여김에 따라 그 향기라서 누리에 가득한 것을。

〔5〕本文 東林摠 頌하되

藥忌相治貶更褒나 當機生殺按吹毛로다。
毗盧海濶煙波靜이어늘 誰把長竿釣巨鼇리오。

번역 동림총이 송하되

약과 꺼림이 서로 맞서 헐뜯었다가 다시 기리나니
제 기틀을 죽이고 살림은 취모검의 알 바이라。
비로의 바다는 넓어도 안개낀 파도는 조용하거늘
뉘라서 긴 낚싯대 들고 큰 자라를 낚으랴。

강론

약과 꺼림은 서로가 葛藤 아닌 葛藤이 도사렸던가。
맞서 헐뜯다가도 저절로 얼싸안고 봄바람에 눈녹듯 사그라지네。
죽어도 내가 죽고 살아도 내가 사나 판단은 지혜의 칼에 맡겨라。
비로자나性海에 妄想의 물결이 드높아도 내 알 바 아니거늘
뉘라서 꼭두놀이판에 휩쓸렸다 해서 집으로 돌아갈 길 잊으랴。

〔6〕 **本文** 法眞一 頌하되

入荒山不擇하고　信手拈來藥이라。
殺活總由人하니　臨機莫敎錯이로다。

번역 법진일이 송하되

거칠은 산에 들을 가리지 않고
손에 닿는 내로 약초를 뜯어왔네。
죽이고 살림이 모두 사람에게 달렸으니
기틀을 임하여 잘못 가르치지 말라。

강론

거친 세상에서 옳그름을 마지지 않음은
좋은 방편으로 하늘 땅의 앞소식을 구함이네。
죽고 사는 것이 다 죽이고 살리는 사람에게 달렸으니
인연이 있어서 기틀에 임하거든 아예 잘못 가르치지 말라。

〔7〕 **本文** 崇勝珙 頌하되

採藥文殊召善財하니　善財枝草便拈來라。

文殊示衆誠無敵이어늘 殺活多應謬翦裁하리라。
秋至家家孤月白이요 春來處處百花開라。
紫胡獰狗已無齒라 臺嶠老婆休弄獃어라。

번역 숭승공이 송하되

약을 캐던 문수가 선재를 부르니
선재는 풀 한 포길 들고 오네。
문수가 무리에게 보이는 것을 참으로 당할 이 없거늘
죽이고 살리는 데 잘못된 마름질도 많으리라。
가을이 이르니 집집마다 달이 밝고
봄이 오니 곳곳에 꽃이 핀다네。
*三 자호의 사나운 개도 이가 빠지는데
*四 오대산의 할망구도 장난은 쉬어야지。

강론 문수는 부르고 선재는 풀 한 포길 들었구나。
죽이고 살리는 데 처방이 따로 있으랴。

휘영청한 가을달은 우리 집안의 탯거리가 아니며
향기로운 봄꽃은 예로부터 나의 놀음놀이가 아니던가。
이 소식에 자호의 사나운 개도 이가 몽땅 빠졌거니
五峯山 할망구인들 장난기를 이제 기두지 않으리。

〔8〕 **本文** 五祖戒 出善財語云 慚愧로다。

번역 오조계가 선재의 말을 내이놓고 이르되 「부끄럽구나」 하다。

강론 문수보살이 善財를 부름에 「예」 하였으면 그만이지 또한 무엇 때문에 쉰밥 한 덩이를 내어놓고 큰 藥方文이나 되는 듯이 떠들어대니 부끄럽기도 하리라。 그러나 이 부끄러움 속에는 숱한 무리들의 숨통이 트이니 그만 참으시지요。

〔9〕 **本文** 首山念 拈하되 文殊는 大似掩耳偸鈴이로다。

번역 수산념이 염하되 「문수는 마치 귀를 가리고 방울을 훔치는 것 같구나」 하다。

강론 그렇다。 귀를 가리고 방울을 훔치는 것과 같다。 그래도 방울소리조차 못들으면 無言無說과 無示無識은 알 길이 없거늘 항차 默然無言을 어떻게 알아채겠는가。 만!

약 알아채었다면 한 마디 던져보라。 봄바람은 나뭇가지에 불고 흰 구름은 뫼부리에 감도네。 히!

〔10〕 本文 瑯琊覺 拈하되 文殊는 可謂誠實之言이나 要且額頭汗出하고 口裡膠生이로다。

번역 낭야각이 염하되 「문수는 참이 성실한 말이라 하겠으나, 이마에 땀이 나고 입 속에서 아교가 생김이로다」 하다。

강설 누리의 지도리(樞)를 도마로 삼고 人生문제를 가로세로 다루는 판이니 어찌 이마에서 땀이 안나고 입에서 아교가 아니 생기겠는가。 聖人은 聖人대로의 일거리가 있느니라。

〔11〕 本文 保寧秀 拈하되 投賢이 當時若見이런들 便奪來踏在脚下하여 敎伊提不起로다。 後有僧이 擧問北禪하되 如何是殺이니고。 禪云 三平이 到石鞏이니라。 如何是活이니고。 禪云 太顚이 在潮州니라。 師云 雖然如是나 一期方便은 即無不可어니와 若仔細撿點인댄 揔是依草附木竹葉精靈이니라。 投賢은 即不然하리라。 乃竪起拄杖云 還

見麼아。 若也見得하면 全身遠害요 若也不見이면 性命難存이니라。
以拄杖擊禪床하다。

번역 보녕수가 염하되 「서현이 그때에 보았더라면 당장 빼앗아다가 발로 비벼서 다시는 일어나지 못하게 하였을 것이다」 하다。

나중에 어떤 중이 복선에게 이 이야기를 들고는 묻되 「어떤 것이 죽이는 것입니까」 하니, 복선이 이르되 「삼평[五]이 석공에게 간 것이니라」 하다。 그 중이 다시 묻되 「어떤 것이 살리는 것입니까」 하니, 복선이 이르되 「태전[六]이 조주에 있는 것이니라」 하다。

이에 서사가 이르되 「비록 그렇기는 하나 일 기의 방편은 곧 옳지 아니함이 없거니와 만약 자세히 점검하건댄 모두가 풀나무에 붙고 대잎에 붙은 정령들이니라。 서현은 그렇게 하지 않으리라」 하고는 주장자를 번쩍 들어 세우면서 이르되 「보았는가。 보았다면 온 몸이 해로움을 멀리했을 것이요, 보지 못했다면 성명을 보존키 어려우리라」 하고는 주장자로 선상을 치다。

강론 보녕수가 염하되 「棲賢이 當時에 만약 봤던들 당장 한 포기의 풀을 빼앗아다가 발로 비벼서 다시는 일어나지 못하게 하였을 것이다」 하였다。 그렇다면 三界는 뭉개어졌을 것이다。

351 採業

나중에 어떤 중이 北禪에게 이 이야기를 들고는 묻되 「어떤 것이 죽이는 것이니까」 하니 北禪이 이르되 「三平이 石鞏에게 간 것이니라」 하였다。 무슨 뜻인가。 三平侍者가 石鞏을 뵈러 갔더니 石鞏이 느닷없이 화살을 내밀었다。 이에 三平侍者는 泰然한 姿勢로 가슴을 헤치고 내밀었으니、 말해보라。 이것은 바로 色身을 죽이는 소식으로 보아도 좋지 않겠는가。

그 중이 다시 묻되 「어떤 것이 살리는 것이니까」 하니 北禪이 이르되 「太顚이 潮州에 있는 것이니라」 하였다。 三平侍者가 潮州로 가서 太顚을 만나뵙자 太顚도 느닷없이 활시위를 세 번 튕겼으나 이에 또한 三平侍者는 泰然한 姿勢로 눈 한 번 깜짝하지도 아니했으니 말해보라。 이것은 바로 法身을 살리는 소식으로 보아도 좋지 않겠는가。

이때 禪師가 이르되 「비록 그렇기는 하여서 一期 方便으로는 그르다 할 것이 없지마는 자세히 檢點할진댄 모두가 풀에 의지하고 나무나 대잎새에 붙이인 精靈들이니라」 하였다。 휘영청한 자리에서 볼 때 그렇지 않겠는가。

「庾賢은 곤 그렇지 않으리라」 하고는 이에 주장자를 번쩍 들어 세우면서 이르되 「보았는가。 보았다면 온 몸이 온전할 것이요、 보지 못하였다면 성명을 보존키 어렵니라」 하고는 주장자로 禪床을 쳤다。 흥! 왜 주장자로 罪없는 禪床만 치는가。 平地에 風波를 일으킨 罪로 三平의 대갈통이나 깨어놓을 것이지!

만약 그 當時에 있어서 나에게 묻기를 「능히 사람을 죽이고 능히 사람을 살리는 것이 무엇입니까」 한다면 답하기를 「直心을 안 놓치면 삶이요、曲心에 놀아나면 죽음이니라」 하리라。

〔12〕 **本文** 潙山喆 拈하되 善財는 能採하고 文殊는 善用이라。非但箇疾毗耶라 直饒盡大地人이 抱必死之疾이라도 到文殊所하면 教佗箇箇脫體而去니 何故오。解用에 不須霜刃劍이요 延齡에 何必九還丹이리오。

번역 위산철이 염하되 「선재는 잘 캐고 문수는 잘 썼다。비야리성에 앓고 누운 것뿐 아니라 온 누리의 사람이 죽을 병에 걸렸더라도 문수에게 이르면 모두가 나아서 돌아가게 하느니、무슨 까닭인가。쓸 줄 아는 데는 서릿발 칼이 아니요、수명을 늘이는 데는 하필 九환단을 찾으랴」 하다。

강론 善財는 藥을 잘 캐는 名手요、文殊는 藥을 잘 쓰는 名手다。다만 비야리城에서 衆生을 대신하여 앓고 있는 유마居士뿐 아니라 온 누리의 사람들이 죽을 病에 걸렸다손 치더라도 文殊에게 이르르면 모두가 나아서 돌아간다니 무슨 까닭일까。

病이 自體性이 없으니 藥도 自體性이 없다。自體性이 없는 假病이요 自體性이 있는

假藥이기에、時節을 굴리고 因緣을 옮겨서 쓸 줄은 아는 데는 서릿발같은 칼은 어디에 다 쓰며 壽命을 늘이는 데의 九還丹인들 무슨 쓸모가 있겠는가。 모르면 三十年 後에 이야기하자。 알간!

〔13〕**本文** 開元琦 請大衆丸藥할새 上堂擧此話云 開元이 今日에 請大衆丸藥하니 亦不殺人하며 亦不活人이라。 但治衆生一切病이니 病旣愈하며는 藥還袪하리라。 且道하라。 與文殊로 相去多少오。 具眼者는 辨取하라。

번역 개원기가 대중을 시켜 환약을 비비다가 상당하여 이 이야기를 들고는 말하되 「개원이 오늘 대중을 청하여서 환약을 만드는데 또한 사람을 죽이지도 않고 또한 사람을 살리지도 않는다。 다만 중생의 온갖 병을 고치기만 하겠는데 병이 다하면 약은 버리겠다。 말해보라! 문수와의 거리가 얼마나 되겠는가。 눈망울을 갖춘 이는 판단해 보라」 하다。

강론 開元琦가 말한 바를 대신하여 이야기를 하여보자。

어기에 한 알의 丸藥이 있다。 이 丸藥을 먹으면 바로 生死를 뛰쳐나서 보리道를 이루고 열반地를 향하여 부처位에 오르게 되는 것이니 어찌 良藥이 아니리오。 그런데 이 藥으로 말미암아 衆生病만 除去되면 그대로가 부처이니 이에 이르러 부처를 이루는 藥은 반드시 버려야 한다。 왜냐면 부처가 되는 藥으로 하여금 부처가 되었으면 그만이지 한결같이 藥을 버리지 않고 자꾸 먹기만 하다간 마침내 부처를 이루려는 病患者를 면하지 못하느니 그때에는 문수가 와도 건지내지 못하리라。 이렇듯이 앓음이 급하니 우선 부처를 이루겠나는 病을 놓아서 無相身임을 證得하면 이것이 바로 萬行의 功德藏이니라。

〔14〕 本文 承天懷 上堂云 今朝端午節이니 正是採藥時라 記得한 一句語하니 文殊師利 善財最奇라。 目前에 無不是라 拈來草一枝로다。 雖然能殺活이나 消息을 有誰知오。 自後招今古니 何人이 見不疑리오。 除是具正眼이라사 方能決是非하리라。 而今에 還有具正眼者麼아。 乃竪拂云 試向這裡道看하라。 若道得하면 佛病祖病이 皆愈요 若道不得하면 世尊拱手하리라。

번역 승천회가 상당하여 이르되 「오늘이 단오이니 바야흐로 약을 캘 때이다。 문수가 한 말을 기억하건대 선재가 더욱 기특하구나。 눈앞에 약 아닌 것이 없다 하여 풀

한 포기를 묻고 왔다。 비록 죽이고 살리기에 자재하다고 하나、 소식을 뉘라서 알랴。 이로부터 고금을 초월했으니 어떤 사람이 이를 보고 의심치 않으랴。 이를 제하고 바른 눈을 갖춘 자라야 바야흐로 능히 옳고 옳음을 결단하리니、 이제 둘이켜 바른 눈을 갖춘 이가 있는가」 하고는 총채를 세우면서 이르되 「이 속에서 말해보라。 만일 말한 수 있다면 부처의 병과 조사의 병이 모두 나올 것이지만 만일 말하지 못한다면 세간의 의원은 할 일이 없으리라」 하다。

강론 승천회의 이야기다。 오늘은 端午節이니 藥을 캘 때란 것이다。 약을 캐는 데는 時節이 따르는 모양이다。 공부를 짓는 데도 時節이 있다는 뜻이다。 늙어빠지면 어떻게 공부를 지으랴。 그렇다。 善財의 말에 의하면 눈에 비치는 모든 것이 다 공부를 짓는 데의 要因이라는 것이다。

한 웅큼의 바람도 한 줄기의 꽃도 한 가닥의 구름도 어느 것 하나 나와의 관계가 없음이 아니니 어찌 중생病을 고치는 내의 處方이 아니랴。 참으로 드높은 고개로다。 살펴보라。 중생知見만 놓으면 이제라도 一世를 뛰치난 다부진 사나이니 이 소식을 알면 부처가 되겠다는 病과 祖師가 되겠다는 病도 스스로 녹아날 것이다。 만약 그렇게 못한다면 大醫王인 부처님도 名醫인 문수도 採藥의 名手인 耆婆가 같이 있기로서니 무슨 因緣이 맺어지겠는가。 젊은 時節 놓치지 말라。 늙어 한숨지어봤든 아들은 아들대로 많은 말대로 제 갈 길 바쁘니라。

15、**本文** 慈受深 上堂擧此話云하되 者般道理는 作者方知니 若非鐵眼銅睛이면 往往當面蹉過하리라。 雖然如是나 善財伊麼採藥은 只知其一이요 文殊伊麼辨藥은 只知其二로다。 遂拈起拂子云하되 還識者箇藥麼아。 得者는 長生이요 服之不死하리라。 神農이 不知名이요 耆婆無處討로다。 破除佛病祖病하고 掃蕩無明煩惱라 物物頭頭不覆藏이요 靈光洞耀를 何人曉리오。

번역 자수심이 상당하여 이 이야기를 들고는 이르되 「이 도리는 작자라야 바야흐로 아나니、 만약 무쇠 눈과 구리 눈동자가 아니면 종종 지나쳐버린다。 비록 그러나 선재가 그렇게 약을 캔 것은 하나만을 알았고、 문수가 그렇게 약을 가린 것은 둘만을 알았나」 하고는 총채를 들어 세우면서 이르되 「이 약을 아는가。 얻은 이는 길이 살 것이요、 먹는 이는 죽지 않으리라。 신농이 이름을 알지 못했고 기바가 찾을 길이 없었다。 부처님의 병과 조사의 병을 부숴버리고、 무명의 번뇌를 쓸어버린다。 갖가지 물건마다 그를 감추지 못하니 영특한 광명을 어떤 사람이 밝히리오」 하다。

【강론】 자수심이 상당하여 이 이야기를 듣고는 이르되 「이 도리는 作者라야 바야흐로 아나니 만약 부쇠 눈과 구리 눈동자가 아니면 공공 지나쳐버린다」 하였다。 참으로 그렇다。 善을 굴려서 惡한 짓되 그 惡으로 하여금 三世의 聖賢을 깨우칠 수 있는 부쇠덩이의 눈망울을 갖출 것이며、 惡을 굴려서 善한 짓되 그 善으로 말미암아 十方의 衆生은 건질 수 있는 구리봉치의 눈깔을 지닐 一大作家가 되어야 하지 않겠는가。

老長은 이어 이르되 「비유 이와 같으나 선재가 그렇게 약을 캔 것은 자못 그 하나만을 앎이요、 문수가 그렇게 약을 가린 것은 자못 그 둘만을 앎이로다」 하였다。 도대체 善財는 只知其一하고 文殊는 只知其二라니 무슨 도리인가。 이렇다。 누리의 지도리【樞】는 드러내는 데 있어서 선재는 문수로 더불어 生死인 차별現象을 드러내게 한 手段이요、 문수는 선재로 하여금 涅槃인 평등本體를 드러내게 한 方便이다。 그러나 平等本體가 곧 차별現象이요 차별現象이 곧 평등本體일진댄、 여기에서 어떻게 문수와 선재를 갈라놓고 보랴。 문수와 선재는 둘이 아니면서 하나요、 하나가 아니면서 둘이니 나아가서 非一非二의 소식이요、 非二非一의 소식이 아니고 무엇이랴。

老長은 마침내 총채를 들어 세우면서 이르되 「이 약을 알겠는가。 얻은 이는 오래 살 것이요、 먹은 이는 죽지 않느니라」 하였다。 長生不死의 藥이다。 支那의 神農도、 印度의 耆婆도、 韓國의 南武 李濟馬도 그 이름을 찾아내지는 못했다。 자! 이 약의 이름을 대어보라。 만약 모르면 부처가 되겠다는 病과 조사가 되겠다는 病으로 숱한 사람이 죽음 너이니 이 무더기 초상은 누가 치지!

(16) **本文** 白雲昺 拈하되 善財信手拈來에 不費絲毫氣力이요 文殊能辨殺活하나 須知別有神功이니라。

번역 백운병이 염하되 「선재가 손닿는 대로 뽑아왔는데 털끝만치의 힘도 쓰지 않았고, 문수가 죽이고 살리는 능력을 쉽사리 판단하지만 모름지기 따로 신기한 공력이 있음도 알아야 한다」 하다。

강설 선재가 약을 캐는 데 털끝만치의 힘도 들지 아니함은 본래로 절대性인 無力의 력力은 보임이요, 문수가 죽이고 살리는 능력이 쉬사리 간단함은 본래로 상대性인 無碍의 活用을 굴림이다。 그러나 여기에는 모름지기 不可思議의 자비공덕에 따른 手段과 方便은 생각대로 自由로이 굴리기 때문임을 알아야 한다。

(17) **本文** 雲蓋和尙 上堂擧此話에 連擧潙山喆拈하고 師云 善財는 大瞞頇이요 文殊는 錯指注하고 潙山은 隨摟搜로다。 三人이 摠欠悟하고 驀拈拄杖卓一下云 莫有向這裡悟得底麼아。 又卓一下云 灸瘡瘢上에 著艾炷로다。

번역 공수화상이 상당하여 이 이야기에 이어 위산철의 염한 것까지를 들고는 이르되 「선재는 크게 속였고、문수는 잘못 가르쳤고、위산은 꾀이었으니 세 사람이 모두가 잘못 깨달았다」하고 주장자를 번쩍 들어 올렸다가 한 번 치면서 이르되 「이 속에서 깨달은 이가 없겠는가」하다。그리고는 또 주장자를 한 번 치고 이르되 「뜸으로 부르튼 부스럼에다 다시 쑥불을 놓는구나」하다。

강론 空叟화상의 이야기다。첫째 善財는 크게 속였고、둘째 文殊는 잘못 가르쳤고、셋째 潙山은 꾀였다는 것이다。한 집안의 風光 속에서 속일 것은 무엇이며 잘못 가르친 것은 무엇이며 속을 것은 무엇이겠는가。

문수는 선재에게 「약 아닌 것을 캐오너라」하였다。의젓하여서 움직이지 않는 절대의 소식을 내어놓으라는 뜻이다。선재는 고지식하게 「산중에는 약 아닌 것이 없읍니다」하였다。아깝구나。그때에 어찌 벅을 향하여서 홱 돌아앉지 않고 쓸데없는 혓바닥을 굴렸을까。문수의 잘못 가르침에 대하여 첫째로 선재가 그 속임을 당한 것이다。

다음 문수가 선재에게 「약이 되는 것을 캐어오너라」하였다。티끌 한 점 찾아볼 수 없는 휘영청한 소식에서 무엇을 가져오라는 것일까。선재는 땅 위에서 한 줄기의 풀잎을 집어올렸다。선재는 왜 良久를 안했던고。여기에서도 문수의 잘못된 가르침에 선재가 속임을 당한 것이다。문수는 선재로부터 받아들인 한 줄기의 풀잎을 대중에게 보이면서 이르되「이 약은 사람을 죽이기도 하고 사람을 살리기도 하느니라」하였다。죽을 사람은 어디에 있으며 살 사람은 어디에 있겠는가。공연스레 生死가 없는 곳에서 生死를 지어내는구나。

이렇듯이 문수의 북에 맞춘 선재의 춤바람에 潙山이 덩달아서 「선재는 잘 캤고 문수는 잘 썼다」는 여김으로 어깨춤을 추는 판이니、어찌 첫째의 속임과 둘째의 잘못 가르침과 셋째의 꾀임이 아니라 하리오。

이러므로 하여서 空叟화상은 이르되「뜸으로 부르튼 허물에 다시 쑥불을 놓는구나」하였다。三聖의 말씀이 縱橫無盡하니 슬기눈〔慧眼〕이 아니면 바로 보지 못하느니라。알거든 한 마디 던겨보라。살필지어다。三頭馬의 고삐는 한 사람의 손에 쥐었느니라。

註 一、靈 苗…신기한 싹。마음자리。

二、吉 祥…문수。

三、紫湖의 사나운 개…자호禪師가 말하되「나에게 개 한 마리가 있는데 위로는 사람의 머리를 물고 중간으론 사람의 허리를 물고 아래로는 사람의 발을 문다」하였는데、그런 사나운 개일지라도 이 도리에 대하여서는 이가 몽땅 빠지리라는 뜻。

四、五臺山婆子…오대산 어귀에 노파 하나가 떡장사를 하면서 문수를 참배하려

오는 이가 길을 물으면「곧장 가라」하였다。이 말을 들은 이가 그대로 곧장 가면「저렇게 삐뚜로 간다」고 흉을 보았다。그런 식견있는 이도 이 도리에 대하여는 바보같은 것이 된다는 뜻。

五、三平이 石鞏에게 간 것…三平侍者가 石鞏을 뵈러 갔더니 석공이 화살을 내밀었다。이에 삼평이 가슴을 펴고 내미니 이는 죽이는 소식이다。

六、大顚이 조주에 있는 것…三平이 潮州로 가서 大顚을 만나자 대전이 활시위를 세번 튕겼으니 이는 살리는 소식이라 한다。

七、九還丹…신선들이 죽은 사람을 살리는 데 쓰는 약。

第六六、了 知

〔本文〕 文殊 云하되 若正了知衆生煩惱하면 即是諸佛境界니라。

〔번역〕 문수가 이르되 「만약 중생의 뇌롬을 바로 알아 마치면 곧 이 모든 부처님의 경계니라」 하다。

〔강론〕 의젓하고도 훠영청한 소식에 무슨 뇌롬이 있겠는가。 오로지 한 어김은 일으키는 데 따라 그 어김이 변하는 境界에 닿질려서 分數대로인 뇌로움을 느낄 마금이다。 이렇듯이 뇌롬의 느낌이라 해도 텅 틔어서 아무 것도 없건만 사람들은 있음인양 거기에 얽붙이어 是非를 論하고 正邪를 論한다。 이에 따라 생각지도 않은 因果業報가 맺어지고 굴리어지면서 또 다시 因果業報는 되맺어지고 되굴려지는 것이니、 그 어김의 굴림새가 어떠함에 따라 즐김터와 뇌롬터로 갈라놓게 마련이다。 그러나 이 因果業報도 그 성품이 또한 텅 틔어서 거룩함도 없음은 體得한다면 이 자리에서 뇌로움은 바뀌어서 보리道를 이루게 되는 것이니 어찌 슬기로운 사람의 바랄 바가 아니랴。 때문에 煩惱性이 바로 菩提性임을 깨쳐 알고 煩惱를 위한 煩惱에 머물지 말아야 할 것이다。

煩惱性空也菩提
四生六道從此來

번뇌성이 비었으니 보리이냐。
사생육도가 일로 좇아 오는구나。

〔1〕 **本文** 心聞賁 頌하되

一曲啼鳥寄遠情이라 海棠飄盡月空明이로다。
錦川迢遞湘江濶하나 惆悵無人會此聲이로다。

번역 심문분이 송하되

제오곡 한 곡조는 저멀리의 소식 전하는데
해당화 지고나니 달만이 밝았구나。
금천이 아득하고 소상강은 넓으나
서글프도다。 이 소리 알아채는 이 없으니。

강론

한 가닥의 제오곡에 멀고 가까움이 어디 있나。

사람마다 간직해서 달빛같이 밝은 것을。
금천땅 멀다 해도 산 넘고 물 건너면 마침내 이르련만
제 안가고 게으름만 피우면서 울고지고 하는구나。

㊟ 一、이 詩는 수자리(국경에서의 병역)를 살러간 남편이 거문고 켜주던 일을 추억하는 詩임。 啼鳥는 곡조의 이름。

第六七、楞 嚴 三 昧

〔本文〕 堅意菩薩 問善意天子云하되 云何得首楞嚴三昧오。 天子云 常修行凡夫法이니 若見凡夫法이 不合不散하면 是名修集이니라。

〔번역〕 견의보살이 선의천자에게 묻되 「어찌하여야 수능엄삼매를 얻는가」 하니 천자가 이르되 「범부의 법을 항상 수행할지니 만약 범부의 법이 합하지도 흩어지지도 않는 것으로 보면 이 이름이 삼매를 닦는 것이니라」 하다。

〔강론〕 凡聖이 둘 아니니 무슨 까닭이냐。 그 성품이 하나기 때문이다。 世間과 出世間이 둘 아니니 무슨 까닭이냐。 그 성품이 하나이기 때문이다。 그러나 하나인 성품에서 나투는 알이〔識〕의 作用은 千差萬別이니 둘이 아니라 하여도 한 편에 치우침이요、하나가 아니라 하여도 한 편에 치우침이기 때문에、學人으로서는 비록 聖賢의 言行을 등불로 삼아서 나아갈 길을 비출지언정 그 聖賢에 쏠려붙는 法이 아니며 또한 世間도 껴안을지언정 그 世間과 妥協하는 法이 아니다。 왜냐면 모습놀이가 모두인양 여기는 世間을 引導는 할지언정 같이 어울려질 수가 없는 것이다。 이 소식이 바로 「凡夫法을

항상 닦아 行할지나 凡夫法이 합쳐지지도 흩어지지도 않는 것으로 보면 이것이 三昧를 닦음이니라」는 귀절과 통한다。 이와 같이 그 마음을 가다듬으면 따로 聖人을 좇을 理由가 어디에 있으며 따로 出世間을 바라볼 理由가 어디에 있겠는가。

雖在世間常凡行
不合不散是眞修

비록 세간에 있으나 항상 凡行이면
합하지도 않고 흩어지지도 않음이니 참닦음이다。

〔1〕 **本文** 無盡居士 頌하되

定心欲證首楞嚴인댄　修集凡夫萬法이니라。
魁膾屠沽成佛道어늘　何須缾錫住庵岩이리오。

번역 무진거사가 송하되

선정으로 수능엄을 깨치려 하면
범부의 만 가지 법 닦아 모으라。

망난이와 백정이 부처를 이루거늘
*一 물병과 석장으로 절에 살아 무엇하랴。

강론 道를 이룩한다는 것은 어디까지라도 그 들뜬 마음을 가라앉히는 데 있다。念佛·誦經과 參禪·苦行이 다 一念의 正覺을 成就하는 데의 手段이요 方便이다。 때문에 定心으로 首楞嚴을 깨치려 하면 凡夫의 만 가지 法을 닦아 모으라는 것이다。 왜냐면 망난이도 백정도 부처씨가 있음으로 하여금 道를 이뤘거늘 缾錫을 절에서만 찾음이 能事가 아니라는 뜻이다。

그렇다。 一念을 頓證하여 無相身임을 깨쳐 알면 萬劫의 功德을 成就하는 것이니 이에 이르러 어찌 凡夫法이라 하여서 돌아보기를 꺼리겠는가。

주 一、缾 錫…중이 가지고 다니는 물병과 지팡이。

第六八、帝釋雨花

〔本文〕 須菩提 說法이러니 帝釋이 雨花어늘 須菩提乃問하되 此花를 從天得耶아 從地得耶아 從人得耶아。 帝釋이 皆云弗也니다。 須菩提云 從何得耶아。 帝釋이 擧手하다。 須菩提云 如是如是하다。

(有本에 云하되 世尊이 問帝釋하니라)

〔번역〕 수보리[*一]가 설법을 하는데 제석이 꽃비를 내리니 수보리가 이에 묻되 「이 꽃을 하늘에서 얻었는가、 땅에서 얻었는가、 사람에게서 얻었는가」 하니、 제석이 이르되 「아무 쪽도 아닙니다」 하다。 수보리가 다시 이르되 「그러면 어디서 얻었는가」 하니、 제석이 손을 들어 보이다。 수보리가 이르되 「이렇고 이러니라」 하다。

(어떤 책에는 세존이 제석에게 물었다 함)

〔강론〕 수보리가 說法할 매 帝釋天王이 꽃비를 내리거늘 수보리가 묻되 「이 꽃을 하늘로 좇아 얻었는가、 땅으로 좇아 얻었는가、 사람으로 좇아 얻었는가」 하였다。 참으로 수보리의 물음은 누리의 지도리〔樞〕를 향하여 구멍을 뚫는 소식이다。 알겠는가、

모르겠는가. 모르겠거든 허공을 향하여 생각해보라. 帝釋은 손을 들어 보였다. 좋구나 좋다. 하늘과 땅을 여읜 소식에서 되돌아 能緣과 所緣을 굴리구나. 수보리도 帝釋의 所見과 一致되었던지 「이러하고 이러니라」 하고는 좋아라고 하였다.

天花粉粉從何來
欲知一問空王殿

하늘꽃이 얼기설기 떨어지니 어디로 좇아 오느냐.
알고자 하거들랑 한 번 공왕전에 물어보렴.

〔1〕 **本文** 大覺璉 頌하되

一花纔落萬花飛하니 不在天生豈地爲리오.
誰見憍尸擡手處에 飮光門下皺雙眉오.

번역 대각련이 송하되

하나 꽃이 떨어지자 온갖 꽃이 휘날리니
하늘에 남에 있지 않거늘 어찌 땅에서 나리요.

뉘 봤으랴。 제석이 손을 들이 흔든 곳에,
음광의 문하에 두 눈섭 찡그리는 것을。

강론 꽃은 꽃이나 이름뿐인 꽃이런가。 이름뿐인 꽃이기에 한 송이의 꽃이 떨어지면 만 송이의 꽃도 떨어질 것이다。 이 꽃은 하늘의 낳음에 있지 않았기에 땅의 낳음에도 속하지 않다는 事實은 도리에 맞다。 왜냐면 허공이 하나이니 지도리〔樞〕가 하나요、 지도리가 하나이니 목숨도 하나라는 原理에 어긋나지 않기 때문이다。 그러나 帝釋의 경계에서 帝釋이 손을 들고 能所를 굴리는 伎倆이 좋기는 좋으나 함부로 天機를 누설함인지라 마땅치 않다는 老長의 푸념이다。 이때문에 「飮光 門下에 두 눈섭 찡그림을 누가 보았나」 하고 외친 것은 나도 帝釋의 배짱을 훤히 들여다 볼 수 있는 能力을 갖췄다는 뜻이라 하여둘까。

〔2〕 **本文** 悅齋居士 頌하되

此花未許梵天知라　　擧手何如下手時리오。
更透這些開棙子하면　　乾旋地轉總由伊니라。

번역 열재거사가 송하되
이 꽃은 범천도 몰랐던 것이니

손 든 것이 어찌 손 내릴 매만 같으랴。
한 걸음 더 나아가 관문을 지나면
하늘 땅이 뒤집힘은 모두가 그에게 달린 것을。

강론 꽃을 비내리듯 하여봤든 무엇하겠는가。 공연히 남의 다리만 긁음이니
손을 들었다 놓았다 天機만 누설할 뿐이 아니던가。
한 걸음 뛰어넘어서 分別의 妄想고개를 뭉개어버리면
하늘 땅을 뒤집어 놓음은 재주가 아니던가。
세간에는 잔재주 속에 큰 재주가 묻힌 수도 많더구나。

〔3〕 **本文** 雲門偃 拈하되 帝釋擧手處는 作麽生고。 與你四大五蘊과 釋迦老子로 是同가 是別가。

번역 운문언이 염하되 「제석이 손을 든 곳은 무엇인가。 그대의 四대五온은 석가늙은이와 이 같음인가、 이 틀림인가」 하다。

강론 운문언이 염하되 「제석이 손을 든 곳이 무엇인가」 하였다。 몰라서 묻나。 이

것은 帝釋경지의 所管事로서 能緣과 所緣을 굴리는 소식이다。

이어 「그대의 四大五蘊과 釋迦老子와는 이 같음인가、이 다름인가」 하였다。 몰라서 묻나。 이 가죽주머니로서인 몸뚱이는 석가늙은이와 같음인듯 다르며 다름인듯 같으나 그 슬기만은 크게 다르다。 이와 같이 따져는다면 釋迦老子가 몸을 나툰 것이 法을 마련하는 方便이라면 帝釋이 손을 든 것은 法을 펴는 手段으로 알아두자。 昔人은 無口인가 했더니 今人보다 多口니 무엇 때문이지。 히!

[주] 一、이 이야기는 大般若經 八四권에 있음。

第六九、燕 坐

〔本文〕 須菩提 岩中燕坐러니 帝釋이 雨花讚歎이어늘 須菩提問曰 雨花讚歎者是何人고。對曰 我是天帝라 見尊者善說般若하고 故來讚歎이니다。須菩提曰 我於般若에 未曾說一字니라。帝釋云 尊者無說하고 我乃無聞하니 無說無聞이 是眞說般若니라。

〔번역〕 수보리가 바윗굴 속에서 좌선을 하는데 제석이 꽃비를 내리면서 찬탄을 하다。수보리가 가라사대 「꽃비를 내리고 찬탄하는 이는 누구인가」 하다。 제석이 가라사대 「나는 제석천왕입니다。 존자께서 반야를 잘 말씀하시는 것을 보았으므로 와서 찬탄합니다」 하다。 이에 수보리가 가라사대 「나는 반야에 대해서 일찍 한 글자도 말하지 않았느니라」 하니、 제석이 이르되 「존자께서 말씀하심이 없으시고 나도 들음이 없으니、 말함없고 들음없음이 참으로 반야를 말씀하시는 것입니다」 하다。

〔강론〕 하루는 수보리가 바윗굴 안에서 坐禪을 하고 있을 때다。 제석天帝가 꽃비를 내리면서 찬탄하여 마지않았다。 天帝는 무엇을 이렇게 보고 느꼈기에 찬탄했는가。

수보리가 반야를 잘 말했으므로 찬탄한다는 것이다。 반야는 바로 보리다。 보리는 바로 누리의 지도리(樞)를 깨친 부처자리다。 言句 文字의 意路가 끊어진 소식이다。 이 소식을 어떻게 알아채었기에 반야를 잘 말했다는 것인가。 수보리는 가로되 「나는 반야에 대하여 일찍 한 글자도 말한 바가 없나니다」 하였다。 옳은 말이다。 無說이 眞說이다。 만약 말이 있었다면 그것은 말귀이지 반야는 아니기 때문이다。 天帝가 이르되 「尊者는 無說이요 저는 無聞이니 無說無聞이 참 반야를 말씀하심이니다」 하였다。 좋구나 좋다。 앎도 아니요 모름도 아니기에 無說이요、 있음도 아니고 없음도 아니기에 無聞이로다。 알겠는가。 알면 춤이나 추자。 모르겠는가。 모르면 두 다리 뻗고 통곡이나 하자。 에익!

無說說是超妙智
無聞聞也絶思議
無說無聞大道場
無盡法海共一流

말없는 말은 묘지(妙智)를 뛰쳐나고
들음없는 들음은 사의(思議)가 끊겼구나。

들음없고 말없는 큰 도량에는
다함없는 법바다가 같이 흐르네。

〔1〕 **本文** 雪竇顯 示衆擧此話云하되 避喧求靜은 處世未有其方이라 他在岩中宴坐하여 也被這一隊漢塗糊伊로다。 更有者老把不住하고 問云 空中雨花讚歎이 復是何人고 하니 早見敗闕了也로다。 我重尊者善說般若라 하니 惡水驀頭潑이로다。 我於般若에 未曾說一字라 하니 草裡走로다。 尊者無說하고 我乃無聞이라 하니 識甚好惡고。 摠似者般底댄 何處에 有今日이리오。 復召大衆하되 雪竇는 幸是無事人이라 你來者裡하여 覓箇什麼오。 以拄杖一時趁下하다。

번역 설두현이 이 이야기를 들고서 이르되 『시끄러움을 피해서 조용함을 구하려면 이 세상 어디에도 그런 곳은 없다。 그는 바윗굴 속에 도사리고 앉았다가 저 한 무리의 속임수를 당했다。 그 늙은이는 가만히 있지 못하고 묻기를 「공중에서 꽃을 뿌리면서 찬탄하는 것이 누구인가」 했으니 벌써 하나의 실수를 드러낸 것이요、「나는 존자께서 반야를 잘 말씀하시는 것을 존중히 여긴다」 하니 더러운 물벼락을 치는 것이요、「나는 반야를 한 글자도 말한 적이 없다」하니 풀밭을 헤매는 것이오、「존자께서 말씀하신 것이 없고 나도 들은 것이 없다」고 하니 무슨 좋고 나쁨을 알았는고。모두가 그 꼴이라면 어찌 오늘이 있었겠는가』하였다。그리고나서 다시 대중을 부르고 말하되「설두는 다행히도 일없는 사람이다。 그대들 여기에 와서 무엇을 찾으려는가」하고서 주장자로 일시에 몰아냈다。

강론 설두현이 이 이야기를 들고 이르되「시끄러움을 피해서 조용함을 구하려면 이 세상 어디에도 그런 곳은 없다」하였다。말해보라。조용한 곳이 따로 있는가、없는가。바윗속이 조용한 곳이라 하여서 坐禪에 들어도 제석이 알고 꽃비를 내렸으니 바윗속도 이미 조용한 곳은 못되니 말이다。조용한 곳을 꼭 찾으려는가、시끄러운 데서 찾아라。시끄러운 데서 마음을 가라앉히면 天下가 조용하니라。알겠는가!

그러나 수보리는 이르되「공중에서 꽃을 뿌리며 찬탄하는 이가 누구냐」물었다。아뿔싸、수보리는 시끄러운 곳을 향하여 달리는 줄도 모르고 달렸구나。큰 실수다。제석은 이르되「나는 尊者께서 반야를 잘 말씀하시는 것을 무겁게 여깁니다」하였다。帝釋의 分으로는 좋은 光景이다。그러나 尊者의 分으로는 惡水를 덮어쓴 것과 무엇이 다르겠는가。조용한 곳이 못되었으니 말이다。尊者는 이르되「나는 일찍 반야를 한 글자도 말한 적이 없나니다」하였다。흥! 반야가 반야를 말하였으니 풀밭 속을 헤맴

이로다。 帝釋은 이르되「尊者께서 말씀이 없으시고 나도 들음이 없으니 참으로 반야를 말씀하시는 것입니다」하였다。 無說 無聞이면 그렇다。 그러나 無說 無聞이 三界를 震動하는 大說法임은 모르는 말씀이로군요! 그러기 때문에 大法은 오늘에만 있을 뿐 아니라 사바界가 있는 限 같이 흘러갈 것이외다。 알겠는가。 雪竇는 大衆을 불러 놓고 스스로가 말하되「설두는 다행히도 일없는 사람이다。 그대들 여기 와서 무엇을 찾으려 하는가」하고는 주장자로 一時에 몰아냈다。 이 또한 무리들을 깨우치는 데의 좋은 方便이다。

〔2〕 **本文** 佛印元 因圓照長老入山하여 上堂云하되 山號穹隆翠萬堆하니 遊人行止望崔嵬라 不因天帝將花散이런들 爭得空生이 出定來리오。 遂擧此話云 者老漢을 若點檢來댄 也有二十棒分이라 何故如此오。 雖然道價標淸世나 不免閑名이 累此身이로다。

번역 불인원이 원조장로의 입산으로 인해 상당하여 이르되「궁륭산 푸름이 무더기로 겹쳤는데 나그네 걸음 멈추고 봉우리를 바라보네。 제석천이 꽃비를 내리지 않았던들 그 어찌 공생이 선정에서 나왔으랴」하고는 드디어 이 이야기를 들고는 이르되「이 늙은이를 점검하건댄 二十방 분이 더 있느니라。 왜 그런가。 명성이 세상에 떨쳤다고 하지만 부질없는 이름으로 이 몸이 더럽혀짐을 면치 못했기 때문이니라」 하다。

강론 佛印元이 圓照장로의 入山을 因해 上堂하여 이르되 「穹隆山 푸름이 무더기로 겹쳤는데 얼마나 좋은지 나그네도 걸음을 멈추고 멀청히 봉우리만 바라보는구나。 이때에 만약 제석이 꽃비를 내리지 않았더라면 어찌 空生이 禪定에서 나왔으랴」 하였다。 수보리는 벌써 산 좋고 물 좋은 곳을 찾았구나。 지나가는 나그네가 멀청히 산봉우리를 쳐다볼만한 景致나 거기에서 흐르는 물인들 얼마나 맑았겠는가。 더구나 그 산속의 바윗틈이니 天下에 제일 조용한 곳이겠군。 이럴진댄 空理에 了達한 空生이 아니라 事理를 따르는 衆生이라 하여둘까。

노장은 또 이르되 「이 늙은이를 만약 낱낱이 살피건댄 二十棒分이 더 있느니라」 하였다。 무슨 까닭으로써이냐。 이렇다。「名聲이 세상에 떨쳤다 하지만 부질없는 이름으로 하여금 이 몸이 더럽혀짐을 면하지 못하기 때문이라」 하였다。 實로 그렇다。 名聲이란 다 世俗의 幻名이요、 幻聲이니 다 我相을 바탕으로 하는 탐욕의 찌꺼기에 不過한 것이니 二十棒은 면하지 못할 것이다。 이러기에 이러니라。 히!

〔3〕 **本文** 寅靈祖 上堂擧此話로 至我是梵天하고 又擧雪竇云하되 至敗闕了也하여 師云하되 然而雪竇伊麼說話가 大似併塞煩慮하고 靜

止浮根이로다。廣靈은 即不然하리라。萬丈白雲을 藏不得이요 一輪光透照無邊이라 하리라。叅。

번역 광령조가 상당하여 이 이야기에서 「나는 제석천왕입니다」 한 것까지와 설두의 말에서 「실수를 드러낸 것이라」 한 것까지를 들고는 『설두의 그런 말이 흡사 번거로운 생각을 막고 들뜬 마음씨를 고요히 안정시키는 것 같구나。광령은 그렇지 않느니 「만 길의 백운을 감출 수 없어 한 조각 달빛이 우주를 비추네」 하리라』 하고 「참!」 하다。

강론 廣靈祖가 上堂하여 이 이야기에서 「나는 帝釋天王입니다」 한 것까지와 雪竇의 말에서 「실수를 드러낸 것이라」 한 것까지를 들고는 선사가 이르되 「그러나 설두의 이와같은 말이 흡사 번거로운 생각을 막고 들뜬 마음씨를 고요하게 안정시키는 것 같구나」 하였다。칭찬하는 말이다。여기까지 가기도 어렵다면 지극히 어려운 일이다。그러나 광령은 한 술 더 뜬다。이르되 「만 길 白雲을 감출 수 없어 한 조각 달빛이 우주를 비추네 하리라」 하고 「참!」 했으니 광령도 눈이 조금 트이고 귀가 조금 뚫린 모양이군。그러나 廣靈祖의 이 한마디 말로 空生의 二十棒은 면한 것이 아닐까。

〔4〕 本文 曹溪明 上堂云하되 須菩提는 岩間宴坐하니 未斷機關이요

天帝釋은 空外雨花하니 是何境界오。若云無說無示댄 掩耳偸鈴이요 更謂無得無聞인댄 揚湯止沸로다。

번역 조계명이 상당하여 이르되 「수보리는 바윗틈에서 좌선을 하니 기밀의 문턱을 넘지 못했고, 제석은 하늘에서 꽃을 뿌리니 이 무슨 경계인고。만약 이르되 말한 것도 보인 것도 없다고 한다면 귀를 막고 방울을 훔치는 격이요, 다시 얻은 것도 들은 것도 없다고 한다면 끓는 물로 끓는 솥을 식히는 격이라」하다。

강론 曹溪明의 이야기다。「수보리는 바윗틈에서 坐禪을 하니 機密의 문턱을 넘지 못했음이요, 天帝는 하늘에서 꽃을 뿌리니 이 무슨 境界인고」하였다。그렇다。機密의 문턱을 넘어섰다면 어찌 바윗틈을 가리며 돌아다녔겠는가。그러나 天帝는 이미 天眼通을 갖췄고 더욱이나 正法을 保護하는 데의 決心이 남달랐기에 비록 수보리가 機密의 문턱을 넘어서지는 못했을망정 正法眼藏을 향하여 한결같은 분발心으로 精進하는 그 功德에 감탄하지 않을 수 없었기 때문에 하늘꽃을 내린 것이 아니겠는가。

老長은 또다시 이르되 「만약 無說이요 無示라면 귀를 가리고 방울을 훔치는 짓이요 無得이요 無聞인댄 끓는 물을 가지고 끓는 솥을 식히는 짓이라」하였다。이 또한 옳은 말이다。그러나 法이 아니면 無法을 말할 수 없고, 說이 아니면 無說을 이야기할 수가 없는 것이니, 그 말에 머물지 않고 능히 말하고, 그 소리에 머물지 않고 능히 들으면, 귀를 가리고 방울을 훔친다는 말귀는 어디에 붙겠으며, 끓는 물을 가지고 끓는 솥을 식힌다는 말귀는 어디에 붙겠는가。 이곳까지 이른다면 有說이면 어떠하며 無說이면 어떠하랴。 無得이요 有得이면 어떠하며, 有聞이요 無聞이면 어떠하랴。 그곳에 머물지 아니하고 自在로이 굴리면 그만 아니겠는가。

〔5〕 **本文** 大慧杲 上堂擧此話로 至云何言善說에 師喝一喝云하되 當時에 若下得者一喝이런들 非但塞却梵天口라 亦乃二千年後에 免被徑山檢點이로다。 又擧天曰尊者無說로 至眞說般若라 하고 師又喝一喝云 當時에 若下得者一喝이런들 非但塞却須菩提口라 亦乃二千年後에 免被徑山檢點이로다。 且道하라。 徑山이 還有遭人檢點處也無아。 自云有라 甚麼處是遭人檢點處오。 不合多口로다。

번역 대혜고가 상당하여 이 이야기에서 「어찌 잘 말한다 이르는가」 한 것까지를 들고는 한 번 할을 한 뒤에 이르되 「당시에 이런 할을 한 번 했더라면 범천의 입이 막혔을 뿐 아니라 二千 년 후에 경산의 점검도 면했을 것이니라」 하고, 이어 제석이 가로되 「존자께서 말씀하신 것이 없으시고」에서 「참으로 반야를 잘 말씀하신 것이라」 한 것까지를 들고는 선사가 또 한 번 할을 한 뒤에 이르되 「당시에 만약 이런 할을 한 번 했더라면 다만 수보리의 입이 막혔을 뿐 아니라 또한 二천년 뒤에 경산의 점검도 면했을 것이다。 또 일러보라。 경산도 남의 점검을 받을 곳이 있는가、 없는가」 하고는 스스로 이르되 「있다。 어디가 남의 점검을 받을 곳인가。 여러 입이 맞지 아니하니라」 하다。

강론 대혜고의 上堂說法에서 「어찌 잘 말한다 이르는가」 한 대목까지를 향하여 우선 喝을 했다。 다시 말하자면 수보리가 鷲隆山 石窟에서 燕坐하는데 제석이 讚歎한 나머지 꽃비까지 내리면서 「尊者는 반야를 잘 말씀하십니다」 했을때 수보리는 제석을 향하여 한 번 喝을 않고 뚱딴지같이 「나는 반야에 대하여 일찌기 한 글자도 말하지 않았느니라」 한 대목을 들고서 大慧杲가 우선 喝을 한 것이다。 오는 바람과 가는 구름이 그만 그대로 반야의 나툼이요、 피는 꽃과 재잘거리는 새가 그만 그대로 반야의 나툼인데도 수보리는 공연스레 혀를 굴려서 說往說來로 平地에 風波를 일으켜서 제석의 입도 봉하지 못했을 뿐 아니라 二千年 後에 徑山의 檢點까지 받게 하였느냐는 喝이다。 그러나 사또가 지나간 뒤의 나팔이니 어찌 하겠는가。

이어 제석이 이르되 「尊者께서는 無說이요 나는 無聞이니 참으로 반야를 잘 말씀하신 것이니다」 한 것까지를 들고는 한 번 喝을 한 뒤에 이르되 「당시에 이런 喝을 했더라면 수보리의 입도 막혔을 뿐 아니라 二千年後인 오늘에 徑山의 檢點을 면했을 것이라」 하였다。 老長은 또다시 二千年前을 향하여 喝을 하였다。 이 過去를 향한 喝이냐、過去를 현재에 옮겨놓은 喝이냐。 이 喝 속에는 三世가 몽땅 무너진 비로자나 風光이 뚜렷하구나。 老長은 끝으로 이르되 「德山도 남의 檢點을 받을 틈이 있는가」 하고는 스스로 답하되 「있다」 하고、또 스스로가 묻되 「어디가 남의 檢點을 받을 곳인가」 하고는 또 스스로가 답하되 「여러 입이 맞지 않느니라」 하였다。

멋진 自問自答이다。 그러나 老長은 제석과 수보리보다 혀를 더 굴렸고 이에 따라 第二의 風波를 드높이면서도 시침을 뚝 떼는 것이 可觀이다。 그러나 끝으로 「여러 입이 맞지 않다」 하여 그 心境의 一段을 드러낸 것은 멋진 재주라 하고 응당 二十棒을 칠 것이로되 오늘은 용서한다。

[주] 一、草裡走 : 풀밭에는 거추장스러운 것이 첩첩이 쌓였는데 그 위를 벌거벗고 헤매는 일은 현실과 정반대되는 일이란 뜻。

第七〇、夢 中

〔本文〕 舍利弗 問須菩提하되 夢中에 說六波羅密하니 與覺時로 同가 別가。 須菩提云하되 此義幽深하여 吾不能說이라。 此會에 有彌勒大士하니 汝往彼問하라。 舍利弗이 遂問彌勒한데 彌勒云하되 誰爲彌勒이며 誰是彌勒者오。

〔번역〕 사리불이 수보리에게 묻되 「꿈속에 六바라밀을 말했으니 깨었을 때와 같은가、다른가」 하다。 수보리가 이르되 「이 이치는 그윽하고 깊어서 나는 능히 말할 수 없소。이 모임에 미륵대사가 있으니 거기에 가서 물으시오。」 하니 사리불이 드디어 미륵에게 가서 물으니 미륵이 이르되 「누가 미륵이며、누구를 미륵이라 하리오」 하다。

〔강론〕 사리불이 수보리에게 묻되 「꿈속에서 六바라밀을 말했는데 깨었을 때와 같은가、다른가」 하였다。 참으로 드높은 고개다。 꿈을 꿈인 줄로 알면 꿈은 꿈이 아니다。 그러나 꿈을 꿈인 줄로 모르면 꿈은 꿈이다。 心念에서 일으키는 알이〔識〕가 能所緣의 起滅에 당질리며 휘둘리는 現狀이기는 하지마는 圓覺妙心의 幻影中의 한 가닥임에는

틀림이 없다。이렇듯이 妙心分上으로는 같으면서 幻影分上으로는 다르다 하겠지마는 그 뿌리는 하나이니 자! 한마디 일러라。이 같음인가、이 틀림인가、이 같음도 아니고 이 틀림도 아닌가。말해보라。

사리불은 이 도리를 미륵에게 물었다。미륵은 이르되 「누가 미륵이며 누구를 미륵이라 하겠는가」하였다。이 무슨 도리인가。미륵도 아니고 미륵 아님도 아니니 참으로 알아차려지든 다시 꿈속을 향하여 들어가거라。거기에는 의젓스런 미륵이 번듯이 계시리라。

夢裡知夢夢非夢、
幻無實性生不生

꿈속에서 꿈을 알면 꿈은 꿈이 아니러니
꾸두는 실다운 성품이 없으니 낳음은 낳음이 아니로다。

〔1〕**本文** 雪竇顯 拈하되 當時에 若不放過런들 隨後與一劄이로다。誰名彌勒이며 誰是彌勒者오 하니 便見氷消瓦解로다。

번역 설두현이 염하되 『당시에 만약 놓아주지 않았더라면 뒤를 따라가서 한 작대기

찔렀어야 할 것이다。「누가 미륵이며 누구를 미륵이라 하겠는가」하니 호지부지하는 꼴을 보였구나』하다。

강론 舍利弗이 當時에 威信을 세워서 自肅하였기에 망정이지 만약 「누가 미륵이며」는 무슨 뜻이며 「누구를 미륵이라 하겠는가」는 무슨 뜻이니까 하고 따졌더라면 어찌 되었겠는가。되려 「묻는 이는 뉘냐」했을 때 舍利弗은 어쩌지! 雪竇도 「그 뒤를 따라가서 한 작대기로 찔렀어야 할 것이다」라니 문제는 法界를 한때 어지럽혔을 것이다。그러나 꿈속 일을 뉘와 더불어 이야기하랴。앞에 석가 없고 뒤에 미륵없거늘 공연히 혀를 굴려 이러쿵저러쿵 할까보냐。

〔2〕**本文** 雲峰悅 擧此話하되 至是同가 是別가 하고는 師遂喝云하되 當時에 若下得這一喝이런들 免見落三落四로다。須菩提云 此義幽深하며 至汝往問之하고 師云 果然이로다。舍利弗이 遂首問彌勒한데 彌勒云 誰名彌勒이며 誰是彌勒者오 하니 師云 什麼處去也오。

번역 운봉열이 이 이야기에서 「같은가、다른가」한 곳까지를 들고는 할을 한 뒤에 이르되 「당시에 이런 할을 했더라면 셋에 떨어지고 넷에 떨어지는 꼴을 면했을 것이다」하고, 수보리가 이른 「이 이치는 아득하고 깊어서」에서 「너는 거기에 이르러 물을지니라」한 것까지를 들고는 선사가 이르되 「과연이로구나」하고, 사리불이 드디어 미륵에게 물으니 미륵이 이르기를 「뉘를 미륵이라 이름하며 뉘가 이 미륵이리오」한 것을 들고는 선사가 이르되 「어디로 갔는고」하다.

강론 雲峰悅이 이 이야기에서 「꿈에 六바라밀을 말했는데 깨었을 때와 같은가 다른가」의 말귀에 대하여, 선사는 우선 喝을 한 뒤에 이르되 「당시에 이런 喝을 했더라면 셋에 떨어지고 넷에 떨어지는 꼴을 면했을 것이다」했다. 갈기갈기 찢기는 꼴은 면했을 것이란 말이다. 그렇다. 그때에 만약 一喝을 했더라면 허공이 내려앉을 판인데 꿈인들 어디에 있겠으며, 彌勒인들 어디에 있겠는가.

그러나 解空第一人者인 須菩提는 舍利弗을 向하여 「이 義趣가 깊고도 그윽하니 彌勒에게 물으라」하고는 슬쩍 이 자리를 避하였다. 責任을 다른 데로 돌리는 手段이다. 알지 못할세라. 이 手段에는 「묻는 이는 누구이며 답하는 이는 누구이냐」는 뜻이 서리어 있다. 老長도 이 대목에서 須菩提의 機智를 알아채고 「果然이로구나」하고 탄복한 것이다.

그러기에 彌勒은 舍利弗의 물음에 답하기를 「누가 미륵이며 누구를 미륵이라 하랴」한 것이니 아마 解空으로 첫째인 須菩提는 일찍부터 彌勒보살과는 一脈이 통하고 있을 뿐 아니라, 이 이야기를 듣고 「어디로 갔는고」 이른 二千年 뒤의 老長과도 意氣가 사무쳐 있음을 알겠다。

〔3〕 **本文** 圜悟勤 拈云하되 還委悉麽아, 一句當機에 萬緣이 [illegible]削이니라。更聽一頌하라。

夢中說法覺無殊하니　妙用神通不出渠니라。
誰是誰名揔瞬動이라　祥光起處現心珠로다。

번역 원오근이 염하여 이르되 「자세히 알겠는가。한 마디가 기틀에 맞으니 만 가지 연이 녹아나느니라。다시 한 게송을 들으라」 하다。

꿈속에 설법한 것이 깨었을 때와 다르지 않으니
묘용과 신통이 그를 벗어나지 않는다。
누가 미륵이며 누구를 나 미륵이라 이르랴。
상서로운 빛깔 일어날 때에 마음 구슬이 나타난다。

강론 「자세히 알겠는가。한 귀절의 기미가 맞으면 만 가지 緣은 스스럼없이 녹아나느니라」 하였으니 상대性은 절대性의 굴림새임을 알고도 남음이 있구나。어즈버야,

잠도 내가 자고 꿈도 내가 꾸는구나。 내가 꾸는 꿈이라 說法도 내가 하는 것이니 깨어 있을 때와 다름이 어디에 있겠는가。 이렇듯이 꿈속 說法은 神通의 出發点으로 알라。 이에 따라 나를 놓아두고 「누가 미륵이며 뉘를 미륵이라 하겠는가」 이르듯이、 한 번 땅을 뛰치면 모두가 미륵이니라。 에익!

〔4〕 **本文** 又擧此話하여 至是同가 是別가 하고 師云하되 低聲低聲하라。 又至吾不能說하고 師云 瀾泥裡有刺로다。 至汝往彼問하고는 師云 推過別人하니 又爭得이리오。 至舍利弗이 遂問彌勒하고는 師云 將錯就錯이라。 至誰是彌勒者하고 師云 面皮厚三寸이로다。

번역 또 이 이야기에서 「같은가、 다른가」란 것까지를 들고는 선사가 이르되 「조용조용히 하라」 하고、 「나는 말할 수 없다」는 것까지를 들고는 선사가 이르되 「진흙속에 가시가 있구나」 하고、 「너는 그에게 가서 물으라」 한 것까지를 들고는 선사가 이르되 「딴 사람에게 허물을 미루니 또한 어찔 것인가」 하고、 사리불이 마침내、 미륵에게 가서 물은 것까지를 들고는 말하되 「갈못을 가지고 잘못으로 가는구나」 하고、 「누가 미륵인고」 한 것까지를 들고는 이르되 「낯가죽이 세 치나 되는구나」 하다。

강론 또 이 이야기에서 「같은가, 다른가」 한 것까지를 들고는 선사가 이르되 「조용조용히 하라」 하고는, 또 「나는 말할 수 없다」는 것까지를 들고 「진흙 속에 가시가 있구나」 하였다. 조용조용한 속에 우뢰같은 소식이 있고, 말할 수 없다는 속에 휘영청한 전갈이 있다.

미륵에게 묻는 데의 답은 안 묻는 데서 답이 나오느니라. 무슨 까닭이냐. 본래의 平等한 성품중에 같고 다름의 分別이 없건마는 공연히 모습을 세우고 이름을 두어서 되돌아 저기에 얽붙이니 잘못을 가지고 잘못으로 가는 것이 아니고 무엇이겠는가. 이러기 때문에 「누가 미륵이며 누구를 미륵이라 하겠는가」 까지를 들고는 뻔한 것인데 「낯가죽이 세치나 되는구나」 한 것이다. 알겠는가. 만약 알아채었거든 江上에 배 띄워놓고 단 둘이서 술이나 한 잔씩 하자꾸나. 허!

第七一、月上女

〔本文〕舍利弗 一日入城하여 見月上女出城하고 舍利弗云하되 什麼處去오。女云 如舍利弗伊麼去로다。弗云 我方入城하고 汝方出城하니 何言如舍利弗伊麼去오。女云 諸佛弟子는 當住何處오。弗云 諸佛弟子는 當住大涅槃이니라。女云하되 諸佛弟子旣住涅槃이라 所以로 我如舍利弗伊麼去로다。

〔번역〕 *一 사리불이 어느날 성으로 들어가다가 월상녀가 성에서 나오는 것을 보고 이르되「어디를 가는가」하니、여자가 이르되「나는 사리불처럼 그렇게 갑니다」하다。사리불이 다시 이르되「나는 바야흐로 성으로 들어가고 그대는 바야흐로 성에서 나오는데 어째서 나처럼 간다고 하는고」하니、여자가 이르되「부처님의 제자들은 어디에 머무십니까」하니、사리불이 이르되「부처님의 제자들은 큰 열반에 머무른다」하다。여자가 이르되「부처님의 제자들이 열반에 이미 머물렀으니 그러므로 나도 사리불처럼 그렇게 갑니다」하다。

〔강론〕 舍利弗이 어느날 城 안으로 들어가다가 城 밖으로 나오는 月上女를 보고 이르되 「어디로 가는가」 물었다。 人情上으로도 당연한 물음이다。 그러나 대답이 엉뚱하다。「나는 舍利弗처럼 그렇게 갑니다」 하였다。 이 女子의 말이냐、 이 男子의 말이냐。 이 聖賢의 말이냐、 이 凡夫의 말이냐。 三句를 여읜 智音이로다。 사리불이 다시 이르되 「나는 城 안으로 들어가고 그대는 城 밖으로 나가는데 어째서 나처럼 간다고 하는가」 하였다。 답답도 하다、 부처님의 十大弟子中에서도 智慧第一人者여、 건너다 보면 절터인데。 月上女도 답답하다、 喝은 이때 안 쓰고 언제 쓰려는가! 아깝다。 매를 놓쳤구나。 사리불의 답을 들은 月上女는 드디어 이르되 「부처님의 제자들은 큰 열반에 이미 머물렀으니 그러므로 나도 사리불처럼 그렇게 갑니다」 하였다。 장하기는 장하나 月上女는 왜 손가락 한 개라도 세워 보이지 못했던고。 아깝다、 月上女여。 부처님의 열반길은 어떻게 찾지!

莫笑面前婦人身
個中深入涅槃門

눈앞의 부인 몸을 웃어대지 말라。
개중에는 깊이 열반문에 든 이가 있네。

〔1〕本文 蔣山泉 頌하되

淡籠煙深鑠霧라 鶖子寧知此條路리。
直饒撞入涅槃門이라도 未免隨他伊麼去로다。
月上女更堪悲라 愛將青黛畵蛾眉로다。

번역 장산천이 송하되

엷은 연기 가리고 깊은 안개 덮혔으니
사리불이 이 길을 어찌 알리。
아무리 열반문에 더듬어 들어가도
그를 따라 그렇게 감을 면치 못하네。
월상녀 아가씨 더욱 가련해
푸른 눈썹 사랑하여 속눈썹을 그리네。

강론 舍利弗이 들어가는 길 月上女가 나오는가 하면 月上女가 나오는 길 舍利弗이 들어가는구나。 나오고 들어가는데 길이 같다고 이른다면 가는 길이 같은 바에야 오는 길인들 어찌 다르겠는가。
남자가 아니니 여자요、여자가 아니니 남자라면
여자로서의 사람이요、남자로서의 사람이니。
사람과 사람은 하나인 사람인데
어찌 舍利弗은 가는 길을 月上女에게 묻는고。
히! 弄을 쳐보는군!

〔2〕 **本文** 圜悟勤 頌하되

本來淨體徹根源하니 出入同途祇此門이라。
已住如來大解脫하니 掌中至寶耀乾坤이로다。

번역 원오근이 송하되

본래부터 맑은 바탕 뿌리에 사무쳤으니
들고 남이 같은 길、이 문(門)뿐일세。
이미 여래의 큰 해탈에 머물렀으니
손바닥의 값진 보배 하늘 땅을 비치네。

강론 본래부터 해말쑥한 바탕이라
들고 남이 어찌 다르겠는가。
이미 여래의 大解脫 경계에서 노니는 줄 안 다음에야
왜 가죽주머니에 매달려 이러쿵저러쿵 하겠는가。

〔3〕 **本文** 心聞賁 頌하되

飛紅着意減春光이요 花事廻頭在杳茫이로다。
可笑曲欄邊舞蝶이 尙隨風轉似顚狂이로다。

번역 심문분이 송하되
지는 꽃잎에 뜻이 있나、봄빛을 줄이니。
꽃일이 고개돌려 멀리멀리 사라지네。
우습구나、굽은 난간 곁에 춤추는 나비
오히려 바람따라 미친 듯하구나。

강론 지는 꽃이 무슨 뜻이 있나。

時節따라 변하는 모습의 장난이지。
우스운 것이 어찌 난간 위에서 춤추는 나비뿐인가。
말하는 老長도 우스워죽겠네。

〔4〕**本文** 潙山喆 拈하되 一人은 入城하고 一人은 出城이라 何言如舍利弗伊麼去오。 若人이 知得舍利弗月上女二人去處하면 十二時中에 動轉施爲가 無非住諸佛大涅槃이어니와 若也未知댄 業識이 茫茫하여 無本可據니라。

번역 위산철이 염하되 「한 사람은 성으로 들어가고 한 사람은 성에서 나오는데 어째서 사리불처럼 그렇게 간다고 하는가。 누군가가 사리불과 월상녀의 가는 곳을 알면 十二시 중에 온갖 행동이 부처님의 큰 열반에 머무르지 않음이 없겠지만、 만약 알지 못한다면 업식이 흐리멍텅해서 가히 의지할 근본이 없으리라」 하다。

강론 「하나는 들어가고 하나는 나가는데 어째서 같이 간다 하는가」 위산의 이야기다。 가고 옴이 없는 자리가 의젓하기 때문에 헛것인 모습을 나투어서 가고 옴을 보이는 것이 아니던가。 때문에 부처님의 弟子로서 항상 圓寂한 大涅槃의 境地에 머물고 있는 바에야 사리불뿐 아니라 부처님과도 같이 가는 것은 엄연한 事實이라 하겠다。 그러나 이 도리를 만약 모르면 業識이 흐리멍텅하여 의지할 곳조차도 모르고 덤벙거리다가 짐승의 배속에라도 뛰어들면 두려운지고、 이 일을 장차 어떻게 감당하겠는가。 사람들이여、 살피고 살필지니라。

〔5〕 **本文** 清涼和 拈하되 一出一入이어늘 何云同去오。 會麼아。 拈起拄杖云 舍利弗月上女가 盡在山僧拄杖頭上하니 若也會得하면 去路無差요 其或未然인댄 一任出入이니라。

번역 청량화가 염하되 「하나는 들어가고 하나는 나가는데 어째서 같이 간다 하는가。 알겠는가」 하고는 주장자를 번쩍 들면서 이르되 「사리불과 월상녀가 몽땅 내 주장자 끝에 있으니 이를 안다면 가는 길이 어긋나지 않거니와 그렇지 못하다면 나고 드는 대로 맡기리라」 하다。

강론 清涼和의 이야기다。「一出一入인데 어째서 같이 간다 하는가」 하였다。 차별現象으로는 옳은 말이다。 그러나 平等本體에서 살핀다면 一去一來가 어찌 不去不來인 하나의 뚜렷한 자리를 여읜 一去요 一來일까 보냐。 다만 그 知見과 그 處所와 그 時節에 따라서 모습을 나투고 삶을 굴리는 假變이니 더 말하여서 무엇하랴。

清凉和는 「알겠는가」하고 주장자를 번쩍 들어올리면서 「舍利弗과 月上女가 몽땅 出僧의 拄杖子 끝에 있으니 이를 알면 가는 길이 어긋나지 않거니와 그렇지 못하다면 出入하는 대로 一任하리라」 하였다。사실로 그렇다。제 스스로가 깨쳐 알지 못하면, 부처님이 千名 계신들 祖師가 萬名이 계신들, 生死의 分岐點을 어떻게 바꿔놓겠는가。그러나 그것은 그렇다치고 사리불과 月上女가 老長의 주장자 끝에 있다고 하였지만, 지금 살펴보니 사리불도 月上女도 주장자도 老長도 몽땅 나의 손끝에 달렸으니 이것은 어쩌지! 문제는 이상하게 벌어집니다그려!

〔6〕 **本文** 智海淸이 上堂云하되 道不孤運이라 弘之在人이요 法不虛行이라 授之由器니 良以象王步驟가 固非狐貉能堪이요 獅子奔馳가 豈是駞驢可及이리오。遂擧此話云하되 諸仁者여。握旋機而觀大運則二儀之動이 全彰이요 據會要以視方來則六合之情이 備擧라 所以로 舍利弗이 從來大智가 翻成迷昧之流하고 月上女는 雖是婦人이나 宛有丈夫之志로다。且道하라。勝負는 畢竟在誰分上고。一任諸人檢點이로다。擊禪床下座하다。

번역 지혜청이 상당하여 이르되 「도는 외로이 굴리어지는 것이 아니니 펴지는 것은 사람에게 달렸고, 법은 헛되이 행해지지 않나니 가르쳐주기는 그릇(器)을 말미암는다. 참으로 코끼리의 걸음걸이를 굳이 여우나 늑대가 따르지 못하고, 사자의 달림이 어찌 나타나 당나귀의 미칠 바이랴」하고서 이 이야기를 들고 이르되 「여러분이여, 돌고 도는 기틀을 걷어잡고 대운(大運)을 관찰한즉 음양의 움직임이 완전히 드러나고, 요긴한 길목에 의거해서 四방에서 오는 이를 지키면 六합의 유경이 모두 갖추어진다. 그러므로 사리붙은 종래 큰 지혜이건만 도리어 미혹한 무리가 되었고, 월상녀는 비록 부인이지만 완연히 장부의 기상이 있다. 말해보라, 승부는 어찌 되었는고. 여러분 마음대로 점검해보라」하고 선상을 치고서 내려가다.

강론 智海淸의 이야기다. 「道는 외로이 굴리어지지 않는 것이니 펴지기는 사람에게 달렸고, 法은 헛되이 행해지지 않는 것이니 가르치기는 그릇으로 말미암는다」고 하였다. 좋은 말이다. 그러나 나의 見解는 조금 다르다. 道는 외로운 것이다. 왜냐면 배우기 어렵고 알기 어렵기 때문이다. 法은 고달픈 것이다. 왜냐면 믿기 어렵고 닦기 어렵기 때문이다. 이러기에 道光이 빛나기는 그 사람에게 달렸으니 장부漢의 所管事요, 法風을 드높임은 그 기틀에 매였으니 지혜兒의 所管事라 않겠는가.

道法이 이러하니 코끼리의 걸음걸이를 여우나 늑대가 억지로 따르지 못하고 사자의 날뛰에 어찌 낙타나 당나귀의 미칠 바이리오마는, 그러나 코끼리와 같이 사자와 같이 되고 되어지는 것이 바라는 바의 道요, 法이다。

老長도 이르되 「旋機를 걷어잡고 大運을 살핀즉 陰陽의 二儀가 全彰하고 要鎭에 앉아서 四方을 지킨즉 六合의 群情이 俱備라」는 뜻을 밝혔다。 이럼에도 거리끼지 않고 舍利弗은 원래로 大智慧人이면서도 오늘따라 도리어 迷惑한 괘거리가 되었고 月上女는 비록 女身이나 丈夫의 뜻이 우뚝하니, 法은 法이나 無定法인을 알고도 남음이 있다。

〔7〕**本文** 圜悟勤 拈하되 住無所住하고 行無所行하며 見無所見하고 用無所用이라。 各人脚跟下가 廓同太虛하여 如十日이 並照하여 觸處光輝로다。 苟知伊麽댄 即與月上女로 同證無生하여 得不退轉하며 隨去來處에 無不皆在大解脫中하여 三世諸佛鼻孔을 一時穿却하리니 說什麽如舍利弗伊麽去리오。

번역 원오근이 염하되 「머물러도 머무는 바가 없고, 거닐어도 거니는 바가 없고, 보아도 보는 바가 없고, 써도 쓰는 바가 없다。 여러분의 발꿈치 밑이 허공같이 넓어 열 개의 해가 함께 비치는 것같이 당질리는 곳마다 찬란하다。 만약 이런 줄 안다면 월상녀와 더불어 무생법인을 함께 증득해서 물러나지 않을 것이며, 가고 오는 곳마다 모두가 큰 해탈에 머물러서 三世 부처님의 콧구멍을 일시에 꿰뚫을 것이어늘 무엇을 사리불과 같이 간다고 하는고」 하다。

강론

머무는 바 없이 머묾이여、
凡夫類의 따를 바 아니로다。
거니는 바 없이 거님이여、
小人輩의 따를 바 아니로다。
보는 바 없이 봄이여、
지혜兒의 所管事로다。
쓰는 바 없이 씀이여、
장부漢의 所管事로다。

이렇게 듣고 이렇게 알고 이렇게 믿고 이렇게 거님일진대 無生法忍은 스스로의 지닌 바 보배이니 어찌 月上女를 부러워 하리오。 去來處인 곳곳이 다 大解脫의 風光이라 三世諸佛로 더불어 같이 즐기며 갈 뿐이다。 에잇!

주 一、月上女經에 있는 이야기다。

禪門拈頌 解題

선문염송(禪門拈頌)은 한국 불교에 있어서 사상적(思想的)으로 종주(宗主)를 이루는 선종(禪宗)의 대표적 경전(經典)인 금강경(金剛經)、유마경(維摩經)、전등록(傳燈錄)등과 함께 유수한 선문서적(禪門書籍)이다。 그런데 금강경 유마경은 부처님이 설하신 것이고 전등록은 중국(中國)의 스님이 저술한 것이지만 선문염송은 저 고려의 진각국사(眞覺國師)、 혜심(慧諶)스님의 저서이다。

선문염송은 「세존(世尊)과 가섭(迦葉) 이후에 대대로 이어받아 등불〔善知識〕과 등불이 다함이 없이 차례차례 비밀히 전한」 그 근본을 제방(諸方)의 큰스님〔善知識〕들이 문자(文字)를 무시하지 않고 자비를 베풀어 징(徵~물음、 문제를 어떻게 여기는가 하는 논리)하고、 염(拈~들추어 내는 것、 남의 말을 다시 들추어 사람들에게 보이는 형식)하고、 대(代~남의 대답을 대신하는 일。 문답에 있어서 대답이 막힐 경우 「나 같으면 이렇게 대답하리라」 하는 따위의 형식)하고、 별(別~남의 말과 다르게 말하는 형식。 누구는 이렇게 대답했지만 나는 이렇다 하는 형식)하고、 송(頌~게송 즉 시를 읊는 일)하고、 가(歌~시는 운문인데 반하여 불규칙하게 긴 노래 형식)해서 깊은 이치(理致)를 드러낸 공안(公案) 一一二五칙을 모았다。 이것은 「정안(正眼)을 열고 현기

(玄談)를 갖추어 삼계(三界)를 뒤덮고 사생(四生)을 건져주고자 하는 이라면 이를 버리고 다른 방법이 없다」고 하였다。 이처럼 지중한 서적이 선문염송이다。

선문염송의 편저자는 너무나 잘 알려진 역사적인 인물이다。

스님의 휘(諱)는 혜심(慧諶)、자(字)는 영을(永乙)、자호(自號)는 무의자(無衣子)、속성(俗性)은 최씨(崔氏)、속명(俗名)은 식(寔)、고려 명종(明宗) 八年(西紀 一一七八年) 지금의 전남 화순에서 탄생하셨다。 스님의 어머니 배씨(裵氏)가 천문(天門)이 활짝 열리는 것을 꿈꾸었으며、벼락이 세 번 내리는 태몽(胎夢)이 있었다고 한다。 잉태한지 열두 달만에 태어났는데 태(胎)를 두른 모습이 가사(袈裟)를 두른 듯하였다。 태어나서 일 주일간 울지도 않고 눈도 뜨지 않았다고 한다。 일찍 아버지를 여의었고 어머니에게 입산할 것을 아뢰었으나 거절하므로 뜻을 이루지 못하였다。

승안(承安) 六年에 사마시(司馬試)에 합격하여 태학(太學)에서 공부하였으나 어머님의 병환으로 귀향하였다。 어머님이 별세하여 조계산 송광사 보조국사(普照國師)를 찾아가 사십구제(四十九齋)를 올리고 그 자리에서 입산하였다。 보조국사께서 중국의 유명한 선승(禪僧) 설두중현(雪竇重顯)선사가 들어오는 꿈을 꾼 날 스님께서 입산하셨다고 한다。 스님께서는 입산 이후 줄곧 참선 수행으로 일관하셨다。

전남 구례 오산(鰲山) 사성암(四聖庵)에 계시면서 선문염송(禪門拈頌)을 편찬하셨다。

희종(熙宗) 四年(一二〇八年)에 보조국사는 스님에게 전법(傳法)하셨다。 그러나 모든 것을 팽개치고 자취를 감추어 지리산으로 갔다。 희종 六年에 보조국사께서 입적(入寂)하시므로 그 문도(門徒)들이 상소하여 스님으로 하여금 송광사 주지로 임하게 하였다。 스님께서 송광사에 주석(住錫)하므로 승속(僧俗)간에 많은 사람이 몰려와 나라에서 절을 확장하였다고 한다。

스님께서는 一二三四年 수선사(修禪社)에서 衆苦不到處 別有一乾坤 且問是何處 大寂涅槃門이라는 열반송(涅槃頌)을 두고 입적(入寂)하셨다。 이상의 무의자(無衣子) 스님에 대한 장황한 설명은 그의 생애의 편모나마 살펴보는게 의당할 것 같아서이다。 **선문염송**의 첫 편저자는 의심할 것 없이 무의자스님이다。 그런데 불행하게도 그 첫 판〔初本〕이 전하여지지 않고 있다。 초판은 강화천도(江華遷都)라는 국가의 비극 속에 사라져 버리고 오늘날 전해지고 있는 것은 우리 민족의 장엄한 예술의 하나인 팔만대장경(八萬大藏經) 보유(補遺)에 끼어있는 것이다。

무의자스님께서 첫 판을 발간했던 것은 그 서문에서 밝혔듯이 「세존(世尊)과 가섭(迦葉) 이후에 대대로 이어받아 등불〔善知識〕과 등불이 다함이 없이 차례차례 비밀히 전함으로…… 흐름을 더듬어 근원을 찾고…… 종문(宗門)의 학자들이 목마를 때 마실 것을 기다리듯 시장할 때 먹을 것을 생각하듯…… 국가에 복을 더하고 불법(佛法)에 도움이 되게 하고자 제자들을 데리고 옛 이야기〔公案〕 천 백 스물 다섯 대목과 여러

스님네의 염(拈)과 송(頌)등 요긴한 말씀을 수록하여 三十권으로 꾸며 전능록(傳燈錄)과 짝이 되게 하니 바라는 바는 요풍(堯風)과 선풍(禪風)이 영원히 나부끼고…… 만물이 각각 제자리에 안정되고 집집이 모두 무위(無爲)의 법을 즐기게 하려 함이니…」라고 하셨다。 이것을 미루어 보아 스님의 편저한 의도는 참으로 지대한 원력이었다。 부처님 근본 뜻이 오늘날에 전해온 데 대한 깊은 감사와 그것을 현실적으로 수용하려는 부처님의 대자대비한 크나큰 사상을 관념으로 받아들이려는게 아니라、 어디까지나 현실적 입장에서 국가와 더불어 불교를 생각하고 일체 중생의 편안을 도모하려는 보살원력(菩薩願力)으로 선문염송을 편저하셨다。 그러나 그러한 크나큰 원력의 결정체라 하더라도 국가의 비극 앞에 사장(死藏)되었다。 그러함에도 그 문인(門人)들이 스님께서 엮었던 一一二五칙에다 三四七칙을 더하여 다시 편찬하여 오늘날 전해지고 있는 것은 편저자가 분명치 않다。 다만 조계노사(曹溪老師)라고 되어 있으며 그 책 발문(跋文)을 만전(萬全)스님이 썼다。 그러나 저러나 선문염송이 오늘날 빛을 보게된 근본동기는 스님에 의해서이고 또 그 재조본이 나온 것 역시 스님의 문도들임에 두말할 것도 없다。 다만 재조본에 있어서 편저자가 분명치 않음은 여러 가지 의미로 안타까웁다。 스님의 크나큰 원력이 있었으므로 이런 방대한 저서가 있지 않았을까。 선문(禪門)의 책이라면 중국 스님들의 저서를 위주로 하였는데 반하여 고려 스님들의 자주적 사상을 엿보는 좋은 계기라 믿는다。

이제야 다시금 이 땅에서 눈밝은 이 있어 번역을 하고 강론(講論)을 하는 것은 다만 금생의 일이 아닌 듯하다。 강론(講論)을 하신 백봉(白峰)거사는 일찌기 그 누구도 쉽게 손대기를 꺼려 하였던 대승경전(大乘經典)인 금강경과 유마경을 거침없이 강송하신바 있는 불교계 안에서 아는 이는 다 아는 그런 거사님이시다。 나무 한 그루 풀 한 포기도 인연을 거스르는 일 없거늘 이런 대승경전을 강론함에 있어서이랴。

일찌기 이 땅에 많은 선지식들이 다녀갔지만 그 누구도 쉽게 손대지 않았던 대작불사(大作佛事)를 쾌히 하시는 팔순(八旬)의 거사님이야말로 어쩌면 의당 하실 일인 것 같아 참으로 기쁘기 한량없다。 천학비재임을 잘 알지만 해제를 요청하시므로 이 대작불사(大作佛事)에 동참(同參)하는 뜻에서 이렇게 적었다。

一九七八 十一月

八公山 把溪寺 性 愚

'한국의 유마', 백봉 김기추 거사 행장(行狀)

백봉 김기추(白峰 金基秋, 1908~1985) 거사는 20세기 '한국의 유마 거사'로 추앙받는 불교계의 큰 산맥이다. 그는 50세를 훌쩍 넘겨 불교에 입문했지만 용맹정진으로 단기간에 큰 깨달음을 얻었고, 이후 20여 년간을 속가(俗家)에 머물면서 거사풍(居士風) 불교로 후학지도와 중생교화에 힘쓴 탁월한 선지식이다. 많은 지식인들이 그를 따랐으며, 그의 자비심에 넘치는 열정적인 설법은 많은 사람에게 인생의 존엄성을 알게 하였다. 그리하여 닫힌 마음이 열리고 눈에서 분별의 비늘이 떨어졌으며 망상을 내려놓아 참다운 자유와 안심을 얻은 제자들이 적지 않았다.

1908년 부산 영도에서 한의원집의 아들로 태어난 백봉 거사는 1923년 부산 제2상업학교에 입학, 뒤늦게 설립한 일본계 학교를 '부산 제1상업학교'라고 부르는데 반발해 동맹휴학을 주도하다 퇴학당했다. 이후 본격적인 수난의 세월이 시작된다. 20세 때 부산청년동맹 3대 위원장직을 맡아 독립운동을 하다가 1931년 형무소에 수감되고, 만기출소 후에도 일경의 감시가 끊이질 않자 만주로 망명, 동만산업개발사를 설립해 운영하던 중 다시 구금됐다.

당시 만주는 일제의 잔학이 극에 이른 곳이었다. 백봉 거사가 살아생전 고백했던 것처럼 아무런 죄 없는 사람들을 고문과 폭력으로 반죽음을 만들거나 칼로 머리를 자르는 잔혹한 일들이 비일비재했다. 이런 상황에서 독립운동 전력이 있던 백봉 거사가 만주의 감옥에서 살아나온다는 것은 도저히 불가능해보였다. 당시 불자는 아니었지만 그는 사방의 벽에 빈 틈이 없을 정도로 '관세음보살'의 명호를 쓰고 염송했다. 그 때문일까. 기적이 일어났다. 불자였던 일본 간수의 도움을 받아 구사일생으로 목숨을 건질 수 있었던 것이다.

그렇게 힘겹게 맞이한 해방. 그러나 조선건국준비위원회 간사장을 맡았던 그는 극빈자들에게 쌀을 무상으로 배급하다 또다시 감옥 생활을 하게 된다.

이런 백봉거사가 수행에 힘 쓴 것은 1963년 6월, 그의 나이 56세 때다. 백봉 거사는 충남 심우사 주지스님에게 "요술이나 좀 가르쳐달라"고 할 만큼 불법엔 무지했다. 그러나 그는 마음이 순수했고, 무엇을 하든지 철저하게 했다. 주지스님으로부터 '무자(無字)',

화두를 받고 용맹정진을 하던 그는 1964년 1월, 도반들과 함께 보름간 정진하기로 하고 다시 심우사로 갔다. 이때는 밥도 먹지 않고 잠도 자지 않았다. 백봉거사에게 어떤 변화가 생기고 있음을 감지한 도반들이 몰래 그를 돌보기 시작했다.

도반들이 법당에서 예불하고 참선하는 사이 백봉 거사는 남몰래 나와 눈 내리는 바위 위에서 좌선에 들었다. 시간이 얼마나 흘렀을까. 4~5리쯤 떨어진 아랫마을 사람들이 어느 집 사랑방에서 놀다 집으로 가던 중 암자가 있는 곳에서 불빛이 솟구치는 것을 보았다. 마을 사람들은 그런 광명이 솟는 곳엔 금광이나 금불상이 있다는 속설을 들었기에 삽과 곡괭이를 들고 올라갔다. 그 빛이 나는 곳에 가보니 정작 바위 위엔 눈에 싸인 사람의 코만 빠끔히 나와 있었다. 살펴보니 온 몸이 얼어붙은 채 숨소리만 가늘게 내뿜고 있었다. 사람들이 꽁꽁 언 그를 방으로 옮겨 뉘어 주물렀다. 한 도반이 선사의 어록을 가져와 읽어주었다.

"마음도 아니고, 부처도 아니다[非心非佛]."

그 순간 백봉 거사가 깜짝 놀라며 벌떡 일어섰다. 그 때 그의 몸이 눈부시게 빛나기 시작하였다. 또다시 방광이었다. 바로 그 때 암자 아랫마을로부터 예배당의 새벽 종소리가 울려

퍼졌다. 그 순간 백봉의 몸이 텅 비고 욕계, 색계, 무색계도 비고, 천당과 지옥마저 비어 툭 터져 버렸다. 몸이라는 감옥에서 벗어나 일체가 허공인 경지를 체득한 것이다.

홀연히도 들리나니 종소리는 어디서 오나
까마득한 하늘이라 내 집안이 분명허이
한입으로 삼천계를 고스란히 삼켰더니
물은 물은, 뫼는 뫼는, 스스로가 밝더구나

忽聞鐘聲何處來
廖廖長天是吾家
一口呑盡三千界
水水山山各自明

백봉 거사는 깨달음을 이렇게 읊었다. 56세에 화두를 잡은 이래로 1년도 되지 않아 '확철대오'를 함으로서 거사는 육조혜능 선사처럼 돈오(頓悟)를 체현한 것이다. 한 도반이 바로 백봉 거사에게 《금강경》을 한 구절씩 들려주자 단 하루만에 이를 명쾌하게 풀어냈다. 이것이 백봉의 《금강경 강송》이다. 그 때까지 백봉 거사는 《금강경》 한번 읽어본 적이 없었다. 혜능 대사가 행자인 거사의 신분으로 깨달았듯이 백봉 거사 역시 재가자의 신분으로 선종(禪宗)의 맥을 충실히 잇는 전승자가 된 셈이다.

백봉 거사가 대오(大悟)했다는 소식은 승가에까지 전해졌다. ‘욕쟁이 도인’으로 유명한 춘성 선사는 백봉을 가리켜 출가자가 아닌 거사의 몸으로 무상대도를 이룬 유마 거사에 빗대 ‘이 시대의 유마 거사’라고 불렀고, 탄허 스님은 ‘말법시대의 등불’이라고 칭송했다. 백봉 거사를 달마와 육조의 후신으로 믿는 묵산 선사는 보림선원을 개설해 백봉의 선풍 선양에 앞장섰다. 이때 거사에게 출가를 권유한 청담 등의 스님과 재가 설법을 권유한 혜암 등의 스님으로 갈렸는데, 백봉 거사는 “불법(佛法)이 머리를 깎고 안 깎고에 있지 않다”고 하면서 재가에서 법을 펴기로 하고, 이후 재가수행단체인 보림회를 결성해 85년 열반에 들 때까지 쉼 없는 설법으로 중생들을 제도함으로써 거사로서 한국불교에 커다란 발자취를 남겼다.

백봉 거사는 “눈이란 기관을 통해서 보는 놈이 누구냐, 귀라는 기관을 통해서 듣는 놈이 누구냐?”며 “빛깔도 소리도 없는 바로, 그 자리 허공이 본바탕이고 법신”이라 강조하며 거사풍(居士風)의 수행가풍을 드날렸다.

백봉 거사는 경전이나 선어록에 대해 자구(字句) 해석이나 전통적인 해설보다는 철저히 자신의 살림살이를 토대로 종횡으로 막힘없이 설법했다. 특히 자신이 살았던 전통시대와는 패러다임이 전혀 다른 현대인들을 위해 불법의 정수를 알리기 위해 늘 고심하면서 법문을 베풀었다. 예를 들면, 종래의 소극적이고 수동적인 이해에 머물던 공리(空理)의 방편을 보다 적극적이고 창조적으로 개진해서 '허공으로서의 나'를 모든 상대성을 넘어선 절대적이고 주체적인 근원으로 제시했으며, 이 '허공으로서의 나'가 근본적인 바탕이기 때문에 태어나고 죽는 것도 우리의 권리로서 주체적으로 하는 것이라고 설했다.

특히 백봉 거사는 이 '허공으로서의 나'를 근간으로 삼아서 전통적인 화두의 방편을 개혁하여 새로운 화두라는 뜻의 '새말귀'를 제창했다. 전통적인 화두 수행이 승려를 위한 것이라면 새말귀는 일상생활 속에서 바쁘게 일하는 재가 수행자를 위해 창안된 것이다. 즉 '허공으로서의 나'를 철저히 이해하면 법을 먹든, 세수를 하든, 운전을 하든 일상생활 전부를 화두로 들 수 있다는 것이 새말귀의 이념인데, 이는 전통적인 화두를 대체했을 뿐 아니라 바쁜 현대인에게 적합한 새로운 수행 방법에 대한 토대를 제시했다. 아울러, 백봉 거사 시대의 변화에 부응해서 재가수행자에게 어울리는 계율과 수행 방법을 제시했다. '열 가지 하지 말아야 할 계율'이란 뜻을 가진 〈십물계(十勿戒)〉에서 "비록 아내와 자식이 있다 해도 쏠려보는데 떨어지지 말라." "비록 가업을 이어가더라도 잘못된 이익을 탐하지 말라." "비록 세상의 법도와 함께 해도 대도(大道)를 버리지 말라." "비록 천하에 노닐면서도 법성(法性)을 무너뜨리지 말라" 등 열 가지의 계율을 통해 재가에서 생활하는 거사로서 가져야 할 기본적인 자세를 설하기도 했다.

20여 년간 수많은 사람들을 교화했던 그는 1985년 8월 2일(음력 7월 15일) 지리산 산청 보림선원에서 여름 철야정진 해제 법어를 마치고 당신의 방에서 제자들이 지켜보는 가운데 마침내 '모습놀이'를 거두고 적멸에 들었다. 백봉 거사가 하얀 천 위에 써서 선원 입구 대나무 장대 위에 걸어둔 당신의 게송 '최초구(最初句)'가 열반송이 된 셈이다.

가이없는 허공에서 한 구절이 이에 오니
허수아비 땅 밟을새 크게 둥근 거울이라.
여기에서 묻지마라 지견풀이 가지고는

이삼이라 여섯이요 삼삼이라 아홉인 걸.

無邊虛空一句來
案山踏地大圓鏡
於此莫問知見解
二三六而三三九

선문염송요론(禪門拈頌要論) 제2권(전15권)

백봉 거사의 안목으로 푼 선종 공안(화두)집

1판 1쇄 펴낸 날 2015년 7월 29일

저자 백봉 김기추 **발행인** 김재경 **기획·편집** 김성우 **교정·교열** 이유경 **디자인** 최정근
마케팅 권태형 **인쇄** 대명인쇄

펴낸곳 도서출판 비움과소통 서울시 구로구 구로동로 206, 1층 **전화** (02)2632-8739
팩스 0505-115-2068 **이메일** buddhapia5@daum.net **트위터** @kjk5555 **페이스북 ID** 김성우
홈페이지 http://blog.daum.net/kudoyukjung **출판등록** 2010년 6월 18일 제318-2010-000092호

ISBN : 978-89-97188-78-9 03220